1타 강사의 속성 과외!

토익 스피킹 벼락치기

7일 완성 IM2~AL

PAGODA Books

2022 개정 시험 완벽 반영

토익 스피킹 벼락치기 7일 완성 IM2~AL

초판 1쇄 발행 2020년 8월 18일
개정판 1쇄 발행 2021년 9월 29일
개정판 4쇄 발행 2024년 10월 21일

지 은 이 | Joe 류(류연성)
펴 낸 이 | 박경실
펴 낸 곳 | **PAGODA Books** 파고다북스
출판등록 | 2005년 5월 27일 제 300-2005-90호
주   소 | 06614 서울특별시 서초구 강남대로 419, 19층(서초동, 파고다타워)
전   화 | (02) 6940-4070
팩   스 | (02) 536-0660
홈페이지 | www.pagodabook.com

저작권자 | ⓒ 2021 류연성

ISBN 978-89-6281-877-2 (13740)

파고다북스   www.pagodabook.com
파고다 어학원   www.pagoda21.com
파고다 인강   www.pagodastar.com
테스트 클리닉   www.testclinic.com

Ⅰ 낙장 및 파본은 구매처에서 교환해 드립니다.

토익 스피킹
시험 준비를 앞두고 있는 모든 분들께,

토익 스피킹 벼락치기 7일 완성 IM2~AL은 가장 빠르고 확실하게 토익 스피킹 점수를 획득할 수 있도록 집필된 학습서입니다. 즉, 전반적인 '영어 말하기'의 노하우를 차근차근 알려주는 책이기 보다는 시험장에서 100% 활용할 수 있는 답변 내용을 그대로 제시해 주고 있는 책입니다. 토익 스피킹을 처음으로 시작하시는 분들, 또는 점수 업그레이드가 필요하신 분들을 위해 파트별로 '그대로' 암기만 하면 되는 답변 패턴들과 고득점을 위한 팁들을 담았습니다.

오랜 기간 동안의 기출문제 분석 작업과 더불어, 10년 이상의 현장 강의 경력을 토대로 집필되었습니다. 토익 스피킹 학습자들이 빈번히 실수하는 부분들을 잡아주고, 채점관들이 선호하는 '영어 말하기' 스타일을 이해할 수 있도록 도와 IM2~IH는 물론 AL까지도 도달할 수 있도록 구성하였습니다.

유형 별로 정리하여 각 파트의 기본적인 정보와 핵심 전략을 먼저 제시하고, 문제 맛보기를 통하여 앞에서 학습한 내용을 다시 한번 이해하고 정리할 수 있는 기회를 제공합니다. 또한, 시험장에서 빈출하는 연습문제를 풀이함으로써 실전 감각을 키울 수 있도록 하였습니다. 모든 파트의 학습이 끝나면 마지막으로 실전 모의고사 2세트를 통하여 최종적으로 학습 사항을 확인해 볼 수 있습니다.

입사 와 승진을 위해 노력하고 있는 모든 취업 준비생과 직장인들의 건투를 빌며 이 책이 바쁜 일상을 보내고 있을 여러분들께 빠른 토익 스피킹 점수 획득에 도움이 되기를 기원합니다.

CONTENTS

이 책의 구성 및 특징

꿀팁 전략

각 파트의 시험 진행 순서부터 핵심 패턴까지! 처음 토스 시험을 접하는 수험자도 한 눈에 알아볼 수 있는 시험 유형과 전략이 나와 있습니다.

답변 순서와 방법

그대로만 따라 하면 되는 Joe 류 선생님만의 고득점 전략이 담겨 있습니다. 이 전략만 익혀 두면 IM2~AL은 시간문제!

문제 맛보기

실전 문제 풀이, 모범답안과 함께 토스 1타 강사, Joe 류 선생님의 수업에서만 얻을 수 있는 꿀 정보를 그대로 교재에 수록하였습니다.

PRACTICE

각 파트별 시험 직전 TIP, 고득점 TIP!과 그대로 따라 하면 되는 모범 답안을 수록하였습니다.

실전 모의고사 2회분

시험보기 전 실제로 연습해 볼 수 있도록 최신 시험 경향을 반영한 실전 모의고사가 2회 수록되어 있습니다.

효율적인 메모 방법

시험장에서 활용할 수 있는 SCRATCH PAPER에 효율적으로 메모할 수 있는 방법까지 알려주는 세심함!

IM2~AL 단 7일 벼락치기 꿀팁!

저자 직강
무료 동영상 강의

> 가장 쉬운 토익스피킹 접근 방식!
> 외우면 풀리는 만능 공식이 여기에!
> 7일만에 끝내는 법을 알려줄게요!
> Let's get started!

토스 1타 강사의 무료 동영상 강의

파고다 어학원의 토스 1타 강사 Joe 류 선생님의 무료 동영상 강의와 함께 교재를 공부하세요! 자세한 유형 설명과 실전에 대비하는 꿀팁, 전략, 요령 등 1타 강사의 현장 강의에서만 들을 수 있는 모든 비법이 담겨 있습니다. IM2~AL, 단 7일만에 달성하세요!

실제 시험 형식으로 보는 실전 모의고사

본 책에 수록된 실전 모의고사 2회분을 온라인에서 실제 시험 형식으로 테스트해 보세요.

1. 온라인 테스트 이용 시, 헤드셋 세팅이 되어야 합니다.
2. www.testclinic.com에 회원 가입 및 로그인 → 교재인증 TEST(토익스피킹) → 표지 앞 날개의 인증번호 입력 → 온라인 시험 응시하기 → 온라인 시험 결과보기 (무료 모범답안 제공)
3. 첨삭 서비스는 제공되지 않습니다.

단어장 무료 다운로드

www.pagodabook.com에서 단어장을 무료로 다운로드 받으세요. 휴대폰으로 들고 다니면서 외우는 스마트한 단어장을 다운로드 받을 수 있습니다.

자동 단어 시험지 생성기

www.pagodabook.com 〈각 교재별 단어시험 생성기 클릭〉

단어를 외우기만 할 건가요? 외우고 나서 테스트를 해봐야죠. 자동 단어 시험지 생성기로 시험지를 만들어 테스트해 보세요. 그룹 스터디 하는 학생들도 유용하게 활용할 수 있습니다.

What is 토익스피킹?

토익스피킹은 영어로 효과적인 의사소통이 가능한지를 측정하는 '영어 말하기 능력' 시험입니다. 총 11문제로 구성되어 있고, 5개의 유형으로 나뉘며 비즈니스 환경, 학교, 일상생활과 관련된 토픽이 문제로 출제됩니다. 한국 토익 위원회가 주관하고 지필 방식이 아닌 컴퓨터 앞에서 헤드셋에 부착된 마이크를 통해 음성을 녹음하는 CBT(Computer-based Test) 방식으로 시험이 진행됩니다.

토익스피킹 시험 구성

토익스피킹은 총 11문제로 구성되어 있고, 5개의 유형으로 나뉩니다. 시험 시간은 약 20분(오리엔테이션 시간과 OMR 카드 작성 시간까지 더하면 총 50분) 정도 소요됩니다.

파트/문제 번호	문제 유형	준비 시간	답변 시간	평가 기준
PART 1 (Q1-2)	Read a text aloud 지문 읽기	각 45초	각 45초	발음, 억양, 강세
PART 2 (Q3-4)	Describe a picture 사진 묘사하기	각 45초	각 30초	발음, 억양, 강세, 문법, 어휘, 일관성
PART 3 (Q5-7)	Respond to questions 질문에 답하기	각 3초	Q5: 15초 Q6: 15초 Q7: 30초	발음, 억양, 강세, 문법, 어휘, 일관성, 내용 관련성, 내용 완성도
PART 4 (Q8-10)	Respond to questions using information provided 표 보고 질문에 답하기	표 파악 시간 45초 / 각 3초	Q8: 15초 Q9: 15초 Q10: 30초	발음, 억양, 강세, 문법, 어휘, 일관성, 내용 관련성, 내용 완성도
PART 5 (Q11)	Express an opinion 의견 제시하기	45초	60초	발음, 억양, 강세, 문법, 어휘, 일관성, 내용 관련성, 내용 완성도

토익스피킹 노트테이킹(Note-taking)

토익스피킹은 자유롭게 메모가 가능한 시험입니다. 메모는 시험 시작 직후부터 가능하며 시험센터에서 받은 규정 메모지(스크래치 페이퍼)와 필기구로만 가능합니다. 시험이 종료되면 규정 메모지(스크래치 페이퍼)와 필기구를 반납합니다. '메모 예시' 페이지를 꼭 보세요. 답변 아이디어를 메모지에 미리 정리하는 방법을 알려드립니다.

토익스피킹 레벨&점수

토익스피킹 레벨	토익스피킹 점수
Advanced High (AH)	200점
Advanced Mid (AM)	180~190점
Advanced Low (AL)	160~170점
Intermediate High (IH)	140~150점
Intermediate Mid 3 (IM3)	130점
Intermediate Mid 2 (IM2)	120점
Intermediate Mid 1 (IM1)	110점
Intermediate Low (IL)	90~100점
Novice High (NH)	60~80점
Novice Mid / Low (NM / NL)	0~50점

학습 계획표

7일 벼락치기 플랜

1일	PART 3 – MTCQ의 이해, 정해진 답변 시나리오 학습 + 문제 풀이
2일	PART 5 – i, W 패턴의 이해와 암기 + 문제 풀이
3일	PART 3&5 – 문제 복습 + i, W 패턴 60초에 맞춰 녹음 연습
4일	PART 1 – 지문 읽기 연습 PART 2 – 사진 묘사의 정해진 답변 시나리오 학습 + 문제 풀이
5일	PART 4 – 표의 정해진 형식 이해 + 문제 풀이
6일	PART 5 – 암기한 패턴 60초에 맞춰 녹음 연습 + 문제 복습
7일	PART 1–5까지 순서대로 두 문제씩 녹음하며 복습 실전 모의고사 풀이 + 녹음 분석

5일 벼락치기 플랜

1일	PART 3 – MTCQ의 이해, 정해진 답변 시나리오 학습 + 문제 풀이
2일	PART 5 – i, W 패턴의 이해와 암기 + 문제 풀이
3일	PART 1 – 지문 읽기 연습 PART 2 – 사진 묘사의 정해진 답변 시나리오 학습 + 문제 풀이
4일	PART 4 – 표의 정해진 형식 이해 + 문제 풀이 PART 5 – 암기한 패턴 60초에 맞춰 녹음 연습 + 문제 복습
5일	PART 1–5까지 순서대로 두 문제씩 녹음하며 복습 실전 모의고사 풀이 + 녹음 분석

1일	책 스캔하기 – PART 1-5까지 전체적으로 훑어보기 (빠르게 훑어보면서 파트별로 정해진 답변 패턴들이 있다는 것을 알고 시작!)
2일	PART 3 – MTCQ의 이해, 정해진 답변 시나리오 학습 + 문제 풀이
3일	PART 5 – i, W 패턴의 이해와 암기 + 문제 풀이
4일	PART 3&5 – 문제 복습 + i, W 패턴 60초에 맞춰 녹음 연습
5일	PART 1 – 지문 읽기 학습 + 녹음 연습
6일	PART 2 – 사진 묘사의 정해진 답변 시나리오 학습 + 문제 풀이
7일	PART 4 – 표의 정해진 형식 이해 + 문제 풀이
8일	PART 2 – 문제 복습 + 30초에 맞춰 녹음 연습 + 녹음 분석
9일	PART 4 – 문제 복습 + 15/15/30초에 맞춰 녹음 연습 + 녹음 분석
10일	PART 1-5까지 순서대로 한 문제씩 녹음하며 복습 실전 모의고사 풀이 + 녹음 분석

▶ 학습을 PART 1부터 5까지 순서대로 진행하지 않는 이유는 암기해야 할 내용이 있는 파트부터 시작하는 것이 더 효율적이기 때문입니다.

▶ PART 3과 5는 내용상 큰 연관성이 있으므로 연결해서 학습을 진행하세요.

▶ 5일 벼락치기 플랜은 스피킹에 어느 정도 자신이 있거나 시험에 응시한 경험이 있는 분들께 추천해 드립니다.

▶ 10일 벼락치기 플랜은 누구에게나 부담 없는 플랜이며 단기간에 집중적으로 공부하여 토익스피킹을 끝내고 싶은 분들께 추천해 드립니다.

▶ 학습 후 만약 공부 시간이 더 필요하다고 느낀다면 플랜을 처음부터 다시 반복하여 추가 학습을 진행하고 파트 별 녹음 연습에 더 집중하세요.

시험 당일 step-by-step 가이드

시험 전

❶ 규정 신분증(주민등록증, 운전면허증, 여권 등)을 꼭 챙기세요. 수험표는 따로 출력할 필요가 없습니다.

❷ 시험장에 도착하면 시험장 입구에서 본인의 이름과 수험 번호를 확인하세요.

❸ 시험 시간에서 10분이 지나면 입실이 금지됩니다.

❹ 입실 후 감독관의 안내에 따라 오리엔테이션을 진행합니다.

❺ 오리엔테이션 시간 중에 OMR 카드를 작성합니다. OMR 카드 뒷면이 바로 메모지(스크래치 페이퍼)입니다. 메모는 시험 시작 직후부터 가능합니다. 미리 메모하지 마세요!

❻ 오리엔테이션이 끝나고 시험 시작 직전에는 PART 5의 i, W 패턴을 머릿속에 떠올리고 메모 준비를 합니다.

시험 진행 시작

❶ 시험이 시작되면 PART 1 Directions(약 12초)가 화면에 제시되고 음성이 나오기 시작합니다. 이때 바로 PART 5 의 i, W 패턴 내용을 스크래치 페이퍼에 축약해서 메모를 시작합니다. 시간상 2~3줄 정도 메모가 가능할 것입니다.

❷ PART 1 Directions가 끝나면 메모를 중지하고 PART 1 (지문 읽기: Q1, 2)에 집중하세요. 첫 번째 지문을 연습하고 답변합니다.

❸ 첫 번째 지문 답변이 끝나면 15~20초 정도의 시간이 남습니다. 이 시간 동안 다시 PART 5의 i, W 패턴 메모를 이어가세요.

❹ 두 번째 지문 답변이 끝나면 마찬가지로 15~20초 정도의 시간이 남고 PART 5의 i, W 패턴 메모를 계속합니다.

❺ PART 1이 전체적으로 종료되면 PART 2 (사진 묘사: Q3, 4) Directions(약 15초)가 제시됩니다. 이 시간에도 PART 5의 i, W 패턴 메모를 계속 이어갑니다.

❻ PART 2 Directions가 끝나면 메모를 중지하고 모니터에 보이는 사진에 집중합니다. 준비 시간 동안 사진에 대한 메모가 필요하다면 '메모 예시'에 제시된 PART 2 메모 공간에 간략하게 메모하세요. 그리고 답변하세요.

❼ PART 2가 전체적으로 종료되면 PART 3 (질문에 답하기: Q5, 6, 7) Directions(약 17초)가 제시됩니다. 이 시간에 도 PART 5의 i, W 패턴 메모를 계속 이어갑니다.

❽ PART 3 Directions가 끝나면 메모를 중지하고 PART 3에 집중합니다. PART 3의 토픽을 확인하고, 학습했던 MTCQ, 이유 패턴 등을 상기시키고 준비하세요. 그리고 순서대로 PART 3의 5, 6, 7번 질문을 공부했던 시나리오 와 패턴으로 답변하세요.

❾ PART 3가 전체적으로 종료되면 PART 4 (표 보고 질문에 답하기: Q8, 9, 10) Directions(약 25초)가 제시됩니다. i, W 패턴 메모를 이어가세요. 메모가 순조롭게 진행되었다면 이 시점에서 PART 5의 i, W 패턴 메모는 완성될 타 이밍입니다.

❿ PART 4 Directions가 끝나면 메모를 중지하고 화면에 제시된 PART 4 표에 집중합니다. 표를 파악할 수 있는 준 비 시간 45초 동안 표에 있는 내용을 문장으로 만들어서 말해봅니다. 그리고 순서대로 PART 4의 8, 9, 10번 질문 에 답변하세요.

⓫ PART 4가 전체적으로 종료되면 PART 5 (의견 제시하기: Q11) Directions(약 14초)가 제시됩니다. 이 시간 동안 은 질문이 모니터에 제시될 때까지 기다리며 i, W, MTCQ, 이유 패턴 등을 상기시킵니다.

⓬ 이제 화면에 마지막 문제 PART 5 질문이 제시됩니다. 준비 시간 45초 동안 질문을 보고 어떤 패턴으로 풀어나갈 지 결정하세요. 그리고 답변하세요.

⓭ 시험 종료입니다!

* 만약 PART 5의 i, W 패턴을 축약해서 메모하는 전략이 시험을 치르는 도중에 집중력을 떨어뜨리고 머리를 더 복잡 하게 만들 것 같다고 생각되면 필수적으로 지켜야 하는 전략은 아니므로 본인만의 효율적인 메모 방법을 생각해보고 실전 모의고사를 풀어볼 때 적용해보세요.

효율적인 메모 방법

저자 직강
무료 동영상 강의

옆의 그림은 시험장에서 받게 될 메모지(스크래치 페이퍼)의 레이아웃입니다. 메모지의 오른쪽 부분을 보면 PART 5 (의견 제시하기: Q11)의 답변이 되어줄 i 패턴과 W 패턴이 축약되어 정리되어 있습니다. 시험 시작 후, 이렇게 미리 메모해 놓을 수 있는 시간이 있습니다. 바로 각 파트의 Directions 시간을 활용하는 것입니다. Directions 시간은 각 파트가 시작하기 전에 성우가 해당 파트를 어떻게 진행해야 하는지를 짧게 설명해주는 시간이며, 총 다섯 번의 Directions 시간을 더하면 약 1분 20초 정도의 시간이 free time으로 주어지는 것입니다. 또한, Q1, Q2(지문 읽기)를 답변하고 나면 각 15~20초 정도의 시간이 남습니다. 이 시간도 i 패턴과 W 패턴을 메모하는 시간으로 활용하면 좋습니다. 즉, 1분 20초(다섯 번의 Directions 시간) + 20초(Q1 답변 후 남는 시간) + 20초(Q2 답변 후 남는 시간) = 약 2분을 i 패턴과 W 패턴을 메모지(스크래치 페이퍼)에 정리하는 데 활용하세요. 여러분들의 등급을 크게 좌우할 PART 5를 풀어가는 데 아주 큰 도움이 될 것입니다.

메모 지(스크래치 페이퍼)의 왼쪽 부분은 PART 2(사진 묘사)의 메모 공간으로 활용하세요. PART 2(사진 묘사) 메모가 크게 도움이 안 된다고 느껴진다면 꼭 메모할 필요는 없습니다. 메모하는 것이 도움 된다면 PART 2 학습 시 연습했던 것처럼 축약해서 메모하는 것이 더 효율적입니다.

만약 PART 5 (의견 제시하기: Q11)의 답변 아이디어를 메모하는 전략이 시험을 치르는 도중에 집중력을 떨어뜨리고 머리를 더 복잡하게 만들 것 같다고 생각되면 필수적으로 지켜야 하는 전략은 아니므로 본인만의 효율적인 메모 방법을 생각해보고 실전 모의고사를 풀어볼 때 연습해보세요.

꼭 기억하세요! 메모는 시험 시작 직후부터 가능하며, 시험 센터에서 받은 규정 메모지(스크래치 페이퍼)와 필기구로만 가능합니다. 시험이 종료되면 규정 메모지(스크래치 페이퍼)와 필기구를 반납합니다.

SCRATCH PAPER

- 시험 센터에서 제공하는 필기구만 사용할 수 있습니다. (개인 지참 필기구 사용 불가)
- 시험 시작 전 메모할 수 없으며, 시험 시작 이후부터 메모가 가능합니다.
- 시험 종료 후 감독관에게 필기구와 Scratch Paper를 필히 제출해야 합니다.
- 아래와 같이 규정을 위반할 경우 부정행위로 처리됩니다.
  - 메모 내용을 타인에게 보여주거나 부정한 목적으로 사용하는 행위
  - 메모 내용을 외부로 유출하는 행위
  - 시험 중 타인의 스크래치 페이퍼를 엿보거나 혹은 본인의 스크래치 페이퍼를 타인에게 보여주는 행위
- 감독관의 정당한 지시에 따르지 않을 경우 일반시험관리 규정에 따라 처리됩니다.

PART 2 (사진 묘사: Q3, 4) 메모 공간

i

Int. is com.

Saves M, T

Nowadays, Int. good resource

There is lit. nothing

Besides, we can easily access

That means, it is poss. to --

Im a lot of cases, I think our society oper.

W

-- is an important part

Bring benefits

Work eff, pro can be inc. by --

Work Q and perf. Enhanced

-- will affect work in pos. way

Max. work poten.

As a result, -- can accomp more, exp great outcome by --

▶ 기억하세요! 메모는 PART 5 (의견 제시하기: Q11)의 i, W 패턴을 쉽게 기억하기 위해서 진행합니다. 그러므로 본인만 쉽게 알아볼 수 있도록 간략하게 축약해서 메모하면 됩니다. 위의 예시는 예시일 뿐입니다. i, W 패턴 암기를 할 때 축약해서 메모 연습도 함께해보세요.

PART 1

<Questions 1-2>

저자 직강
무료 동영상 강의

Read a text aloud
지문 읽기

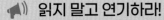 **읽지 말고 연기하라!**

PART 1은 화면에 제시되는 지문을 보며 소리 내어 읽는 파트입니다. 총 두 개의 지문을 읽습니다.

PART 1 > 꿀팁 전략

진행 순서

1 약 12초의 Directions로 시작합니다. Directions는 성우가 이 파트에서 무엇을 어떻게 답변해야 하는지 지시해주는 시간입니다. 모든 파트가 시작하기 전에 음성과 함께 화면에 제시됩니다.

2 Directions가 끝나면 화면이 바뀌고 PART 1에서 읽어야 하는 두 개의 지문 중 첫 번째 지문이 화면에 제시됩니다. begin preparing now라는 음성이 나온 후 지문을 연습해 볼 수 있는 준비 시간 45초가 주어집니다. 준비 시간에는 자유롭게 소리 내어 스피킹이 가능합니다. 메모는 불필요한 파트입니다.

3 준비 시간 45초가 끝나면 begin reading aloud now라는 음성이 나오고 45초의 답변 시간이 주어집니다. 답변 시간에는 헤드셋에 장착된 마이크를 통해 자동으로 녹음이 진행됩니다.

4 첫 번째 지문의 답변 시간이 끝나면 두 번째 지문이 화면에 제시됩니다. 그다음 begin preparing now라는 음성이 나온 후 지문을 연습해 볼 수 있는 준비 시간 45초가 주어집니다.

5 두 번째 지문의 준비 시간 45초가 끝나면 begin reading aloud now라는 음성이 나오고 45초의 답변 시간이 주어집니다. 준비 시간에는 자유롭게 소리 내어 연습하세요. 지문의 내용을 구체적으로 해석할 필요는 전혀 없지만, 지문의 목적은 어느 정도 파악해야 읽을 때 느낌을 살릴 수 있습니다. 답변 시간에는 또박또박 천천히 읽기보다는 자연스럽고 매끄럽게 이어지도록 읽는 것이 중요합니다.

출제 유형 & 빈출 내용

▶ 뉴스(특정 지역의 뉴스, 교통정보, 일기예보 등을 전하는 메시지)

▶ 공지(공공시설 이용자나 한 회사의 직원들에게 전달 사항이나 변경 사항을 알리는 메시지)

▶ 광고(특정 상품, 업체, 서비스 등을 홍보하는 메시지)

▶ 안내(박물관이나 미술관 등 특정 시설을 안내하거나 비행기, 버스, 기차 등에서 고객들에게 정보를 제공하는 메시지)

▶ 소개(방송을 통해 유명인이나 특정 인물을 소개하거나 이벤트 사회자가 초대 손님을 환영하는 메시지)

▶ 전화 안내 메시지(통화 부재 시 운영 시간, 내선 번호, 긴급 연락처 등 간단한 내용을 안내하는 전화 자동 응답 메시지)

🎯 주요 핵심 패턴

1. 발음

영어 발음 규칙은 여러 가지가 있고 국가별 또는 지역별로 차이가 있습니다. 이 교재에서는 토익스피킹 현장 강의 진행 시 수강생분들이 가장 많이 실수하거나 잘 지키지 못하는 발음 포인트들을 미국식으로 몇 가지만 소개합니다.

❶ 단어 뒤에 s, es, 소유격 s는 꼭 신경 써서 발음하세요.

differences	[디퍼(f)뤤씨스]	appliances	[어플라이언씨스]
parts	[파ㅊ]	hurts	[허r츠]
gates	[게이ㅊ]		

⋯› t로 끝나는 단어 뒤의 s는 'ㅊ' 소리가 납니다.

❷ 연음 현상 - 자음으로 끝나는 단어와 모음으로 시작하는 단어가 만나서 한 단어처럼 들립니다. 두 단어를 자연스럽게 연결하여 발음합니다.

look at   [르껟] ⋯› [르켓]이 아닌 이유는 다음 ❹에 소개될 경음 현상 때문입니다.

work out [월까웉] ⋯› 마찬가지로 [월카웉]이 아닌 이유는 다음 ❹에 소개될 경음 현상 때문입니다.

big apple [비게쁠]

find out [퐈(f)인다웉]

come in [커민] ⋯› come 끝에 e는 음가가 없습니다.

❸ 동화 현상 - 앞 단어가 자음으로 끝나고 뒤 단어가 같거나 유사한 발음으로 시작할 때 발음이 동화됩니다. 두 단어를 자연스럽게 연결하여 발음합니다.

this series   [디시리z] ◎ [디스시리즈] ✕

both things   [보우띵s] ◎ [보우스띵ㅅ] ✕

help people   [헬피쁠] ◎ [헬프피플] ✕

police station [폴리스떼이션] ◎ [폴리스스테이션] ✕

short track competition [쇼얼츄레컴삐티션] ◎ [쇼트트렉컴페티션] ✕

⋯› t와 r이 만나면 '츄' 소리가 납니다. **Ex** tree [츄뤼]   train [츄뤠인]   street [스츄륌]

❹ 경음 현상(쌍자음 소리) – s 뒤에 t, p, k가 오면 된소리가 납니다. 주로 st, sp, sk가 단어 맨 앞이나 단어 중간에 오는 경우, 또는 t, p, k가 모음과 만났을 때 이런 현상이 많이 일어납니다.

store	[스또어r] ◎ [스토어] ✕	speaking	[스삐~낑] ◎ [스피킹] ✕
special	[스뻬셜] ◎ [스페셜] ✕	sky	[스까이] ◎ [스카이] ✕
establish	[이스떼블리쉬] ◎ [이스테블리쉬] ✕	misspelled	[미쓰뻴드] ◎ [미스스펠드] ✕
asking	[에스낑] ◎ [에스킹] ✕	practice	[프뤡띠스] ◎ [프뤡티스] ✕
helping	[헬삥] ◎ [헬핑] ✕	taken	[테이낀] ◎ [테이큰] ✕
walking	[워낑] ◎ [워킹] ✕		

❺ 단어 마지막으로 오는 철자에 따라 ed가 붙었을 때 발음 차이가 있습니다.

> 강자음(p, k, s, f, ch, sh, gh, c, x) 발음 뒤에 ed가 오면 t(ㅌ)로 발음합니다.

stopped	[스땁ㅌ]	kicked	[킥ㅌ]
passed	[패스ㅌ]	sniffed	[스니프(f)ㅌ]
pitched	[핏치ㅌ]	brushed	[브뤄시ㅌ]
laughed	[레~프(f)ㅌ]	danced	[댄스ㅌ]
fixed	[픽(f)스ㅌ]		

> 약자음(b, g, z, v, l, r, m, n, w) 발음이나 모음 뒤에 ed가 오면 d(ㄷ)로 발음합니다.

robbed	[롭~ㄷ]	plugged	[플럭ㄷ]
amazed	[어메이즈(z)ㄷ]	moved	[무으브(v)ㄷ]
pulled	[풀ㄷ]	offered	[어퍼(f)rㄷ]
claimed	[클레임ㄷ]	learned	[러언ㄷ]
followed	[팔(f)로우ㄷ]		

> t와 d 발음 뒤에 ed가 오면 id(이ㄷ)로 발음합니다.

started	[스타r리ㄷ]	wanted	[워니ㄷ]
painted	[페이니ㄷ]	needed	[니리ㄷ]
avoided	[어보(v)이디ㄷ]		

❻ ntly, tely로 끝나는 단어는 t를 발음하지 않고 아주 짧게 멈췄다가 ly로 연결합니다.

current/ly	[커r뤤/리]	recent/ly	[뤼센/리]
convenient/ly	[컨비(v)니엔/리]	approximate/ly	[어프롹씨멜/리]
immediate/ly	[이미리엘/리]		

2. 강세

"English is a stress-based language.(영어는 강세를 기반으로 한 언어이다.)" 이만큼 강세는 영어를 구사하는 데 있어 매우 중요합니다. 2음절 이상의 단어에 올바른 강세를 부여한다면 전체적인 문장 속의 억양과 느낌도 살아납니다. 한국어는 monotone(톤이 단조로운) 언어라서 문장 내에서 큰 높낮이 변화가 없지만, 영어는 높낮이 변화 없이 밋밋하게 문장을 말하면 의미 전달이 잘 되지 않습니다.

❶ 단어의 강세

강세가 들어가는 음절의 음을 더 높이 올리고 더 큰소리로 발음하세요. 또한, 모음에 강세가 들어갈 경우 모음을 조금 더 길게 발음하세요.

annual	[에뉴얼]	customers	[커스트머r人]
refrigerators	[뤼프(f)뤼지뤠이러r人]	purchase	[퍼r치人]
November	[노벰(v)버r]		

❷ 문장의 강세

문장의 강세는 문장 속의 의미어(명사, 동사, 형용사, 부사, 부정어, 의문사, 비교급, 최상급, 숫자, 고유명사)를 강하게 읽으세요. 이렇게 따지면 의미어에 해당하는 단어를 품사별로 전부 다 힘을 줘서 읽어야 하는 것이 아니냐는 생각을 하실 수도 있습니다. 하지만 사실 이 부분은 원어민들도 사람마다 말투나 느낌에 따라 약간의 차이가 있을 수 있습니다. 중요한 것은 앞서 설명한 것처럼 2음절 이상 단어의 정확한 위치에 강세를 주고 음을 높여주면 문장에 자연스럽게 힘이 실립니다. 문장의 기능어(대명사, be동사, 조동사, 관사, 전치사, 접속사)는 약하게 흘러가듯 읽으세요.

> If you would like to **plan** a **vacation**, this is a **great opportunity**.
> 혹시 휴가를 계획하려 하신다면, 이번 기회를 놓치지 마시기 바랍니다.
>
> Welcome to today's **seminar** on **management** in the **workplace**.
> 금일 진행되는 사내 경영 세미나에 오신 것을 환영합니다.

3. 억양

❶ 내려 읽기를 하는 경우

> ▶ 마침표 뒤
> Thank you for choosing Healthy Way for your grocery needs.↘
> 식료품 쇼핑을 위해 Healthy Way 매장을 찾아 주셔서 대단히 감사합니다.
>
> ▶ 느낌표 뒤
> Congratulations!↘ 축하합니다!
> You've got to try Vita Energy Booster!↘ Vita Energy Booster를 꼭 드셔 보세요!
>
> ▶ 의문사로 시작하는 의문문 물음표 뒤(wh-의문문)
> When was the last time you had a health check-up?↘ 언제 마지막으로 건강 검진을 받으셨나요?
> What time do I need to be there?↘ 제가 그곳에 몇 시까지 도착해야 하죠?

❷ 올려 읽기를 하는 경우

> ▶ 쉼표
> Starting Wednesday,↗ temperatures are expected to plummet to minus five degrees Celsius.↘ 수요일을 시작으로, 기온이 섭씨 영하 5도 이하로 뚝 떨어질 것으로 예상됩니다.
>
> ▶ be 동사, 조동사로 시작하는 의문문 물음표 뒤
> Are you feeling constantly tired?↗ 만성피로를 느끼고 계신가요?
>
> ▶ 접속사 앞
> Our drinks are all-natural ↗ and additive-free.↘
> 저희 음료는 모두 가공되지 않고 첨가물이 없습니다.

❸ 나열되는 억양

3개의 명사나 형용사가 쉼표와 접속사로 나열된 경우가 지문 속에 100% 등장합니다. 이 경우 첫 두 항목은 올려서 읽고 세 번째 항목은 내려서 읽으세요. 단, 나열되는 억양에서 문장이 끝나지 않는 경우는 첫 두 항목은 억양을 올려주고 마지막 항목은 내리지 않고 자연스럽게 연결하고 문장이 끝날 때 내려주세요.

> Customers will find huge savings on air conditioners,↗ refrigerators,↗ and microwaves.↘
> 고객님들은 에어컨, 냉장고, 그리고 전자레인지에서 엄청난 비용을 절약할 수 있을 것입니다.
>
> For more information / on membership options,↗ classes,↗ or equipment rentals,
> please visit our website at any time.↘
> 회원제 옵션, 수업 또는 장비 대여에 대한 자세한 내용을 원하시면, 언제든지 당사 웹사이트를 방문하십시오.

4. 끊어 읽기

끊어 읽기는 읽기 능력에 따라 더 자주 끊어 읽을 수도 있고 그렇지 않을 수도 있습니다. 하지만 중요한 것은 한 단어 한 단어 너무 자주 끊어 읽지 않도록 하세요.

❶ 접속사 앞(and, but, or, as 등)

> Please enjoy the show / and have a good time!↘ 공연을 즐기시고 좋은 시간 보내세요!
> Today's guest is young, / but he is a wise man.↘ 오늘 초대자는 젊지만 현명합니다.
> You can either take the subway / or the city bus.↘ 지하철 또는 시내버스를 이용하시면 됩니다.
> Be cautious when driving / as the weather gets colder.↘
> 날씨가 점점 추워지기 때문에 운전 시 조심하세요.

❷ 관계사 앞(that, which, who, what 등)

> It's the one-day sales event / that you don't want to miss!↘ 놓쳐서는 안 될 단 하루 세일 행사입니다!
> This is the album / which will be available in stores next week.↘
> 이 앨범이 다음 주부터 가게에서 구매 가능하게 될 앨범입니다.
> I want to thank all the staff / who made this event a reality.↘
> 이 행사를 가능케 해 주신 모든 직원분께 감사드립니다.
> We are not sure / what tomorrow will bring.↘ 우리는 내일 무슨 일이 있을지 잘 모릅니다.

❸ 긴 주어 뒤 (3단어 이상의 주어)

> What he served for dinner / was absolutely amazing.↘
> 그가 저녁 식사로 차려준 음식은 정말 놀라웠습니다.
> People attending the show / are prohibited from using cameras.↘
> 공연에 참석한 분들은 카메라 사용이 금지됩니다.

❹ 분사구 앞

She is the person / writing a book about children's education.↘
그녀가 바로 아동 교육에 관련해서 책을 집필하는 분입니다.

He is the manager / organizing the conference.↘ 그가 바로 회의를 준비하는 매니저입니다.

❺ 그 외에 전치사 또는 to 부정사 앞에서 끊어 읽을 수도 있습니다.

The shop is open / until 9:30 P.M.↘ 가게는 오후 9시 30분까지 영업합니다.

He is on the radio / to explain about the importance of sleep.↘
그는 잠의 중요성에 관해 설명하기 위해 라디오에 출연했습니다.

PRACTICE

시험 직전 TIP

① 효율적으로 공부하려면 처음에는 부담 없이 한번 읽어보면서 지문의 목적을 생각해보세요.

② 그다음은 꿀팁에 있는 내용을 보면서 조금 더 깊게 분석하며 읽기 연습을 해 보세요.

③ 어느 정도 익숙해졌다면 실제로 시험에 응시하는 것처럼 연습해보세요. 준비 시간 45초 동안 소리 내어 연습하고, 답변 시간 45초 동안에는 스마트폰으로 녹음해보세요. 최대한 느낌을 살려서 지문의 목적에 맞게 연기하세요. 답변 시간 동안 말을 버벅거리거나 실수를 해도 녹음기를 멈추거나 포기하지 마세요. 지문 하나를 읽는 데 걸리는 시간은 약 25초 정도면 가장 듣기 좋습니다.

④ 마지막으로 녹음한 파일을 들어보세요. 이해하기 힘들거나, 발음이 어색한 부분은 없는지, 속도는 너무 느리거나 빠르지 않은지, 너무 단조롭게 들리지는 않는지를 확인하고 개선하세요. 지문을 많이 읽는 것보다는 하나의 지문을 한 구절씩 반복적으로 읽어가며 점점 더 완벽화 시키고 자신감을 올리는 것이 더 중요합니다.

고득점 TIP

① **읽지 말고, 연기하라!**
그렇습니다. 어떤 유형의 지문이 출제되든 지문의 내용과 목적을 생각하면서 연기하세요. 그리고 밝은 목소리로 읽으세요.

② **단어의 강세**
단어의 강세를 잘 주면 문장의 전체적인 억양도 살아날 수 있습니다. 앞서 설명한 것처럼 한국어의 단조로운 톤(monotone)의 느낌으로 지문을 읽는다면 의미 전달이 잘 안될 수 있습니다.

③ **연습**
연습할 때는 지문을 전체적으로 한번 읽어보고, 그다음에 한 구절씩 분리해서 연습하는 것이 더 효과적일 수 있습니다. 같은 지문을 반복적으로 연습해서 자신감을 높이세요.

④ **꾸준한 녹음 연습**
스마트폰을 활용해서 녹음을 많이 해 보세요. 녹음기가 작동하고 있는 상황에서 연습한다면 더 긴장감이 있으므로 실전 상황 느낌으로 연습할 수 있어요.

⑤ **시간 관리**
기억하세요! 지문 하나를 읽는 데 걸리는 시간은 평균 25초 정도가 좋습니다. 적절한 속도를 유지하며 매끄럽게 읽는 데 집중하세요.

⑥ **실수했을 때**
지문을 읽어 나가다가 단어를 잘못 읽었거나 실수했다면 너무 긴장하지 말고 틀린 위치에서 다시 읽으면 됩니다.

1

지문 유형 > **광고**

Join us this weekend at Joe's Home Appliances for the annual summer clearance sale. Customers will find huge savings on air conditioners, refrigerators, and microwaves. In fact, certain products will be marked over fifty percent off. If you're thinking about purchasing a new appliance, come to Joe's this weekend because it's the place for savings!

PREPARATION TIME	RESPONSE TIME
00:00:45	00:00:45

🎧 P1_02

모범 답안

Join us this **weekend** / at **Joe's Home Appliances** / for the **annual summer clearance sale.**↘ // **Customers** will find **huge savings** / on **air conditioners,**↗ / **refrigerators,**↗ / and **microwaves.**↘ // In **fact,**↗ / certain **products** / will be **marked** over **fifty percent off.**↘ // If you're **thinking** about **purchasing** a new **appliance,**↗ / come to **Joe's** this **weekend** / because it's the **place** for **savings!**↘

이번 주말 Joe's 가전제품에서 진행하는 연례 여름 재고 정리 세일에 참여하세요. 고객님들은 에어컨, 냉장고, 그리고 전자레인지에서 엄청난 비용을 절약할 수 있을 것입니다. 사실은 특정 제품들은 50% 이상의 할인도 진행됩니다. 새 가전제품을 구매하실 생각이라면 이번 주말 Joe's에 방문해 보세요, 절약을 위한 곳이기 때문입니다.

꿀팁

굵게 표시 : 강하게 읽기 | 하이라이트 : 단어 강세 유의 | **/** : 끊어 읽기 | ↗ : 올려 읽기 | ↘ : 내려 읽기

- join us 연음 현상 ⋯ [조이너ㅅ] ⓞ [조인어ㅅ] ⊗
- weekend 경음 현상 (쌍자음 소리) ⋯ [위~껜ㄷ] ⓞ [위켄드] ⊗
- appliances의 es 발음하기 ⋯ [어플라이언씨ㅅ]
- clearance sale 동화 현상 ⋯ [클리어런쎄일] ⓞ [클리어런스쎄일] ⊗
- 나열되는 억양 ⋯ **air conditioners,** ↗/ **refrigerators,** ↗/ and **microwaves.**↘
- marked ⋯ [markㅌ]
- thinking 경음 현상 (쌍자음 소리) ⋯ [띵(th)낑] ⓞ [띵킹] ⊗
- 느낌표 내려 읽기 ⋯ it's the **place** for **savings!**↘

2 | 지문 유형 ▷ 광고

Are you feeling constantly tired? Then, you've got to try Vita Energy Booster! Our drinks are all-natural and additive-free. Whenever you need some energy or are just simply thirsty, try our healthy, natural, and refreshing beverages. In the next few weeks, we'll be launching our new flavors as well. Our beverages can be purchased at any major grocery stores or online.

PREPARATION TIME	RESPONSE TIME
00:00:45	00:00:45

▶ | 모범 답안 ▷

Are you **feeling constantly tired?**↗ // **Then,**↗ / you've **got** to **try Vita Energy Booster!** ↘ // Our **drinks** are **all-natural** / and **additive-free.**↘ // Whenever you **need** some **energy** / or are just **simply thirsty,**↗ / try our **healthy,**↗ / **natural,**↗ / and **refreshing beverages.**↘ // In the **next few weeks,**↗ / we'll be **launching** our **new flavors** as well. ↘ // Our **beverages** can be **purchased** / at **any** major **grocery stores** / or **online.**↘

만성피로를 느끼고 계신가요? 그렇다면 Vita Energy Booster를 드셔 보세요! 저희 음료는 모두 가공되지 않고 첨가물이 없습니다. 에너지가 필요하다고 느껴지실 때 혹은 단순히 목마름을 느끼실 때, 언제든 저희의 건강하고 가공되지 않은, 활기를 북돋워 주는 음료를 드셔 보세요. 몇 주 후에 저희는 새로운 맛의 음료도 출시할 예정입니다. 저희 음료는 아무 대형마트 또는 인터넷에서 구매가 가능합니다.

🔆 꿀팁

굵게 표시 : 강하게 읽기 | 하이라이트 : 단어 강세 유의 | / : 끊어 읽기 | ↗ : 올려 읽기 | ↘ : 내려 읽기

- be동사 의문문 올려 읽기 ⋯ Are you **feeling constantly tired?**↗
- 느낌표 내려 읽기 ⋯ you've **got** to **try Vita Energy Booster!**↘
- try의 tr은 '츄' 소리가 납니다. ⋯ [츄롸이] ◎ [트라이] ⊗
- booster 경음 현상 ⋯ [부스떠r] ◎ [부스터r] ⊗
- 나열되는 억양 ⋯ try our **healthy,**↗ / **natural,**↗ / and **refreshing beverages.**↘
- beverages의 s 발음하기 ⋯ [베버(v)뤠지ㅅ]
- next few의 t 탈락 ⋯ [넥스퓨(f)]
- we'll은 will처럼 발음합니다.

3 지문 유형 ▸ 공지

Good evening, customers. Thank you for choosing Healthy Way for your grocery needs. Our store is closing in fifteen minutes. If you're not done shopping, please return during our business hours. For your convenience, we also accept delivery orders through our website, telephone calls, or by using the mobile phone application. Have a good night and thank you again for shopping at Healthy Way.

PREPARATION TIME	RESPONSE TIME
00:00:45	00:00:45

▸ 모범 답안

Good evening, customers.↘ // **Thank you** for **choosing** / **Healthy Way** / for your **grocery needs.**↘ // Our **store** is **closing** / in **fifteen minutes.**↘ // If you're **not done shopping,**↗ / **please return** during our **business hours.**↘ // For your **convenience,**↗ / we **also accept delivery orders** through our **website,**↗ / **telephone calls,**↗ / or by **using** the **mobile phone application.**↘ // Have a **good night** / and **thank you again** for **shopping** / at **Healthy Way.**↘

고객 여러분, 안녕하십니까? 식료품 쇼핑을 위해 Healthy Way 매장을 찾아 주셔서 대단히 감사합니다. 15분 후에 우리 매장은 문을 닫습니다. 현재 쇼핑을 끝내지 못하셨다면, 매장 운영 시간에 다시 방문해 주시기 바랍니다. 고객님의 편의를 위해, 우리 매장은 인터넷 웹사이트, 유선 전화, 또는 모바일 앱을 통한 배달 업무도 실시하고 있습니다. 편안한 저녁 되시길 기원하며 Healthy Way를 찾아 주신 고객 여러분 다시 한번 감사드립니다.

💡 꿀팁

굵게 표시 : 강하게 읽기 | 하이라이트 : 단어 강세 유의 | / : 끊어 읽기 | ↗ : 올려 읽기 | ↘ : 내려 읽기

- 고유명사는 크게 읽고 앞뒤로 끊어 읽어주면 좋습니다. ⋯ **Thank you** for **choosing** / **Healthy Way** / for your **grocery needs.**↘
- store 경음 현상 ⋯ [스또어r] ⓞ [스토어r] ⊗
- fifteen의 teen에 강세를 주고 길게 발음하세요.
- 부정어 not에 강세를 주고 크게 읽으세요. ⋯ If you're **not done shopping,**↗
- 나열되는 억양 ⋯ we **also accept delivery orders** through our **website,**↗ / **telephone calls,**↗ / or by **using** the **mobile phone application.**↘

4 지문 유형 공지

Attention, passengers. The departure gate for international flight eighteen to Prague has been changed because of maintenance. Instead, please proceed to gate thirty. To get there, turn right at the information stand, stay on your left, and pass the smoking area. When you reach the end of the hallway, take the escalator and follow the signs. We apologize for the inconvenience.

PREPARATION TIME	RESPONSE TIME
00:00:45	00:00:45

P1_08

모범 답안

Attention, **passengers**.↘ // The **departure gate** for **international flight eighteen** to **Prague** / has been **changed** because of **maintenance**.↘ // **Instead**,↗ / **please proceed** to **gate thirty**.↘ // To get there,↗ / **turn right** at the **information stand**,↗ / **stay** on your **left**,↗ / and **pass** the **smoking area**.↘ // When you **reach** the **end** of the **hallway**,↗ / **take** the **escalator** / and **follow** the **signs**.↘ // We **apologize** for the **inconvenience**.↘

승객 여러분께 안내 말씀드립니다. Prague 행 국제선 18번 비행기의 탑승구가 유지보수의 이유로 다른 곳으로 변경되었습니다. 대신 30번 탑승구로 이동해주시기 바랍니다. 그곳으로 이동하시기 위해서는, 안내 데스크를 기준으로 우회전하신 후 승객 여러분의 왼쪽 편에 있는 흡연 구역을 지나시면 됩니다. 복도 끝에 이르시면, 에스컬레이터를 이용하시고 표지판을 따라 이동하시면 됩니다. 승객 여러분께 불편을 드려 대단히 죄송합니다.

꿀팁

굵게 표시 : 강하게 읽기 | 하이라이트 : 단어 강세 유의 | / : 끊어 읽기 | ↗ : 올려 읽기 | ↘ : 내려 읽기

- 고유명사 Prague 발음 ⋯ 고유명사는 잘못 읽어도 크게 감점 사유가 되지 않습니다. 자신 있게 발음하세요. ⋯ [프라ㄱ]
- changed의 d 소리는 짧게 끊어주세요. ⋯ [체인지ㄷ]
- instead 경음 현상 + 강하게 읽으세요. ⋯ [인스떼ㄷ]
- please, proceed, pass, reach는 충분히 길게 발음하세요.
- 나열되는 억양 ⋯ **turn right** at the **information stand**,↗ / **stay** on your **left**,↗ / and **pass** the **smoking area**.↘
- the information, the end의 the는 '디'로 읽으세요. the 뒤의 단어가 모음 소리로 시작하면 the를 '디'로 읽습니다. 하지만 u, w 소리는 예외입니다.
  - Ex the university ⋯ [더 유니버(v)r씨티]
  - Ex the one ⋯ 더 원(o는 모음이지만 one을 읽을 때 w 소리가 나기 때문입니다.)
  - Ex the FBI ⋯ 더 FBI(F는 자음이지만 '에프'가 '에' 모음 소리로 시작하기 때문입니다.)
- stand, smoking 경음 현상 ⋯ [스땐ㄷ], [스모낑]
- international, inconvenience는 세 번째 음절에 강세를 주세요.

5 지문 유형 〉 소개

On August twenty-eighth, Pop Star Radio will welcome the legendary pop artist, Justin Bolton, at the Jackson Center in Berkeley. Bolton will be touring several states in September, October, and November. His hottest music collections which will be available in stores next week include his five brand-new tracks.

PREPARATION TIME	RESPONSE TIME
00:00:45	00:00:45

🎧 P1_10

▶ 모범 답안

On **August twenty-eighth**,↗ / **Pop Star Radio** / will **welcome** the **legendary pop artist**, / **Justin Bolton**, / at the **Jackson Center** in **Berkeley**.↘ // **Bolton** will be **touring several states** in **September**,↗ / **October**,↗ / and **November**.↘ // His **hottest music collections** / which will be **available** in **stores next week** / **include** his **five brand-new tracks**.↘

8월 28일, Berkeley에 있는 Jackson Center에서 Pop Star Radio는 전설적인 팝 아티스트 Justin Bolton을 맞이할 것입니다. Bolton은 9월, 10월, 그리고 11월 동안 여러 주를 돌아가며 공연할 예정입니다. 다음 주부터 매장에서 구매 가능한 그의 최고 음반집에는 그의 신곡 5개도 수록되어 있습니다.

💡 꿀팁

굵게 표시 : 강하게 읽기 | 하이라이트 : 단어 강세 유의 | / : 끊어 읽기 | ↗ : 올려 읽기 | ↘ : 내려 읽기

- 고유명사, 숫자, 날짜, 최상급, 비교급은 강하게 읽어주세요. ⋯ August twenty-eighth, Pop Star Radio, Justin Bolton, Jackson Center, Berkeley, hottest, five
- legendary 발음 ⋯ [레진데뤼]
- several 발음 ⋯ [쎄ㅂ(v)뤌]
- states, stores 경음 현상 ⋯ [스떼잍ㅊ], [스또어rㅅ]
- 나열되는 억양 ⋯ **Bolton** will be **touring several states** in **September**,↗ / **October**,↗ / and **November**.↘
- next week의 t 자음 탈락 ⋯ [넥스위~ㄲ] ⭕ [넥스트위크] ❌
- tracks의 tr은 '츄' 소리 ⋯ [츄뤡~ㅅ]

6 지문 유형 > 뉴스

This is time for the Channel Six traffic report. Due to major road repair, we expect College Avenue to be heavily congested until seven P.M. Until that time, drivers are recommended to take alternate routes. We recommend taking Kearny Road, Rockland Avenue, or Cobb Street. To get the most recent traffic update, stay tuned and we'll be back shortly after the break.

PREPARATION TIME	RESPONSE TIME
00:00:45	00:00:45

 모범 답안 >

P1_12

This is **time** / for the **Channel Six traffic report**.↘ // Due to **major road repair**,↗ / we **expect College Avenue** to be **heavily congested** / until **seven P.M.**↘ // Until that **time**,↗ / **drivers** are **recommended** / to take **alternate routes**.↘ // We **recommend taking Kearny Road**,↗ / **Rockland Avenue**,↗ / or **Cobb Street**.↘ // To get the **most recent traffic update**,↗ / **stay tuned** / and we'll be **back shortly** after the **break**.↘

채널 6 교통 정보를 알려드립니다. 대대적인 도로 보수로 인해, College 가는 오후 7시까지 극심한 교통체증을 겪을 것으로 예상됩니다. 그 시간까지 운전자들은 대체 노선을 택하는 것이 좋겠습니다. 저희는 Kearny 로, Rockland 가 또는 Cobb 가를 추천합니다. 최신 교통정보를 받으시려면 채널을 고정해 주십시오, 그러면 잠시 후에 다시 돌아오겠습니다.

💡 꿀팁

굵게 표시 : 강하게 읽기 | 하이라이트 : 단어 강세 유의 | / : 끊어 읽기 | ↗ : 올려 읽기 | ↘ : 내려 읽기

- 고유명사, 숫자, 시간, 날짜, 최상급, 비교급은 강하게 읽어주세요. ⋯ Channel Six traffic report, College Avenue, seven P.M., Kearny Road, Rockland Avenue, Cobb Street, most, shortly
- road repair는 r 소리가 두 단어 연속됩니다. l 소리처럼 들리지 않도록 발음하세요.
- expect 경음 현상 ⋯ [익ㅅ뻭ㅌ] ⭕ [익스팩ㅌ] ❌
- recommend의 d 자음 탈락 + taking 경음 현상 ⋯ [뤠꺼멘테이낑] ⭕ [뤠커멘드테이킹] ❌
- 나열되는 억양 ⋯ We **recommend taking Kearny Road**,↗ / **Rockland Avenue**,↗ / or **Cobb Street**.↘
- we'll은 will처럼 발음하세요.

7 지문 유형 〉 안내

Welcome to today's seminar on management in the workplace. During the next few hours, we'll discuss various strategies that can help you be more successful at work. Talks from our guests will include effective ways for supervising employees, operating new tasks, and communicating with your colleagues. Let's get started without any further delay.

PREPARATION TIME	RESPONSE TIME
00:00:45	00:00:45

🎧 P1_14

▶ 모범 답안

Welcome to today's **seminar** / on **management** / in the **workplace**.↘ // During the **next few hours**, / we'll **discuss various strategies** / that can **help** you be **more successful** at **work**.↘ // **Talks** from our **guests** / will **include effective ways** for **supervising employees**,↗ / **operating new tasks**,↗ / and **communicating** with your **colleagues**.↘ // **Let's get started** / without **any further delay**.↘

금일 진행되는 사내 경영 세미나에 오신 것을 환영합니다. 앞으로 몇 시간 동안, 우리는 여러분 각자가 직장에서 더 성공하도록 도울 수 있는 다양한 전략에 대해 논의할 것입니다. 우리 고객들의 이야기는 직원들을 감독하고, 새로운 업무를 운영하고, 동료들과 의사소통하는 효과적인 방법들을 포함합니다. 더 기다릴 필요 없이 지금 바로 시작하겠습니다.

💡 꿀팁

굵게 표시: 강하게 읽기 | 하이라이트 : 단어 강세 유의 | / : 끊어 읽기 | ↗ : 올려 읽기 | ↘ : 내려 읽기

- today's seminar 동화 현상 ⋯ [트데이쎄미나r] ⭕ [투데이스쎄미나] ❌
- next few의 t 자음 탈락 ⋯ [넥ㅅ퓨(f)] ⭕ [넥스트퓨] ❌
- we'll은 will처럼 발음하세요.
- various strategies 동화 현상 ⋯ [베(v)리어스츄뤠리지ㅅ] ⭕ [베리어스스트레티지스] ❌
- help you 연음 현상 ⋯ [헬쀼] ⭕ [헬프유] ❌
- guests의 s를 발음하세요. t로 끝나는 단어의 s 발음은 'ㅊ' 소리가 납니다. ⋯ [게스ㅊ]
- tasks의 s를 발음하세요. ⋯ [테슥ㅅ]
- colleagues의 s를 발음하세요. ⋯ [컬릭ㅅ]
- 나열되는 억양 ⋯ **supervising employees**,↗ / **operating new tasks**,↗ / and **communicating** with your **colleagues**.↘

8 지문 유형 ▶ 안내

I'd like to welcome all the new staff members to the Torrey Pines Institute of Education. In today's orientation session, we'll go over a few important details about the facility. Over the next few hours, we will be handing out institute guidebooks, assigning your desks, and meeting the managerial staff. If you have any questions, please don't hesitate to ask at any time.

PREPARATION TIME	RESPONSE TIME
00:00:45	00:00:45

P1_16

모범 답안

I'd like to **welcome all** the **new staff members** / to the **Torrey Pines Institute of Education.**↘ // In **today's orientation session,**↗ / we'll **go** over a **few important details** about the **facility.**↘ // Over the **next few hours,**↗ / we will be **handing out institute guidebooks,**↗ / **assigning** your **desks,**↗ / and **meeting** the **managerial staff.**↘ // If you have any **questions,**↗ / **please don't hesitate** to **ask** / at any **time.**↘

Torrey Pines 교육연구소에 새로 온 모든 직원을 환영하고 싶습니다. 오늘 오리엔테이션 세션에서 우리는 연구소에 대한 몇 가지 중요한 세부 사항을 검토할 것입니다. 앞으로 몇 시간 동안 우리는 연구소 안내서를 나눠주고, 여러분의 책상을 배정하고, 경영진을 만날 것입니다. 질문이 있으면 언제든지 주저하지 말고 물어보십시오.

꿀팁

굵게 표시 : 강하게 읽기 | 하이라이트 : 단어 강세 유의 | / : 끊어 읽기 | ↗ : 올려 읽기 | ↘ : 내려 읽기

- 한정사 all에 강세를 주세요.
- today's의 s를 발음하세요. ⋯ [투데이ㅅ]
- we'll은 will처럼 읽으세요.
- next few의 t 자음 탈락 ⋯ [넥스퓨(f)]
- desks의 s를 발음하세요 ⋯ [데슥ㅅ]
- 나열되는 억양 ⋯ we will be **handing out institute guidebooks,**↗ / **assigning** your **desks,**↗ / and **meeting** the **managerial staff.**↘
- 부정어 don't는 강하게 읽으세요.

9

지문 유형 ▶ 소개

Thank you for joining this press conference. Today, it's my honor to introduce our company's new executive, Dustin Woods. Mr. Woods will concentrate on international business, employee management, and enhancing our products. With his experience in five different countries for over twenty-five years, I'm certainly confident he will provide us with worldwide leadership.

PREPARATION TIME	RESPONSE TIME
00:00:45	00:00:45

▶ 모범 답안

Thank you for **joining** this **press conference.** ↘ // **Today,** ↗ / it's my **honor** to **introduce** our company's **new executive,** ↗ / **Dustin Woods.** ↘ // Mr. **Woods** will **concentrate** on **international business,** ↗ / **employee management,** ↗ / and **enhancing** our **products.** ↘ // With his **experience** / in **five** different **countries** for over **twenty-five years,** ↗ / I'm **certainly** confident / he will **provide** us with **worldwide leadership.** ↘

기자 회견에 참석해 주셔서 감사합니다. 오늘, 우리 회사의 새로운 임원인 Dustin Woods를 소개하게 되어 영광입니다. Mr. Woods는 국제 사업, 직원 관리, 그리고 우리 제품 향상에 주력할 것입니다. 그의 25년 이상의 5개국에서 일한 경험을 바탕으로, 저는 그가 우리에게 세계적 수준의 지도력을 제공할 것이라고 확신합니다.

💡 꿀팁

굵게 표시 : 강하게 읽기 | 하이라이트 : 단어 강세 유의 | / : 끊어 읽기 | ↗ : 올려 읽기 | ↘ : 내려 읽기

- 시간 부사는 강하게 읽습니다. ⋯ today, yesterday, now, then, before, ago, already, just, later, still, soon, yet, late, early 등
- honor 발음 ⋯ [아너r]
- products의 s는 꼭 발음하세요. t로 끝나는 단어 뒤에 s는 'ㅊ' 소리가 납니다. ⋯ [프라덕�츠]
- 나열되는 억양 ⋯ Mr. **Woods** will **concentrate** on **international business,** ↗ / **employee management,** ↗ / and **enhancing** our **products.** ↘
- five, twenty-five는 강하게 읽으세요.
- leadership의 '리' 부분은 길게 읽으세요.

10 　지문 유형 　뉴스

When we come back from the commercial break, I'll be speaking with Terry Jones about the current stock market. As an experienced stock analyst, Terry has seen nearly every situation you may face. He'll be sharing his best advice for when to purchase, sell, and hold your stocks. So, stay with us, and we'll be right back!

PREPARATION TIME	RESPONSE TIME
00:00:45	00:00:45

모범 답안

When we **come back** from the **commercial break**,↗ / I'll be **speaking** with / **Terry Jones** / about the **current stock market.**↘ // As an **experienced stock analyst**,↗ / **Terry** has seen nearly **every** situation you may **face.**↘ // He'll be **sharing** his **best advice** for when to **purchase**,↗ / **sell**,↗ / and **hold** your **stocks.**↘ // So, **stay** with us, ↗ / and we'll be **right** back!↘

광고 후에 저는 Terry Jones를 모시고 현재 주식 시장에 관해 이야기를 나누도록 하겠습니다. 경험이 풍부한 주식 분석가로서 Terry는 여러분이 겪을 수 있는 상황들을 거의 다 아시는 분입니다. 주식을 언제 사고, 팔고, 또 가지고 있어야 하는지에 대한 좋은 조언을 많이 해 주실 것입니다. 그러니 채널 고정해 주시고 저희는 잠시 후 돌아오겠습니다!

꿀팁

굵게 표시 : 강하게 읽기 | 하이라이트 : 단어 강세 유의 | / : 끊어 읽기 | ↗ : 올려 읽기 | ↘ : 내려 읽기

- 사람 이름 앞뒤는 잠깐 끊어서 읽으세요. ⋯ I'll be **speaking** with / **Terry Jones** / about the **current stock market.**↘
- every에는 항상 강세를 주세요.
- 최상급 best에도 항상 강세를 주세요.
- 나열되는 억양 ⋯ He'll be **sharing** his **best advice** for when to **purchase**,↗ / **sell**,↗ / and **hold** your **stocks.**↘
- purchase 발음 ⋯ [퍼r치ㅅ] ◉ [퍼r체이스] ⊗
- speaking, stocks, stay 경음 현상 ⋯ [스삐~낑], [스딱ㅅ], [스떼이] ◉ [스피킹], [스탁ㅅ], [스테이] ⊗

11 지문 유형 ▶ 전화 안내 메시지

Thank you for calling the Lakeridge Sports Club. Our facility is currently closed. During the month of December, our center will close at nine P.M. on weekdays. If you'd like more details about the hours or location, please press one. For more information on membership options, classes, or equipment rentals, please visit our website at any time.

PREPARATION TIME	RESPONSE TIME
00:00:45	00:00:45

모범 답안

Thank you for **calling** the **Lakeridge Sports Club.**↘ // Our **facility** is **currently** closed.↘ // During the **month** of **December,**↗ / our **center** will **close** / at **nine P.M.** / on **weekdays.**↘ // If you'd like **more details** about the **hours** / or **location,**↗ / **please press one.**↘ // For **more information** / on **membership options,**↗ / **classes,**↗ / or **equipment rentals,** / **please visit** our **website** at **any** time.↘

Lakeridge 스포츠 클럽에 전화해 주셔서 감사합니다. 현재 우리 클럽은 영업시간이 종료되었습니다. 12월 한 달 동안 우리 센터는 평일 오후 9시에 영업을 종료할 것입니다. 시간이나 장소에 대한 자세한 정보를 원하시면 1번을 누르십시오. 회원제 옵션, 수업, 또는 장비 대여에 대한 자세한 내용을 원하시면 언제든지 당사 웹사이트를 방문하십시오.

꿀팁

굵게 표시 : 강하게 읽기 │ 하이라이트 : 단어 강세 유의 │ / : 끊어 읽기 │ ↗ : 올려 읽기 │ ↘ : 내려 읽기

- currently와 같이 ntly, tely로 끝나는 단어는 t를 발음하지 않고 아주 짧게 멈췄다가 ly로 연결하세요. ···→ [커r뤤/리]
- December, nine P.M., weekdays와 같은 날짜, 요일, 시간, 숫자는 강하게 읽습니다.
- weekdays 발음 시 k는 '크'로 소리 내지 마세요. 소리가 희미하게 납니다. ···→ [위익데이z]
- if you'd like에서 you'd의 d 소리는 거의 나지 않습니다. if you like처럼 읽어도 좋습니다.
- the hours의 the는 '디'로 발음합니다. hours의 발음이 '아' 소리(모음 소리)로 시작하기 때문입니다.
- please press one 부분은 천천히 한 단어씩 강세를 주며 읽어 주세요. 전화 안내 메시지에서 자주 등장합니다.
- 나열되는 억양 ···→ For **more information** / on **membership options,**↗ / **classes,**↗ / or **equipment rentals,** / **please visit** our **website** at **any** time.↘ 나열되는 억양에서 문장이 끝나지 않는 경우에는 첫 두 항목은 억양을 올려주고 마지막 항목은 내리지 않고 자연스럽게 연결하고 문장이 끝날 때 내려주세요.
- options, classes, rentals의 s를 꼭 발음하세요. ···→ [압션ㅅ], [클라씨ㅅ], [뤤틀ㅅ]

12 지문 유형 〉 전화 안내 메시지

You have reached Styler Clothing Shop. Unfortunately, no one is here to receive your call right now. For information about our business hours, location, and hot deals, you can visit our website. If you need to talk with one of our staff, please press "zero" and leave a brief message. An available staff will contact you as soon as possible.

PREPARATION TIME	RESPONSE TIME
00:00:45	00:00:45

▶ 모범 답안 〉

You have **reached Styler Clothing Shop**.↘ // **Unfortunately**,↗ / **no** one is here to **receive** your **call right** now.↘ // For **information** about our **business hours**,↗ / **location**,↗ / and **hot deals**, / you can **visit** our **website**.↘ // If you need to **talk** with one of our **staff**,↗ / **please press "zero"** / and **leave** a **brief message**.↘ // An **available staff** will **contact** you as soon as **possible**.↘

Styler 의류 매장입니다. 죄송하지만 지금은 전화를 받을 수 없습니다. 저희 영업시간이나 위치, 파격 할인에 대한 정보를 원하시면 저희 웹사이트를 찾아 주시기 바랍니다. 매장 직원과 통화를 원하시면 0번을 누르시고 간단한 메시지를 남겨주십시오. 통화가 가능한 직원이 가능한 한 신속하게 연락 드리도록 하겠습니다.

💡 꿀팁

굵게 표시 : 강하게 읽기 | 하이라이트 : 단어 강세 유의 | / : 끊어 읽기 | ↗ : 올려 읽기 | ↘ : 내려 읽기

- reached, receive, deals, please, leave, brief는 모두 충분히 길게 발음하세요.
- please press "zero"를 읽을 때는 천천히 한 단어씩 강조해 주세요.
- 나열되는 억양 ···→ For **information** about our **business hours**,↗ / **location**,↗ / and **hot deals**, / you can **visit** our **website**.↘ 나열되는 억양에서 문장이 끝나지 않는 경우, 첫 두 항목은 억양을 올려주고 마지막 항목은 내리지 않고 자연스럽게 연결하고 문장이 끝날 때 내려주세요.
- our는 알파벳 R처럼 발음하면 더 자연스럽습니다.
- as soon as는 자연스럽게 연결해서 발음하세요. ···→ [에순에ㅅ] ⭕ [에즈순에즈] ❌

13 지문 유형 > 광고

Are you searching for high quality food at a reasonable price? Come by Mr. Kim's Korean Restaurant, located on Pacific Street in the business district. We are well-known for our barbeque, stews, and variety of side dishes. For your convenience, we have a takeout system and offer quick delivery services!

PREPARATION TIME	RESPONSE TIME
00:00:45	00:00:45

P1_26

모범 답안

Are you **searching** for **high quality food** at a **reasonable price**?↗ // Come by **Mr. Kim's Korean Restaurant**, / **located** on **Pacific Street** / in the **business district**. ↘ // We are **well-known** for our **barbeque**,↗ / **stews**,↗ / and variety of **side dishes**. ↘ // For your **convenience**,↗ / we have a **takeout** system / and offer **quick delivery services**!↘

적당한 가격으로 고품질의 음식을 찾으십니까? 상업지역 Pacific 가에 있는 Mr. Kim의 한식 레스토랑에 들려보십시오. 저희는 바비큐와 찌개, 그리고 다양한 반찬으로 잘 알려져 있습니다. 여러분의 편의를 위해 포장과 빠른 배달 서비스도 제공합니다!

꿀팁

굵게 표시 : 강하게 읽기 | 하이라이트 : 단어 강세 유의 | / : 끊어 읽기 | ↗ : 올려 읽기 | ↘ : 내려 읽기

- be동사로 시작하는 의문문 물음표 뒤에는 억양을 항상 올려줍니다. ⋯ Are you **searching** for **high quality food** at a **reasonable price**?↗
- dishes, services는 꼭 뒤에 붙는 s를 발음하세요. ⋯ [디씨ㅅ], [서rㅂl(v)시ㅅ]
- street, district는 tr 발음에 신경 쓰세요. tr은 '츄' 소리가 납니다. ⋯ [스츄뤼ㅌ], [디스츄뤽ㅌ]
- takeout 발음 ⋯ [테이까울] ⓞ [테이크아웃] ⓧ
- 나열되는 억양 ⋯ We are **well-known** for our **barbeque**,↗ / **stews**,↗ / and variety of **side dishes**.↘

14 지문 유형 ▷ 전화 안내 메시지

Thank you for calling the Motion Dancer Studio. We offer hip-hop, jazz, and tap dance classes. Unfortunately, our facility is currently closed. To speak to one of our associates, please give us a call between ten A.M. and six P.M. on weekdays. For more information regarding course programs and instructors, you can always visit our website.

PREPARATION TIME	RESPONSE TIME
00:00:45	00:00:45

▶ 모범 답안

Thank you for **calling** the **Motion Dancer Studio.**↘ // We **offer hip-hop,**↗ / **jazz,**↗ / and **tap dance classes.**↘ // **Unfortunately,**↗ / our **facility** is **currently closed.**↘ // To **speak** to one of our **associates,**↗ / **please** give us a **call** between **ten A.M.** and **six P.M.** / on **weekdays.**↘ // For **more information** regarding **course programs** and **instructors,**↗ / you can **always visit** our **website.**↘

Motion Dancer Studio에 전화 주셔서 감사합니다. 저희는 힙합, 재즈, 그리고 탭 댄스 수업을 제공합니다. 안타깝게도, 지금은 영업시간이 아닙니다. 직원 상담을 원하시면 평일 오전 10시부터 오후 6시 사이에 전화 주시기 바랍니다. 수업 프로그램과 강사 정보에 관한 자세한 사항을 알고 싶으시면 언제나 저희 웹사이트를 방문해 주시기 바랍니다.

💡 꿀팁

굵게 표시 : 강하게 읽기 | 하이라이트 : 단어 강세 유의 | / : 끊어 읽기 | ↗ : 올려 읽기 | ↘ : 내려 읽기

- classes의 es를 발음하세요. ⋯ [클라씨ㅅ]
- unfortunately, currently와 같이 tely, ntly로 끝나는 단어는 t를 발음하지 않고 아주 짧게 멈췄다가 ly로 연결하세요. ⋯ [언포(f)r츠넬리], [커r뤤리]
- speak, please, weekdays는 충분히 길게 발음하세요.
- 시간, 날짜 정보는 크고 정확하게 발음해주세요. ⋯ **ten A.M.** and **six P.M.** / on **weekdays.**↘
- associates, weekdays, instructors의 s를 발음하세요. ⋯ [어쏘씨엘츠], [위~익데이ㅅ], [인스츄뤽떠rㅅ]
- 나열되는 억양 ⋯ We **offer hip-hop,**↗/ **jazz,**↗/ and **tap dance classes.**↘

15 지문 유형 안내

P1_29

Welcome to Central National Park! In a few minutes, we'll start our exciting tour around the park. While walking through the Central Forest, please remain on the marked walking trail. The tour should end at approximately 1 P.M. You'll then get a chance to purchase food, beverages, and take a break at the rest area. Please enjoy the tour!

PREPARATION TIME	RESPONSE TIME
00:00:45	00:00:45

모범 답안

P1_30

Welcome to **Central National Park!**↘ // In a **few minutes,**↗ / we'll **start** our **exciting tour** around the **park.**↘ // While **walking** through the **Central Forest,**↗ / **please remain** on the **marked walking trail.**↘ // The **tour** should **end** at **approximately 1 P.M.**↘ // You'll then get a **chance** to **purchase food,**↗ / **beverages,**↗ / and **take a break** at the **rest area.**↘ // **Please enjoy** the **tour!**↘

Central 국립공원에 오신 것을 환영합니다! 몇 분 후부터 신나는 공원 투어를 시작하겠습니다. Central 숲을 걷는 동안, 표시된 산책로를 벗어나지 마시기 바랍니다. 투어가 끝나는 시간은 대략 오후 1시 정도입니다. 그런 다음에 음식 및 음료를 구매하고 쉼터에서 잠시 쉴 수 있는 시간이 주어집니다. 좋은 시간 되십시오!

꿀팁

굵게 표시 : 강하게 읽기 | 하이라이트 : 단어 강세 유의 | / : 끊어 읽기 | ↗ : 올려 읽기 | ↘ : 내려 읽기

- 느낌표 뒤에는 내려 읽으세요. ··· **Welcome** to **Central National Park!**↘, **Please enjoy** the **tour!**↘
- minutes의 s를 꼭 발음하세요. ··· [미닛ㅊ]
- walking의 경음 현상 ··· [워낑] ⭕ [워킹] ⊗
- marked는 k 뒤에 ed가 붙기 때문에 'ㅌ' 소리가 납니다.
- approximately와 같이 ntly, tely로 끝나는 단어는 t를 발음하지 않고 아주 짧게 멈췄다가 ly로 연결하세요. ··· [어프롹씨멜/리]
- beverages의 s를 꼭 발음하세요. ··· [베버(v)뤼지ㅅ]
- take a break는 연음으로 연결해서 빠르게 발음하세요. ··· [테이꺼브뤠익]
- we'll이나 you'll처럼 축약된 부분은 발음에 유의하며, 빠르게 읽으세요. ··· We'll [윌] ⭕ [위윌] ⊗, you'll [유을] ⭕ [유윌] ⊗
- 나열되는 억양 ··· You'll then get a **chance** to **purchase food,**↗ / **beverages,**↗ / and **take a break** at the **rest area.**↘

16 지문 유형 ▶ 뉴스

As the hot summer continues, expect a variety of weather conditions in the weekly forecast. Area residents will experience a combination of heavy showers, strong winds, and high humidity. As summer storms pass through the region, temperatures will be a little lower than normal. By Saturday, we can finally see some sunny weather.

PREPARATION TIME	RESPONSE TIME
00:00:45	00:00:45

모범 답안

As the **hot summer continues,**↗ / **expect a variety** of **weather conditions** / in the **weekly forecast.**↘ // **Area residents** will **experience** a **combination** of **heavy showers,**↗ / **strong winds,**↗ / and **high humidity.**↘ // As **summer storms pass** through the **region,**↗ / **temperatures** will be a little **lower** than **normal.**↘ // By **Saturday,**↗ / we can **finally see** some **sunny weather.**↘

무더운 여름이 이어지면서 주중의 날씨가 상당히 변덕스러울 것으로 예상됩니다. 지역 주민들은 폭우와 강풍, 그리고 높은 습도의 조합을 경험하시게 될 것입니다. 여름 폭풍우가 그 지역을 통과하면서 기온은 보통보다 약간 낮아지겠습니다. 토요일부터는 마침내 화창한 날씨를 볼 수 있을 것입니다.

꿀팁

굵게 표시 : 강하게 읽기 | 하이라이트 : 단어 강세 유의 | / : 끊어 읽기 | ↗ : 올려 읽기 | ↘ : 내려 읽기

- expect 경음 현상 ⋯ [익스뻭ㅌ] ⓞ [익스팩트] ⊗
- weekly 경음 현상 ⋯ [위끌리] ⓞ [위클리] ⊗
- conditions, combination, humidity의 단어 강세에 유의하세요.
- conditions, residents, showers, winds, storms, temperatures의 뒤에 붙는 s를 꼭 발음하세요.
  ⋯ [컨디션ㅅ], [뤠지(z)덴ㅊ], [샤워rㅅ], [윈즈], [스또r음ㅅ], [템퍼쳐rㅅ]
- 나열되는 억양 ⋯ **Area residents** will **experience** a **combination** of **heavy showers,**↗ / **strong winds,**↗ / and **high humidity.**↘

PART 2

저자 직강
무료 동영상 강의

Describe a picture
사진 묘사하기

📢 **사진은 어차피 다 거기서 거기!**
PART 2는 사진 두 장을 자세히 묘사하는 파트입니다.

PART 2 > 꿀팁 전략

▶▶ 진행 순서

1 약 15초의 Directions로 시작합니다. Directions는 성우가 이 파트에서 무엇을 어떻게 답변해야 하는지 지시해주는 시간입니다. 모든 파트가 시작하기 전에 음성과 함께 화면에 제시됩니다.

2 Directions가 끝나면 화면이 바뀌고 사진 한 장이 화면에 제시됩니다. 그다음 begin preparing now라는 음성이 나온 후 준비 시간 45초가 주어집니다. 준비 시간에는 자유롭게 메모와 스피킹이 가능합니다. 메모는 꼭 하지 않아도 됩니다.

3 준비 시간 45초가 끝나면 begin speaking now라는 음성이 나온 후 답변 시간 30초가 주어집니다. 답변 시간에는 헤드셋에 장착된 마이크를 통해 자동으로 녹음이 진행됩니다.

PART 2는 다양한 사진이 시험 문제로 출제됩니다. 어떤 사진이 출제될지 모르며 상황별로 걸맞은 표현을 전부 다 공부한다는 것은 시간도 많이 소요되며 시험장에서 기억나지 않는 경우도 많을 것입니다. PART 2의 핵심은 어떤 사진이든 100% 인물이 등장한다는 사실과, 실내 사진인지 실외 사진인지를 파악하고 앞으로 학습하게 될 몇 가지의 패턴을 적용하여 답변하는 것입니다. 이미 짜여진 내용을 적용해 막힘없이 묘사할 수 있는 방법을 보여드릴게요.

🗒 출제 유형

▶ 인물 중심(실내, 실외)
  − 소수 인물 중심 사진
  − 다수 인물 중심 사진

▶ 배경 중심(실외)
  − 소수 인물이 등장하는 배경 중심 사진
  − 다수 인물이 등장하는 배경 중심 사진

🗒 빈출 내용

▶ 사무실/회의실/직원 휴게실 사진
▶ 상점/식당 내외 사진
▶ 길거리/공원 사진
▶ 관광지 느낌의 사진

🎯 주요 핵심 패턴

1. 사진 속에 사람은 100% 등장

인물 중심의 사진이 시험에 빈출하기 때문에 '사람 패턴'을 먼저 소개합니다.

사람 패턴의 순서

쉬운 동사 ⋯ 무엇에 집중하고 있다 ⋯ 바빠 보인다

위의 순서대로 중심인물을 잡아서 묘사하면 됩니다.

 **Many people are <u>sitting</u> at their desks.** 많은 사람들이 책상에 앉아있다.
They are concentrating on <u>their work</u>. 그들은 일에 집중하고 있다.
They seem like they are quite busy <u>at the moment</u>.
그들은 지금 꽤 바빠 보인다.

⋯ 사람 패턴 적용 시 한 사람(주인공)을 묘사할 때도 좋지만, 위의 사진과 예문처럼 주어를 <u>they</u>로 묶어서 여러 사람을 한 번에 묘사할 수도 있습니다.

2. 실내 사진

❶ be placed on / in ~이 놓여있다

___ **is placed on the table / shelf.** ___이 탁자/선반 위에 놓여있다.
A laptop computer is placed on the table. 노트북이 탁자 위에 놓여있다.
An item is placed on the floor. 물건이 바닥에 놓여있다.

⋯ 놓여있는 물건을 영어로 표현하기 어렵다면 item으로 대체하여 말하세요. 물론 정확히 표현할 수 있으면 더 좋습니다.

❷ be hanging / installed on ~이 걸려있다 / 설치되어 있다

A circular clock is hanging on the wall. 둥근 벽시계가 벽에 걸려있다.
A picture is hanging on the wall. 그림이 벽에 걸려있다.
A TV monitor is installed on the wall. TV 모니터가 벽에 설치되어 있다.
Many lights are installed on the ceiling. 많은 등이 천장에 설치되어 있다.

❸ be unoccupied / occupied ~이 비어 있다 / 사용 중이다

Some chairs / tables are unoccupied. 몇몇 의자/테이블이 비어 있다.
Most of the chairs / tables are occupied. 대부분의 의자/테이블이 사용 중이다.

3. 실외 사진

❶ 건물 패턴

building이라고 명칭하기에 애매한 건축물이 등장한다면 structure라고 명칭하면 됩니다.

I can see many buildings with a lot of rectangular windows.
직사각형의 창문들이 많은 건물들이 보인다.

The buildings seem pretty old, but it looks like they're well-maintained.
건물들은 꽤 오래돼 보이지만 관리가 잘 된 것으로 보인다.

I can see a very beautiful and unique structure.
아주 아름답고 특이한 건축물이 보인다.

The structure seems pretty new, and it looks like it's well-maintained.
건축물은 꽤 신축으로 보이고, 관리가 잘 된 것으로 보인다.

❷ 계절 패턴

사람들의 옷차림 또는 나무를 보면 계절을 추측할 수 있습니다.

Some trees are standing in the park. 나무들이 공원에 서 있다.

Also, by looking at the (color, condition) of the trees, I can predict that it's fall season.
또한, 나무들(의 색/상태)를(을) 보니 가을이라는 것을 추측할 수 있다.

By looking at the clothes people are wearing, I can predict that it's fall season. 사람들의 옷차림을 보니, 가을이라는 것을 추측할 수 있다.

❸ 날씨 패턴

하늘을 보면 날씨를 알 수 있습니다.

By looking at the sky, it looks like it's a very bright sunny day.
하늘을 보니, 해가 쨍쨍한 날씨인 것 같다.

↔ 〈흐린 날〉

By looking at the sky, it looks like it's a gloomy / cloudy / rainy day. 하늘을 보니, 우중충한/구름 낀/비 오는 날씨인 것 같다.

❹ 진열 패턴

어떤 형태의 상점이든 상품이 진열되어 있는 경우가 많습니다. 그리고 그 상품들은 잘 진열되어 있을 것이고 상점은 대부분 잘 차려져 있을 것입니다. 실내 사진에서도 적용하여 묘사가 가능합니다.

Many items are displayed at the shop.
많은 물건이 가게에 진열되어 있다.

The items are pretty well-organized. 그 물건들은 꽤 잘 정리되어 있다.

And the shop is nicely decorated. 그리고 가게는 잘 꾸며져 있다.

4. 사람의 외모 & 옷차림

❶ 피부, 머리

He/She has light skin/complexion. 그/그녀는 피부가 밝습니다.

He/She has dark skin/complexion. 그/그녀는 피부가 까무잡잡합니다.

He/She has long hair. 그/그녀는 머리가 깁니다.

He/She has short hair. 그/그녀는 머리가 짧습니다.

He/She has blond hair. 그/그녀는 금발 머리입니다.

He/She has a ponytail. 그/그녀는 하나로 묶은 머리입니다.

He/She has braided hair. 그/그녀는 땋은 머리입니다.

He has a lot of facial hair. 그는 얼굴에 털이 많습니다.

He/She has grey hair. 그/그녀는 백발입니다.

···→ 보통 백발은 white hair라고 표현하지 않습니다. white hair는 흰 털 정도로 해석됩니다.

❷ '입다, 신다, 쓰다, 걸다, 메다, 착용하다'는 wearing으로!

She is wearing a hat. 그녀는 모자를 쓰고 있습니다.

He is wearing a nice suit and a tie. 그는 멋진 정장과 타이를 매고 있습니다.

She is wearing a beautiful dress. 그녀는 아름다운 드레스를 입고 있습니다.

He is wearing a pair of white sneakers. 그는 흰색 운동화를 신고 있습니다.

She is wearing a shoulder bag. 그녀는 숄더백을 메고 있습니다.

He is wearing a long-sleeve T-shirt. 그는 긴 팔 티셔츠를 입고 있습니다.

She is wearing a short-sleeve shirt. 그녀는 반소매 셔츠를 입고 있습니다.

She is wearing a sleeveless shirt. 그녀는 소매 없는 셔츠를 입고 있습니다.

He is wearing a wristwatch. 그는 손목시계를 착용하고 있습니다.

He is wearing light summer clothes. 그는 가벼운 여름옷을 입고 있습니다.

She is wearing heavy winter clothes. 그녀는 두꺼운 겨울옷을 입고 있습니다.

···→ 옷차림을 정확히 묘사하기 어렵다면 계절로 표현하는 것도 좋은 방법입니다.

5. 사진의 위치를 나타내는 표현

At the top left side of this picture ~	At the top of this picture ~ / In the background ~	At the top right side of this picture ~
On the left side ~	In the middle ~	On the right side ~
At the bottom left side of this picture ~	At the bottom of this picture ~ / In the foreground ~	At the bottom right side of this picture ~

사진의 위치를 나타내는 표현을 9개의 sections로 분할시켰습니다. 하지만 모든 위치를 다 구체적으로 묘사할 수는 없습니다. 전략적으로 크게 2~3군데 정도를 묘사하는 것이 가장 효율적입니다.

6. 구체적인 위치를 나타내는 표현

❶ next to ~ 옆에

> Next to the woman, I can see a big tree. 여자 옆에 큰 나무가 보입니다.

❷ right next to ~ 바로 옆에

> Right next to the man, I can see a copy machine. 남자 바로 옆에 복사기가 보입니다.

❸ in front of ~ 앞에

> In front of the woman, I can see another woman. 여자 앞에 또 다른 여자가 보입니다.

❹ right in front of ~ 바로 앞에

> Right in front of him, there is a chair. 그의 바로 앞에 의자가 있습니다.

❺ behind ~ 뒤에

> Behind the building, many cars are parked along the street.
> 건물 뒤에는 많은 차가 길을 따라 주차되어 있습니다.

❻ right behind ~ 바로 뒤에

> Right behind the bench, I can see a trash can. 벤치 바로 뒤에 휴지통이 보입니다.

❼ on top of ~ 위에

> On top of the table, there is a small bookshelf. 테이블 위에 작은 책장이 있습니다.

❽ right on top of ~ 바로 위에

> Right on top of the store, I can see a big signboard. 가게 바로 위에 큰 간판이 보입니다.

❾ below ~ 아래

> Below the window, a group of people are gathered together.
> 창문 아래 한 무리의 사람들이 모여 있습니다.

❿ right below ~ 바로 아래

> Right below the sky, there are many beautiful-looking structures.
> 하늘 바로 아래 아름다워 보이는 건축들이 많이 있습니다.

위 표현 뒤에 절대로 picture는 붙이면 안 됩니다. 사진 속에 있는 사람이나 사물 앞에만 붙이세요.

> in front of the picture 사진 앞에는 ❌   behind the picture 사진 뒤에는 ❌
> on top of the picture 사진 위에는 ❌   below the picture 사진 아래는 ❌

right next to, right in front of 등의 right는 오른쪽이라는 뜻이 아니고 '바로'라는 뜻을 지닙니다. 따라서 left next to, left in front of 등의 표현은 없습니다.

답변 순서와 방법

STEP 1 사진이 찍힌 장소, 사람 수

This picture was taken ~. 이 사진은 ___에서 찍혔습니다.

I'm not sure, but I think this picture was taken ~.
확실하진 않지만 제 생각에 이 사진은 ___에서 찍힌 사진인 것 같습니다.

I can see ___ people in this picture. 사진에 ___ 명의 사람이 보입니다.

There are ___ people in this picture. 사진에 ___ 명의 사람이 있습니다.

I can see many people in this picture. 사진에 많은 사람들이 보입니다.

I can see a group of people in this picture. 사진에 한 무리의 사람들이 보입니다.

STEP 2 중심 대상

This first thing I notice is ~. 처음으로 가장 눈에 띄는 것은 ___입니다.

What I can see first is ~. 가장 먼저 보이는 것은 ___입니다.

STEP 3 주변 묘사

in the middle of this picture 사진의 중앙에는

on the left side 왼쪽에는

on the right side 오른쪽에는

at the bottom of this picture 사진의 아래쪽에는

at the top of this picture 사진의 위쪽에는

in the foreground of this picture 사진의 전경에는

in the background of this picture 사진의 뒤쪽에는

in the distance 저 멀리에는

STEP 4 느낌, 의견

Well, I really like/love this picture because it reminds me of ___.
음, 저는 이 사진이 ___을 떠오르게 하므로 참 좋습니다.

Well, I don't really like this picture because it reminds me of ___.
음, 저는 이 사진이 ___을 떠오르게 하므로 별로 좋지 않습니다.

실내에서 찍힌 사진은 주로 중심 인물을 택해서 사람 패턴으로 시작하면 시간도 잘 가고 묘사가 가장 수월해집니다. 배경 중심의 사진인 경우는 실외 사진일 것이며 사람들이 취하고 있는 행동을 정확히 묘사하기 어려운 경우가 많습니다. 이런 경우 쉬운 동사들(sitting, standing, looking, talking, holding, using 등)로 사람들이 취하고 있는 행동을 간단하게 설명하고 실외 사진에서 활용할 수 있는 패턴(건물 패턴, 계절 패턴, 날씨 패턴 등)을 적용하면 묘사가 쉬워집니다.

🎧 P2_01

장소, 사람 수	This picture was taken in a meeting room. There are four people in this picture.	이 사진은 회의실에서 찍혔습니다. 사진에는 4명의 사람이 있습니다.
중심 대상 (사람 패턴 적용)	The first thing I notice is a man standing and giving a presentation. He is concentrating on his work, and it seems like he is quite busy explaining something.	가장 먼저 눈에 들어오는 것은 서서 발표하는 한 남자입니다. 그는 일에 몰두하고 있고, 뭔가 설명하느라 꽤 바빠 보입니다.
주변 묘사 (실내 사진 필수 패턴)	On the left side, I see three women sitting at a table. They are looking at the presenter. There are some cups and papers placed on the glass table. In the background, there is a huge window.	왼쪽에는 탁자에 앉아 있는 세 명의 여자가 보입니다. 그들은 발표자를 바라보고 있습니다. 유리 탁자 위에 컵 몇 개와 종이 몇 장이 놓여 있습니다. 뒤쪽에는 큰 창문이 있습니다.
느낌, 의견	Well, I like this picture because it reminds me of my coworkers at the workplace.	음, 저는 이 사진이 직장 동료들을 떠올리게 하므로 마음에 듭니다.

▶ 가장 많이 출제되는 사진 중 하나입니다.

▶ 중심 대상에서 사람 패턴을 활용했습니다. 사람 패턴은 무조건 외우세요! 『장소, 사람 수+사람 패턴』을
충분히 연습해서 연결하면 대략 15초 정도 소요될 것입니다.

▶ 이제 남은 시간은 대략 15초 정도입니다. 개인 스피킹 능력에 따라 다르긴 하겠지만 아마도 여자 3명에
관해 부담 없는 동사 표현으로 설명을 간단하게 추가, 실내 필수 표현 중 하나인 placed on 추가, 그리고
마무리(느낌, 의견)하면 30초는 금방 채워집니다.

▶ 사람 패턴에서 남자의 핵심 표현이었던 giving a presentation(발표하고 있다)을 순간적으로 떠올리기
어려웠다면 패턴에서 빼도 자연스럽게 이어집니다. concentrating(집중하고 있다)이라는 단어가 많은 표
현을 대신해 줄 것입니다. 그리고 quite busy(꽤 바쁘다) 뒤에 올 내용도 꼭 추가할 필요는 없습니다.

> **Ex** The first thing I notice is a man standing ~~and giving a presentation~~.
> 가장 먼저 눈에 들어오는 것은 서 있는 한 남자입니다.

> **Ex** He is concentrating on his work, and it seems like he is quite busy ~~explaining
> something~~. 그는 일에 몰두하고 있고, 꽤 바빠 보입니다.

▶ 회의실, 사무실, 회사 건물, 탕비실 등의 사진은 마무리 문장(느낌, 의견)에서 reminds me of 뒤에 my
coworkers, my workplace, my company가 어울립니다.

▶ 추가 표현

> **Ex** A man is pointing at a chart. 남자가 차트를 가리키고 있다.

> **Ex** A woman is resting her chin on her hand. 여자가 손으로 턱을 괴고 있다.

🎧 P2_04

장소, 사람 수	This picture was taken on a street. There are two people in this picture.	이 사진은 길거리에서 찍혔습니다. 사진에는 2명의 사람이 있습니다.
중심 대상 (사람 패턴 적용)	The first thing I notice is two men unloading some boxes from a big truck. They are concentrating on their work, and it seems like they are quite busy doing their job.	가장 먼저 눈에 띄는 것은 두 명의 남자가 상자들을 큰 트럭에서 내리는 것입니다. 그들은 일에 집중하고 있고 일을 하느라 무척 바빠 보입니다.
주변 묘사 (계절, 건물 패턴 적용)	In the background, I see many green trees. By looking at the color of the trees, I can predict that it's summer season. Also, there are some red buildings with many rectangular windows. The buildings seem quite new and well-maintained.	뒤쪽에는 푸른 나무들이 많이 보입니다. 나무들의 색을 보면 계절은 여름인 것으로 추측됩니다. 또한, 직사각형의 창문들이 많은 빨간 건물들 몇 개가 보입니다. 건물들은 꽤 신축으로 보이고 관리가 잘 된 것으로 보입니다.
느낌, 의견	Well, I like this picture because it reminds me of my part-time job.	음. 저는 이 사진이 제 아르바이트를 떠올리게 해주기 때문에 좋습니다.

▶ 문제 맛보기 1에서 보았듯이 중심 대상(주인공)을 일에 집중하고 있는 두 남자로 정하고 사람 패턴을 적용해 답변했습니다. 마찬가지로 unloading(짐을 내리고 있다)이라는 표현을 몰랐다면 working hard(열심히 일하고 있다) 정도로 말하세요. working hard도 떠올리기 힘들다면 바로 concentrating으로 연결해도 괜찮습니다. 생각하다가 답변 시간이 많이 지나갈 수 있습니다.

> **Ex** The first thing I notice is two men ~~unloading some boxes from a big truck~~.
> (working hard) 가장 먼저 눈에 띄는 것은 두 명의 남자가 열심히 일하고 있는 것입니다.

> **Ex** They are concentrating on their work, and it seems like they are quite busy ~~doing their job~~. 그들은 일에 집중하고 있고 무척 바빠 보입니다.

▶ 실외 사진이기 때문에 계절 패턴과 건물 패턴을 주변 묘사에 추가했습니다. 사진 묘사 패턴들을 충분히 연습해서 답변 시간 30초 내에 사람, 계절, 건물 패턴이 모두 활용되면 좋겠지만 만약 모두 포함시키기 버겁다면 계절 패턴이나 건물 패턴 중 하나를 제외하고 진행해도 좋습니다.

▶ 마무리 문장(느낌, 의견)에서 reminds me of 뒤에 part-time job(아르바이트)을 떠올리기 어려웠다면 그냥 job이라고 말해도 괜찮습니다.

> **Ex** Well, I like this picture because it reminds me of my ~~part-time~~ job.
> 음, 저는 이 사진이 제 일을 떠올리게 해주기 때문에 좋습니다.

▶ 추가 표현

> **Ex** The first thing I notice is two men loading some boxes from a big truck.
> 가장 먼저 눈에 띄는 것은 두 명의 남자가 상자들을 큰 트럭에 싣고 있는 것입니다.

> **Ex** The man has a lot of facial hair. 남자는 얼굴에 털이 많습니다.

> **Ex** By looking at the sky, it looks like it's a very bright sunny day.
> 하늘을 보니 해가 쨍쨍한 날씨인 것 같습니다. (날씨 패턴)

P2_05

P2_06

장소, 사람 수	This picture was taken on a busy street. I see many people in this picture.	이 사진은 복잡한 거리에서 촬영되었습니다. 사진 속에는 사람들이 많이 있습니다.
중심 대상 (건물 패턴 적용)	The first thing I notice is a beautiful and unique building with a lot of green rectangular windows. The building seems pretty old but well-maintained.	가장 먼저 눈에 들어온 것은 초록색의 직사각형의 창문들이 많은 아름답고 독특한 건물입니다. 건물은 꽤 오래돼 보이지만 관리가 잘 된 것 같습니다.
주변 묘사 (계절 패턴, 날씨 패턴 적용)	In front of the building, many people are walking in different directions. On the left side, I can see a big green tree. And by looking at the condition of the tree, I can predict that it's spring season. Also, it looks like it's a very bright sunny day.	건물 앞에는 여러 사람이 서로 다른 방향으로 걸어가고 있습니다. 왼쪽에는 크고 푸른 나무 한 그루가 보입니다. 그 나무의 상태를 보면 계절이 봄임을 추측해 볼 수 있습니다. 또한, 해가 쨍쨍한 날씨인 것 같습니다.
느낌, 의견	Well, I like this picture because it reminds me of my overseas trip two years ago.	음, 전 이 사진이 2년 전 저의 해외여행을 떠올리게 해주기 때문에 좋습니다.

▶ 배경 중심의 사진이며 중심 대상을 사람으로 잡을 수 없습니다. 그래서 가장 먼저 눈에 띄는 것을 건물로 정해서 건물 패턴으로 답변을 시작했습니다.

▶ 이 사진은 사람들이 잘 보이지 않고 정확히 어떤 행동을 하고 있는지 불투명하기 때문에 쉽게 떠올릴 수 있는 동사를 활용해서 몇 문장 붙여도 괜찮습니다. 큰 스트레스 없이 떠올릴 수 있는 쉬운 동사는 standing, walking, sitting, resting, talking, looking 등이 있겠죠?

> **Ex** People are walking in different directions. 사람들이 다른 방향으로 걸어가고 있습니다.
>
> **Ex** People are sitting on a chair. 사람들이 의자에 앉아 있습니다.

▶ 주변 묘사에서 『계절+날씨 패턴』을 추가하여 내용을 더 채울 수 있습니다. 만약 30초 내에 모두 포함시키기 버겁다면 날씨 패턴을 제외하고 말해도 좋습니다.

▶ 관광지나 해외 느낌이 물씬 나는 사진은 마무리 문장으로 해외여행이 떠오른다고 하는 것도 좋은 아이디어입니다.

> **Ex** Well, I like this picture because it reminds me of my overseas trip two years ago.
> 음, 전 이 사진이 2년 전 저의 해외여행을 떠올리게 해주기 때문에 좋습니다.
>
> **Ex** Well, I like this picture because it reminds me of my travel experience to Europe two years ago. 음, 전 이 사진이 2년 전 저의 유럽 여행 경험을 떠올리게 해주기 때문에 좋습니다.

▶ 추가 표현

> **Ex** There are some street vendors next to the tree. 나무 옆에는 몇몇 노점 상인들이 있습니다.
>
> **Ex** There are large parasols set up on the street. 큰 파라솔들이 거리에 설치되어 있습니다.

🎧 P2_07

🎧 P2_08

장소, 사람 수	This picture was taken in an office. And I see four people in this picture.	이 사진은 사무실에서 찍혔습니다. 그리고 4명의 사람이 사진 속에 보입니다.
중심 대상 (사람 패턴 적용)	The first thing I notice is a tall man standing and looking at a document. He is concentrating on his document, and it seems like he is quite busy reading it.	제일 먼저 눈에 띄는 것은 서서 서류를 보고 있는 키 큰 남자입니다. 그는 서류에 몰두하고 있고, 그걸 읽느라 꽤 바빠 보입니다.
주변 묘사 (실내 사진 필수 표현)	In front of the man, I see a copy machine placed on a rectangular table. In the background, I see three other people sitting at their desks and also focusing on their job.	그 남자 앞에 복사기 한 대가 직사각형 탁자 위에 놓여있는 것이 보입니다. 뒤쪽에는 다른 세 사람이 책상에 앉아 있고 또한 그들의 업무에 집중하고 있습니다.
느낌, 의견	Well, I like this picture because it reminds me of my coworkers at the workplace.	음, 저는 이 사진이 우리 회사 동료들을 떠올리게 하므로 마음에 듭니다.

답변 꿀팁

▶ 이 사진은 중심 인물 한 명이 아주 크게 보입니다. 사람 패턴을 활용해서 15초 정도를 가뿐하게 묘사해 줄 수 있겠죠? 이렇게 사람 한 명이 크게 보일 때는 옷차림이나 외모를 조금 더 구체적으로 묘사해주면 좋습니다.

> **Ex** He is wearing a blue shirt and brown pants. 그는 파란색 셔츠와 갈색 바지를 입고 있습니다.
> **Ex** He has dark hair. 그의 머리는 짙습니다.

▶ 추가 표현

> **Ex** The man has his right hand in his pocket. 남자는 주머니에 오른손을 넣고 있다.

이 표현을 모르셨다면 과감히 포기하세요. 사람 패턴이면 충분합니다. 시험장에서는 충분히 익히고 암기한 내용을 자연스럽게 말하는 데 집중하세요. 고득점으로 가는 길입니다!

▶ **concentrating vs focusing**

'무엇에 집중하고 있다'라는 표현을 두 번 이상 해야 한다면 사람 패턴에서 concentrating을 활용했으니 다른 한 번은 focusing으로 말하세요. 표현이 반복되면 좋지 않습니다.

> **Ex** He is concentrating on his work. 그는 일에 집중하고 있습니다.
> **Ex** She is also focusing on her job. 그녀 또한 자신의 업무에 몰두하고 있습니다.

PRACTICE

🧠 시험 직전 TIP

① 효율적으로 공부하려면 처음에 충분한 시간을 두고 사진을 생각해 본 후, 간단하게 메모해 보세요. 메모는 문장으로 하지 말고 키워드 또는 축약해서 하면 실전에 대비하기 더 좋습니다. 예를 들어 사진이 찍힌 장소가 street(길거리)이면 st. 정도로 메모하면 됩니다. 또한 문제 맛보기에서 보았듯이 어떤 패턴을 어디에 활용할 것인지 메모해도 좋겠죠? 만약 연습 중에 메모가 집중력을 더 저하시키고 도움이 안 된다고 느껴지면 안 해도 괜찮습니다. 메모가 정리되었다면 이제 메모한 내용을 보면서 30초에 맞춰 여러 번 연습해보세요.

② 어느 정도 익숙해졌다면 다음은 실제로 시험에 응시하는 것처럼 연습해보세요. 준비 시간 동안은 메모와 스피킹이 가능합니다. 답변 시간 동안에는 스마트폰으로 녹음하며 답변해 보세요. 여기서 중요한 것은 답변 시간 동안 말을 버벅거려도, 암기한 패턴이 잘 기억나지 않아도, 또는 말이 막혀도 녹음기를 멈추거나 포기하지 마세요. 실전처럼 30초를 채워서 답변하는 연습이 매우 중요합니다.

③ 마지막으로 녹음한 파일을 들어보세요. 이해하기 힘들거나, 발음이 어색한 부분은 없는지, 패턴이 매끄럽게 연결되는지, 시간은 어느 정도 채워졌는지를 체크하고 개선하세요.

🅰 고득점 TIP

① 사진은 어차피 다 거기서 거기!

시험으로 출제되는 사진들은 100%로 인물이 등장합니다. 그리고 흔히 출제되는 사진들은 주로 인물 중심의 사진들이죠. 사람 패턴을 꼭 완벽하게 암기하시길 바랍니다. 주인공이 인물이 아니라면 분명히 실외 배경 사진입니다. 이런 경우에는 건물 패턴, 계절 패턴, 날씨 패턴 등을 자연스럽게 연결하는 연습을 하세요. 사람도 잘 보이고 배경도 잘 보이는 사진은 답변할 내용이 많아지겠죠? 적절히 잘 분배해서 골고루 묘사하는 연습도 해 보세요. 패턴들을 잘 익혔다면 이제 얼마나 막힘없이 자연스럽게 말할 수 있는지가 고득점을 받을 수 있는지 없는지를 결정합니다. 너무 감정 없이 로봇처럼 답변한다면 고득점은 어려울 수 있어요.

② 응용력

PART 2 학습을 통해 사진의 내용은 다 거기서 거기라는 것을 볼 수 있었습니다. 사진 묘사의 좋은 연습 방법의 하나는 내가 평소에 이동하는 곳마다 앞서 익힌 패턴들을 떠올려보는 것입니다. 우리의 일상생활을 사진으로 생각해보는 것이죠. 예를 들어 식당에 가서 밥을 먹을 때 식당 직원은 무엇을 하고 있을까요? 아마 사람 패턴이 떠오르겠죠? 한강 공원에 가면 무엇이 떠오를까요? 『계절+날씨 패턴』이겠죠?

③ 꾸준한 녹음 연습

스마트폰을 활용해서 30초 동안 녹음 연습을 많이 해 보세요. 녹음기가 작동하고 있는 상황에서 연습한다면 더 긴장감이 있기 때문에 실전 상황 느낌으로 연습할 수 있어요.

④ 준비 시간 45초 동안 메모를 하느냐? 마느냐?

제가 현장 강의를 진행할 때 PART 2 강의를 마치고 나면 메모를 하느냐 마느냐에 대한 의견은 보통 50:50으로 갈립니다. 제 개인적인 의견은 패턴이 잘 암기된 상황이라면 메모는 할 필요 없다고 생각해요. 메모하다 보면 너무 메모에만 집착할 수 있으니 사진에 더 집중하고 어느 부분에 어느 패턴을 활용할지를 스피킹하면서 연습해 보는 것이 준비 시간 45초를 활용하는데 더 효율적인 방법이라고 생각합니다. 하지만 메모가 도움이 된다고 느끼시는 분들은 꼭 하시고, 간단하게 메모하는 본인만의 방식을 만들어 보세요.

1

PREPARATION TIME	RESPONSE TIME
00:00:45	00:00:30

MEMO

1. 장소, 사람 수

2. 중심 대상

3. 주변 묘사

4. 느낌, 의견

🎧 P2_10

장소, 사람 수	This picture was taken in a meeting room. There are five people in this picture.	이 사진은 회의실에서 찍혔습니다. 5명의 사람이 사진 속에 있습니다.
중심 대상 (사람 패턴 적용)	The first thing I notice is a man standing and giving a presentation. He is concentrating on his work, and it seems like he is quite busy explaining something.	가장 먼저 눈에 들어오는 것은 서서 발표하는 한 남자입니다. 그는 일에 몰두하고 있고, 뭔가 설명하느라 꽤 바빠 보입니다.
주변 묘사 (실내 사진 필수 표현)	In front of the presenter, I see four other people sitting around a rectangular table. They are looking at the presenter and also focusing on their job. There are papers and other office supplies placed on the table.	발표자 앞에는 네 명의 다른 사람들이 직사각형 탁자에 둘러앉아 있는 것이 보입니다. 그들은 발표자를 바라보면서 그들의 일에도 집중하고 있습니다. 탁자 위에 종이와 다른 사무용품들이 놓여 있습니다.
느낌, 의견	Well, I like this picture because it reminds me of my coworkers at the workplace.	음, 저는 이 사진이 저의 직장 동료들을 떠올리게 하므로 마음에 듭니다.

🔆 꿀팁

- 메모 팁
  ① 장소, 사람 수 – m. room, 5p
  ② 중심 대상 – standing, 사람 패턴
  ③ 주변 묘사 – 4p sitting, looking, placed on
  ④ 느낌, 의견 – coworkers
  메모는 본인만 알아볼 수 있으면 됩니다. m. rm = meeting room, 5p = 5 people

- 기억하세요. 『장소, 사람 수＋사람 패턴』으로 시작하면 15초 정도 시간이 흘러갑니다. 그러므로 주변 묘사는 중요한 부분만 간단하게 하면서 30초 답변시간 관리 연습을 하세요.

  Ex I can see some files arranged on a bookshelf. 책꽂이에 정리된 파일 몇 개가 보입니다.

- 만약 정신없이 묘사하다가 마무리 문장을 추가할 시간이 안 된다면 과감히 포기하고 말하고 있는 문장을 끝까지 정확하게 답변하세요.

2

PREPARATION TIME	RESPONSE TIME
00:00:45	00:00:30

MEMO

1. 장소, 사람 수

2. 중심 대상

3. 주변 묘사

4. 느낌, 의견

모범 답안

장소, 사람 수	I'm not sure, but I think this picture was taken at an airport. I see two people in this picture.	확실하진 않지만, 제 생각에 이 사진은 공항에서 찍힌 것 같습니다. 사진 속에는 2명의 사람이 보입니다.
중심 대상 (사람 패턴 적용)	The first thing I notice is a middle-aged man sitting and using his laptop computer. He is concentrating on his work, and it seems like he is quite busy typing something.	가장 먼저 눈에 띄는 것은 중년의 남성이 의자에 앉아서 노트북을 사용하고 있는 것입니다. 그는 자신의 업무에 집중하고 있고, 무언가 작성하느라 꽤 바빠 보입니다.
주변 묘사 (실내 사진 필수 표현)	In the background, I can see a woman sitting near the gate area. It's a little unclear, but I think she is talking on the phone and taking notes. There are some unoccupied seats.	뒤쪽에는 공항 게이트 구역 근처에 한 여성이 앉아 있는 걸 볼 수 있습니다. 약간 희미해서 자세히 보이진 않지만, 제 생각에 그녀는 전화하면서 메모를 하는 것 같습니다. 빈자리가 좀 있어 보입니다.
느낌, 의견	Well, I like this picture because this picture reminds me of my last overseas trip six months ago.	음, 저는 이 사진이 6개월 전에 있었던 저의 지난 해외여행을 떠올리므로 마음에 듭니다.

꿀팁

- 사람이 기기를 다루고 있다면 동사 using(사용하고 있다)으로 답하면 쉬워집니다.

  typing on a computer 컴퓨터에 타자를 치고 있습니다 → using a computer 컴퓨터를 사용하고 있습니다
  talking on the phone 전화를 받고 있습니다 → using the phone 전화기를 사용하고 있습니다
  sending a fax 팩스를 보내고 있습니다 → using a fax machine 팩스기를 사용하고 있습니다
  making a photocopy 복사를 하고 있습니다 → using a copy machine 복사기를 사용하고 있습니다

- 추가 표현

  Ex He is crossing his legs. 그는 다리를 꼬고 있습니다.

- 모범 답안 내용이 답변 시간 30초를 채우기에 적당한 양의 내용이긴 하지만 만약 시간이 허락을 한다면 사람 패턴 적용 후 남자의 옷차림이나 외모 표현을 한두 가지 정도 추가해도 좋습니다.

  Ex He is wearing a black suit, a blue shirt, and a pair of glasses. 그는 검은색 정장과 파란색 셔츠 그리고 안경을 착용하고 있습니다.

3

PREPARATION TIME	RESPONSE TIME
00:00:45	00:00:30

MEMO

1. 장소, 사람 수

2. 중심 대상

3. 주변 묘사

4. 느낌, 의견

🎧 P2_14

장소, 사람 수	This picture was taken at a restaurant. I see four people in this picture.	이 사진은 식당에서 촬영되었습니다. 사진 속에는 4명의 사람이 보입니다.
중심 대상 (사람 패턴 적용)	The first thing I notice is a waiter helping some customers. He is concentrating on his work, and it seems like he is quite busy serving some food.	가장 먼저 눈에 띄는 것은 웨이터가 손님들을 돕고 있는 것입니다. 그는 일에 집중하고 있고, 음식을 서빙하느라 꽤 바빠 보입니다.
주변 묘사 (실내 사진 필수 표현)	On the left side, there are three people sitting at a table. They are having a meal. There are some plates, glasses, and food items placed on the table. Also, I can see a rectangular mirror hanging on the wall.	왼쪽에는 탁자에 앉아 있는 세 명의 사람이 있습니다. 그들은 식사하는 중입니다. 접시, 유리잔, 그리고 음식 몇 가지가 탁자 위에 놓여 있습니다. 또한, 직사각형의 거울이 벽에 걸려 있는 것이 보입니다.
느낌, 의견	Well, I like this picture because it reminds me of my favorite hometown restaurant.	음, 이 사진은 제가 가장 좋아하는 고향 식당을 떠올리게 해서 좋습니다.

💡 꿀팁

- 식당이나 가게에서 찍힌 사진은 직원이 등장할 확률이 높습니다. 이 사진은 웨이터가 등장했습니다. 만약 주문을 받는 상황이었다면, '주문을 받고 있다'를 영어로 어떻게 표현하면 좋을까요? taking orders(주문을 받고 있다)라는 표현은 떠올리기 쉽지 않을 수도 있고 이러한 표현을 하나하나 익히기 힘들기 때문에 식당, 상점, 가게에서 직원이 고객을 응대하고 있다면 helping the customers(고객을 돕고 있다)로 표현하면 좋습니다. 물론 바로 concentrating on the work(일에 집중하다)로 연결해도 상관없습니다.

- 모양/형태를 나타내는 표현
  rectangular 직사각형태의, 각진   circular/round 둥근   triangular 세모진

- it's a little unclear, but(확실히 보이진 않지만)이란 표현은 배경 묘사할 때 활용하면 좋습니다.

- '식사하고 있다'를 표현할 때는 having a meal로 표현해야 합니다. eating a meal은 틀린 표현입니다. having a meal 뒤에는 there are some plates, glasses, and food items placed on the table을 추가로 말할 수 있습니다. 식사하고 있다면 분명히 탁자 위에 접시나 컵, 음식 등이 놓여있을 테니까요.

- 실내 사진 필수 표현을 기억하세요. (placed on, hanging on, installed on, occupied, unoccupied) 이 사진에서는 placed on과 hanging on을 활용했습니다.

4

PREPARATION TIME	RESPONSE TIME
00:00:45	00:00:30

MEMO

1. 장소, 사람 수

2. 중심 대상

3. 주변 묘사

4. 느낌, 의견

🎧 P2_16

장소, 사람 수	I think this picture was taken at a gift shop. I see three people in this picture.	이 사진은 기념품 가게에서 찍힌 것 같습니다. 사진 속에는 3명의 사람이 보입니다.
중심 대상 (사람 패턴 적용)	The first thing I notice is a store employee helping a customer. She is concentrating on her work, and it seems like she is quite busy doing her job.	가장 먼저 눈에 띄는 것은 손님을 돕고 있는 가게 직원입니다. 그녀는 일에 집중하고 있고 일을 하느라 꽤 바빠 보입니다.
주변 묘사 (실내 사진 필수 표현, 진열 패턴 적용)	On the right side, there is a man and a woman. It looks like the woman is purchasing something, and the man is standing behind her. Many items are displayed in the shop, and the items are very well-organized. It looks like the shop is nicely decorated. Also, there are some lightings installed on the ceiling.	오른쪽에는 남자 한 명과 여자 한 명이 있습니다. 여자가 무언가를 사고 있는 것 같아 보이고, 그녀 뒤에 그 남자가 서 있습니다. 여러 가지 물건들이 가게 안에 진열되어 있고 잘 정리되어 있습니다. 가게가 멋지게 꾸며진 것 같아 보입니다. 또한, 천장에는 조명들이 설치되어 있습니다.
느낌, 의견	Well, I like this picture because it reminds me of my favorite hometown gift shop.	음. 저는 이 사진이 제가 고향에서 가장 좋아하는 기념품 가게를 떠오르게 하므로 좋습니다.

💡 **꿀팁**

- 이 사진도 마찬가지로 가게 직원이 등장했고 billing at the counter(계산해 주고 있다)라는 표현을 떠올리기 쉽지 않을 수도 있습니다. 그래서 helping a customer(고객을 돕고 있다)를 활용하고 사람 패턴으로 연결하면 묘사가 쉬워집니다.

- 상점 사진이라면 어떤 상점이든 상품들이 진열된 경우가 많습니다. 진열 패턴을 쓰세요.
  Ex Many items are displayed in the shop, and the items are very well-organized. It looks like the shop is nicely set up / decorated.
  많은 상품들이 가게에 진열되어 있고 잘 정리되어 있습니다. 가게가 멋지게 차려진/꾸며진 것 같아 보입니다.

- 추가 표현
  Ex There are many colorful accessories set up at the counter.
  형형색색의 액세서리들이 카운터에 정돈되어 있습니다.
  Ex Some hats and bags are displayed on the wall. 모자들과 가방들이 벽에 진열되어 있습니다.
  Ex The woman has a big smile on her face. 여자는 크게 미소 짓고 있습니다.

- 실내 사진 필수 표현을 기억하세요. (placed on, hanging on, installed on, occupied, unoccupied)
  이 사진에서는 installed on을 활용했습니다.

5

PREPARATION TIME	RESPONSE TIME
00:00:45	00:00:30

MEMO

1. 장소, 사람 수

2. 중심 대상

3. 주변 묘사

4. 느낌, 의견

🎧 P2_18

장소, 사람 수	I think this picture was taken at a restaurant kitchen. I see three people in this picture.	이 사진은 레스토랑의 주방에서 찍힌 것 같습니다. 사진 속에는 3명의 사람이 보입니다.
중심 대상 (사람 패턴 적용)	The first thing I notice is three chefs cooking something. They are all standing and concentrating on their work, and it seems like they are quite busy doing their job.	가장 먼저 눈에 들어오는 것은 무언가를 요리하고 있는 3명의 요리사입니다. 그들은 모두 서서 그들의 일에 집중하고 있고 그들은 일하느라 꽤 바빠 보입니다.
주변 묘사 (실내 사진 필수 표현)	I can see many kitchen tools hanging right above the chefs. At the bottom of this picture, there are some vegetables and seasonings placed on the kitchen counter.	주방용 기구들이 요리사들 바로 위에 걸려있는 것이 보입니다. 사진의 아래쪽에는 야채와 양념이 조리대 위에 놓여있습니다.
느낌, 의견	Well, I like this picture because it reminds me of my part-time job.	음, 저는 이 사진이 제 아르바이트를 떠올리게 하므로 좋습니다.

💡 꿀팁

- 세 명 모두 취하고 있는 행동이 비슷하기 때문에 they로 묶어서 사람 패턴을 적용하면 좋습니다.

- 실내 사진 필수 표현을 기억하세요. (placed on, hanging on, installed on, occupied, unoccupied) 이 사진에서는 hanging right above과 placed on를 활용했습니다.

6

PREPARATION TIME	RESPONSE TIME
00:00:45	00:00:30

MEMO

1. 장소, 사람 수

2. 중심 대상

3. 주변 묘사

4. 느낌, 의견

장소, 사람 수	I think this picture was taken at an airport. I see many people in this picture.	이 사진은 공항에서 찍힌 것 같습니다. 사진 속에 많은 사람이 보입니다.
중심 대상 (간단한 행동 묘사 표현)	The first thing I notice is a group of people standing together. I'm not sure what they are doing, but it looks like they are looking at a document. On the right side, I can see many check-in counters. One man is standing in front of a counter.	가장 먼저 보이는 것은 사람들이 무리 지어 함께 서 있는 것입니다. 그들이 무엇을 하는지 확실하지는 않지만, 서류를 보고 있는 것 같아 보입니다. 오른쪽에는 여러 개의 체크인 카운터가 보입니다. 한 남자가 카운터 앞에 서있습니다.
주변 묘사 (실내 사진 필수 표현)	I can see many information monitors hanging above the counters. In the background, there is a huge rectangular window, and it's very dark outside.	카운터 위에 많은 정보 모니터들이 달린 것이 보입니다. 뒤쪽에는 큰 직사각형 창문이 있고 밖은 매우 어둡습니다.
느낌, 의견	Well, I like this picture because it reminds me of my last overseas trip six months ago.	음, 저는 이 사진이 6개월 전의 제 마지막 해외여행을 떠올리게 해주기 때문에 좋습니다.

꿀팁

- 만약 사람들이 모여 있다면 단체로 묶어서 사람 패턴을 적용할 수 있습니다.

  Ex A group of people are standing together. 사람들이 무리 지어 함께 서 있다.
  Ex A group of women are sitting together. 여자들이 무리 지어 함께 앉아있다.
  Ex A small group of men are walking together. 남자들이 작게 무리 지어 함께 걷고 있다.

- 한 사람의 옷 색깔이나 머리 색깔이 눈에 띈다면 말해도 좋습니다.

  Ex One man is wearing a purple shirt. 한 남자가 보라색 셔츠를 입고 있다.

- 사람 패턴을 적용시키기 애매한 사진이라면 사람들의 행동 묘사를 간단하게 해도 괜찮습니다. 간단한 행동 묘사의 예로는 sitting, standing, looking, talking to each other, resting, holding 등 빠른 시간 안에 머릿속에 떠올릴 수 있는 동사들이 좋습니다.

- 실내 사진 필수 표현을 기억하세요. (placed on, hanging on, installed on, occupied, unoccupied) 이 사진에서는 hanging above를 활용했습니다. 'I can see many information monitors installed above the counters.' 또한 올바른 표현입니다.

7

PREPARATION TIME	RESPONSE TIME
00:00:45	00:00:30

MEMO

1. 장소, 사람 수

2. 중심 대상

3. 주변 묘사

4. 느낌, 의견

🎧 P2_22

장소, 사람 수	I think this picture was taken in a library. I see a group of students in this picture.	저는 이 사진이 도서관에서 찍힌 것 같습니다. 사진에는 학생들이 무리 지어서 모여 있는 것이 보입니다.
중심 대상 (사람 패턴 적용)	The first thing I notice is a group of students sitting around a table and studying together. They are concentrating on their work, and it seems like they are quite busy doing their schoolwork.	가장 먼저 보이는 것은 책상에 둘러앉아 함께 공부하는 학생들입니다. 그들은 공부에 집중하고 있고 학교 공부를 하느라 꽤 바빠 보입니다.
주변 묘사 (실내 사진 필수 표현)	Books and papers are placed on the table. In the background, it's quite unclear, but it looks like many books are arranged on a bookshelf. Next to the bookshelf, I can see a rectangular window, and it appears to be a very bright sunny day.	책상에는 책과 종이들이 놓여 있습니다. 뒤쪽에는 확실하진 않지만, 책장에 여러 권의 책들이 정리된 것처럼 보입니다. 책장 옆에 직사각형의 창문을 볼 수 있고, 해가 쨍쨍한 날인 것 같아 보입니다.
느낌, 의견	Well, I like this picture because it reminds me of my school friends.	음, 저는 이 사진이 학교 친구들을 떠올리게 해주기 때문에 좋습니다.

 꿀팁

- 외모 추가 표현

  Ex One girl has long curly hair. 한 여자아이는 긴 곱슬머리입니다.

  Ex She has dark skin. 그녀는 피부가 까무잡잡합니다.

- 사람 패턴의 'It seems like they are quite busy (at the moment).' 문장의 괄호 부분을 좀 더 구체적인 행동 묘사로 대체할 수 있다면 더 상세히 묘사할 수 있습니다.

  Ex It seems like they are quite busy (doing their homework). 그들은 (숙제 하느라) 꽤 바빠 보입니다.

  Ex It seems like they are quite busy (preparing for an exam). 그들은 (시험 준비를 하느라) 꽤 바빠 보입니다.

8

PREPARATION TIME	RESPONSE TIME
00:00:45	00:00:30

MEMO

1. 장소, 사람 수

2. 중심 대상

3. 주변 묘사

4. 느낌, 의견

● **모범 답안**

장소, 사람 수	This picture was taken on a stairway. I can see a man and a woman in this picture.	이 사진은 계단에서 찍혔습니다. 사진 속에는 남자와 여자가 보입니다.
중심 대상 (사람 패턴 적용)	In the middle, a man and a woman are walking down the stairs while having a conversation. They are concentrating on their conversation, and it seems like they are quite busy explaining something.	중앙에는 남자와 여자가 서로 대화를 나누며 계단을 내려가고 있습니다. 그들은 대화에 집중하고 있고 무언가를 설명하느라 꽤 바빠 보입니다.
주변 묘사	In the background, there are many rectangular windows. And I can see some trees and walls outside. It looks like it's a sunny day.	뒤쪽에는 직사각형의 창문들이 많이 보입니다. 그리고 바깥에는 몇몇 나무들과 벽이 보입니다. 날씨가 화창해 보입니다.
느낌, 의견	Well, I like this picture because it reminds me of my coworkers.	음, 저는 이 사진이 제 직장 동료들을 떠올리게 해주기 때문에 좋습니다.

💡 **꿀팁**

- 배경이 계단인 경우

    Ex walking down the stairway 계단을 내려가고 있다

    Ex walking up the stairway 계단을 올라가고 있다

    Ex standing on the stairway 계단에 서 있다

    Ex sitting on the stairway 계단에 앉아 있다

- 계단에서 찍힌 사진은 사람들이 보통 대화를 나누고 있거나 서로 인사하는 모습이 자주 나옵니다.

    Ex Two people are talking to each other on the stairway.
    두 사람이 계단에서 대화를 나누고 있다.

    Ex Two people are greeting each other on the stairway.
    두 사람이 계단에서 인사를 나누고 있다.

9

PREPARATION TIME	RESPONSE TIME
00:00:45	00:00:30

MEMO

1. 장소, 사람 수

2. 중심 대상

3. 주변 묘사

4. 느낌, 의견

🎧 P2_26

장소, 사람 수	I think this picture was taken in front of a wine shop. There are two people in this picture.	이 사진은 와인 가게 앞에서 찍힌 것 같습니다. 사진 속에는 2명의 사람이 있습니다.
중심 대상	On the left side, there is a man and a woman standing right in front of the shop and looking at some items. I'm not sure, but I think they are tourists.	왼쪽에는 가게 바로 앞에 서서 물건들을 보고 있는 남자와 여자가 있습니다. 확실하진 않지만, 그들은 여행객인 것 같습니다.
주변 묘사 (진열 패턴 적용)	I see many items displayed both inside and outside the shop. The items are very well-organized, and the shop is nicely set up. There are big rectangular windows, and I can see inside of the shop.	많은 물건들이 가게 안쪽과 바깥쪽에 진열된 것이 보입니다. 물건들은 매우 잘 정리되어 있고 가게는 멋지게 정돈되어 있습니다. 큰 직사각형의 창문들이 보이고 가게 안쪽도 보입니다.
느낌, 의견	Well, I like this picture because it reminds me of my favorite hometown wine shop.	음, 저는 이 사진이 제 고향의 가장 좋아하는 와인 가게를 떠올리게 해주기 때문에 좋습니다.

💡 꿀팁

- 가게 사진에서는 진열 패턴을 잊지 마세요. 또한 실외 사진이기 때문에 사람들의 옷차림을 보고 계절 패턴을 붙일 수 있습니다.

- 추가 표현
  Ex The man has both of his hands in his pockets. 남자는 두 손을 모두 주머니에 넣고 있다.
  Ex The man has a pair of sunglasses resting on his forehead.
     남자는 선글라스를 머리 위에 얹고 있다.

- 사람 패턴을 적용시키기 애매한 사진이라면 사람들의 행동 묘사를 간단하게 해도 괜찮습니다. 간단한 행동 묘사의 예로는 sitting, standing, looking, talking to each other, resting, holding 등 빠른 시간 안에 머릿속에 떠올릴 수 있는 동사들이 좋습니다. 이 사진에서는 standing right in front of와 looking at의 표현으로 간단하게 해결했습니다.

10

PREPARATION TIME	RESPONSE TIME
00:00:45	00:00:30

MEMO

1. 장소, 사람 수

2. 중심 대상

3. 주변 묘사

4. 느낌, 의견

모범 답안

장소, 사람 수	I'm not exactly sure, but I think this picture was taken in an office. There are three people in this picture.	확실하진 않지만, 이 사진은 사무실에서 찍힌 것 같습니다. 사진 속에는 3명의 사람들이 있습니다.
중심 대상 (사람 패턴 적용)	The first thing I notice is a man sitting at a table and holding a document. He is concentrating on his work, and it seems like he is quite busy explaining something. Next to him, there is a man and a woman also focusing on the same document.	가장 먼저 눈에 띄는 것은 탁자에 앉아 서류를 들고 있는 한 남자입니다. 그는 일에 몰두하고 있고, 뭔가 설명하느라 꽤 바쁜 것 같아 보입니다. 그의 옆에는 같은 서류에 마찬가지로 집중하고 있는 남자와 여자가 있습니다.
주변 묘사 (실내 사진 필수 표현)	In front of them, a laptop computer, papers, and some other office supplies are placed on the table. In the background, there is a big rectangular window, and I see many trees outside.	그들 앞에는 노트북 컴퓨터, 종이, 그리고 몇몇 다른 사무용품들이 탁자 위에 놓여 있습니다. 뒤쪽에는 큰 직사각형 창문이 있으며, 밖에는 많은 나무들이 보입니다.
느낌, 의견	Well, I like this picture because it reminds me of my coworkers at the workplace.	음, 저는 이 사진이 제 직장 동료들을 떠올리게 하므로 좋습니다.

꿀팁

- 장소가 어디인지 확실하지 않을 경우

  Ex I'm not sure, but I think this picture was taken ~.
  확실하진 않지만, 이 사진은 ~에서 찍힌 것 같습니다.

  Ex I'm not exactly sure, but I think this picture was taken ~.
  정확하진 않지만, 이 사진은 ~에서 찍힌 것 같습니다.

- 실내 사진 필수 표현을 기억하세요. (placed on, hanging on, installed on, occupied, unoccupied)
  이 사진에서는 placed on을 활용했습니다.

  Ex A bulletin board is hanging on the wall. 게시판이 벽에 걸려 있습니다.

11

PREPARATION TIME	RESPONSE TIME
00:00:45	00:00:30

MEMO

1. 장소, 사람 수

2. 중심 대상

3. 주변 묘사

4. 느낌, 의견

⊳ **모범 답안**

🎧 P2_30

장소, 사람 수	I'm not sure, but I think this picture was taken at an outdoor café. There are three women in this picture.	확실하진 않지만, 이 사진은 실외 카페에서 찍힌 것 같습니다. 사진 속에는 3명의 여자들이 있습니다.
중심 대상	In the middle, three women are sitting at a circular table. It looks like they are having conversations with each other. The woman on the left is drinking something, and the other women are smiling.	가운데에는 3명의 여자들이 원형 탁자에 앉아 있습니다. 그들은 함께 이야기를 나누는 것 같아 보입니다. 왼쪽에 있는 여자는 무언가를 마시고 있고 나머지 여자들은 미소 짓고 있습니다.
주변 묘사 (계절 패턴 적용)	In the foreground, there is an unoccupied table. In the background, I can see many green trees. And by looking at the color of the trees, I can predict that it's spring season.	앞쪽에는 비어 있는 탁자가 있습니다. 뒤쪽에는 많은 푸른 나무들이 보입니다. 나무들의 색을 보니 계절이 봄이라는 것을 추측할 수 있습니다.
느낌, 의견	Well, I like this picture because it reminds me of my best hometown friends.	음, 저는 이 사진이 제 고향 가장 친한 친구들을 떠올리게 해주므로 좋습니다.

💡 **꿀팁**

• 계절 패턴은 계절을 추측하는 것이므로 꼭 계절이 봄이라고 하지 않아도 괜찮습니다. Summer(여름) 인 것 같다고 해도 상관없습니다.

• 추가 표현

  Ex The woman is crossing her legs. 여자는 다리를 꼬고 있다.
  ⋯▶ 팔짱을 끼고 있다면 crossing her arms라고 표현하면 됩니다.

078 / 079

PREPARATION TIME	RESPONSE TIME
00:00:45	00:00:30

MEMO

1. 장소, 사람 수

2. 중심 대상

3. 주변 묘사

4. 느낌, 의견

🎧 P2_32

장소, 사람 수	This picture was taken on a busy city street. I see many people in this picture.	이 사진은 복잡한 도시의 거리에서 찍혔습니다. 사진 속에는 많은 사람들이 보입니다.
중심 대상	The first thing I notice is a woman walking on a sidewalk. She is wearing a blue cap, a black T-shirt, and a pair of blue jeans.	가장 먼저 눈에 들어오는 것은 인도에서 걷고 있는 여자입니다. 그녀는 파란 모자를 쓰고, 검은색 셔츠와 청바지를 입고 있습니다.
주변 묘사 (계절 패턴 적용)	Behind her, I can see many groups of people walking in the same direction. Everyone is wearing very casual clothes. And by looking at the clothes they're wearing, I can predict that it's fall season. In the background, I see many cars passing by on the street. Also, there are many shops and signboards. And the shops are very nicely decorated.	그녀 뒤에는 여러 그룹의 사람들이 같은 방향으로 걸어가고 있는 것이 보입니다. 모두 매우 캐주얼한 옷을 입고 있습니다. 그리고 그들이 입고 있는 옷차림을 보니 계절이 가을임을 추측할 수 있습니다. 뒤쪽에는 도로를 지나가는 많은 차들이 보입니다. 또한, 많은 가게들과 간판들이 있습니다. 그리고 가게들은 매우 멋지게 꾸며져 있습니다.
느낌, 의견	Well, I like this picture because it reminds me of my overseas trip to New York two years ago.	음, 저는 이 사진이 저의 2년 전 New York 여행을 떠올리게 해주므로 좋습니다.

 꿀팁

- 많은 사람들이 걷고 있을 때

  Ex Many people are walking in different directions.
  많은 사람들이 서로 다른 방향으로 걷고 있습니다.

  Ex Many people are walking in the same direction.
  많은 사람들이 서로 같은 방향으로 걷고 있습니다.

- 실외, 배경 중심의 사진은 사람 묘사를 간단하게 해결하고, 건물·계절·날씨 패턴에 집중하면 좋습니다.

13

PREPARATION TIME	RESPONSE TIME
00:00:45	00:00:30

MEMO

1. 장소, 사람 수

2. 중심 대상

3. 주변 묘사

4. 느낌, 의견

🎧 P2_34

장소, 사람 수	I'm not sure, but I think this picture was taken at a tourist attraction. I see many people in this picture.	확실하진 않지만, 이 사진은 관광지에서 찍힌 것 같습니다. 사진 속에는 많은 사람들이 보입니다.
중심 대상	The first thing I notice is two women walking. It seems like they are having a good time.	가장 먼저 눈에 들어오는 것은 2명의 여자들이 걷고 있는 것입니다. 그들은 좋은 시간을 보내고 있는 것 같아 보입니다.
주변 묘사 (건물, 계절, 날씨 패턴 적용)	Behind them, there are many people fishing. In the distance, I can see many beautiful and unique buildings with a lot of rectangular windows. The buildings seem pretty old, but it looks like they are well-maintained. Also, there are many green trees. And, by looking at the color of the trees, I can predict that it's spring season. The sky is very blue, and it's a very sunny day.	그들 뒤에는 여러 명의 사람들이 낚시하고 있습니다. 멀리에는 직사각형의 창문이 많은 아름답고 독특한 건물들이 보입니다. 건물들은 꽤 오래돼 보이지만 관리가 잘 된 것 같아 보입니다. 또한, 많은 푸른 나무들이 있습니다. 그리고 나무들의 색을 보니 계절이 봄임을 추측할 수 있습니다. 하늘은 매우 파랗고 매우 화창한 날입니다.
느낌, 의견	Well, I like this picture because it reminds me of my overseas trip two years ago.	음, 저는 이 사진이 2년 전 저의 해외 여행을 떠올리게 해주므로 좋습니다.

 꿀팁

- 기억하세요! 실외 배경 중심 사진에는 건물 패턴, 계절 패턴, 날씨 패턴!

PREPARATION TIME	RESPONSE TIME
00:00:45	00:00:30

MEMO

1. 장소, 사람 수

2. 중심 대상

3. 주변 묘사

4. 느낌, 의견

🎧 P2_36

장소, 사람 수	I'm not sure, but I think this picture was taken at a famous tourist attraction. It's unclear, but I think there are many people.	확실하진 않지만, 이 사진은 유명한 관광지에서 찍힌 것 같습니다. 잘 안 보이지만, 사람들이 많이 있는 것 같습니다.
중심 대상 (건물 패턴 적용)	The first thing I notice is many beautiful and unique buildings standing in a line. The buildings are very colorful, and they have a lot of rectangular windows. The buildings seem pretty old, but it looks like they are well-maintained.	가장 먼저 눈에 들어오는 것은 많은 아름답고 독특한 건물들이 한 줄로 늘어져 있는 것입니다. 건물들은 매우 알록달록하고 많은 직사각형의 창문들을 가지고 있습니다. 건물들은 꽤 오래돼 보이지만 관리가 잘 된 것 같아 보입니다.
주변 묘사 (계절, 날씨 패턴 적용)	In front of the buildings, it looks like many people are walking in different directions. In the foreground, I see a big river, and there are some boats. The sky is very blue, and I see some clouds. And by looking at the sky, I can predict that it's summer season.	건물들 앞에는 수많은 사람들이 서로 다른 방향으로 걸어가고 있는 것 같아 보입니다. 앞쪽에는 큰 강이 보이고 배들이 몇 개 있습니다. 하늘이 무척 파랗고 구름이 보입니다. 그리고 하늘을 보니 계절이 여름임을 추측할 수 있습니다.
느낌, 의견	Well, I like this picture because it reminds me of my overseas trip to Europe two years ago.	음, 저는 이 사진이 2년 전 저의 유럽 여행을 떠올리게 해주므로 좋습니다.

💡 꿀팁

- 이 사진처럼 사람이 잘 안 보이는 사진은 거의 시험으로 출제되지 않습니다. 실외 배경 중심 사진에는 건물 패턴, 계절 패턴, 날씨 패턴을 잊지 마세요.

P2_37

PREPARATION TIME	RESPONSE TIME
00:00:45	00:00:30

MEMO

1. 장소, 사람 수

2. 중심 대상

3. 주변 묘사

4. 느낌, 의견

모범 답안

장소, 사람 수	I think this picture was taken at a famous tourist attraction. I can see many people in this picture.	이 사진은 유명한 관광지에서 찍힌 것 같습니다. 사진 속에는 많은 사람들이 보입니다.
중심 대상 (건물 패턴 적용)	The first thing I notice is many beautiful and unique buildings with a lot of rectangular windows. The buildings seem pretty old, but it looks like they are well-maintained.	가장 먼저 눈에 들어오는 것은 직사각형의 창문이 많은 아름답고 독특한 건물들입니다. 건물들은 꽤 오래돼 보이지만 관리가 잘 된 것 같아 보입니다.
주변 묘사 (계절, 날씨 패턴 적용)	In the foreground, I see two people taking pictures. Also, there are so many people walking in different directions. And by looking at the clothes they are wearing, I can predict that it's winter season. The sky is a little dark, and I see some rain clouds.	전경에는 사진을 찍고 있는 2명의 사람들이 보입니다. 또한, 매우 많은 사람들이 서로 다른 방향으로 걷고 있습니다. 그리고 그들의 옷차림을 보니 계절이 겨울임을 추측할 수 있습니다. 하늘이 살짝 어둡고 비구름이 조금 보입니다.
느낌, 의견	Well, I like this picture because it reminds me of my overseas trip two years ago.	음, 저는 이 사진이 2년 전 저의 해외 여행을 떠올리게 해주므로 좋습니다.

꿀팁

- 색이 어두운 옷은 dark-colored clothes, 색이 옅은 옷은 light-colored clothes로 표현해도 좋습니다.

PART 3

저자 직강
무료 동영상 강의

Respond to questions
질문에 답하기

🔊 **돌고 도는 시나리오로 모든 토픽 해결!**

PART 3은 하나의 주제에 대해 3개의 질문에 답하는 파트입니다. 누군가와 전화 통화를 하고 있다는
설정 속에서 진행됩니다.

진행 순서

1 약 17초의 Directions로 시작합니다. Directions는 성우가 이 파트에서 무엇을 어떻게 답변해야 하는지 지시해주는 시간입니다. 모든 파트가 시작하기 전에 음성과 함께 화면에 제시됩니다.

2 Directions가 끝나면 설정을 말해주는 화면이 나옵니다. 둘 중 하나로 설정이 되는데 여기에서 토픽을 확인할 수 있습니다. About 뒤에 붙는 내용이 토픽입니다.

설정 1. 어떤 회사 또는 기관과의 전화 인터뷰

Ex Imagine that an American marketing firm is doing research in your country. You have agreed to participate in a telephone interview about traveling. ←⋯ 토픽! (여행)

설정 2. 지인과의 통화

Ex Imagine that you are talking on the telephone with a friend from school. You are talking about purchasing a new laptop computer. ←⋯ 토픽! (새 노트북 구매하기)

3 설정을 말해주고 바로 첫 번째 질문(5번 문제)이 음성과 함께 모니터에 제시됩니다. 준비 시간 3초가 주어지며 답변 시간은 15초가 주어집니다.

4 첫 번째 질문(5번 문제)의 답변 시간이 끝나면 질문이 사라지고 두 번째 질문(6번 문제)이 음성과 함께 모니터에 제시됩니다. 이 질문 또한 준비 시간 3초와 답변 시간 15초가 주어집니다.

5 두 번째 질문(6번 문제)의 답변 시간이 끝나면 질문이 사라지고 세 번째 질문(7번 문제)이 음성과 함께 모니터에 제시됩니다. 이 질문도 준비 시간 3초가 주어지며 답변 시간은 30초가 주어집니다.

PART 3은 준비 시간이 3초로 짧기 때문에 상당히 당황스러울 수 있습니다. 그래서 이미 짜인 답변 아이디어(시나리오)를 제공합니다. PART 3 문제 세트를 하나씩 공부하다 보면 어떤 토픽이든 모든 답변이 비슷한 내용으로 돌고 도는 것을 확인할 수 있을 것입니다. 주요 답변 전략은 MTCQ+−, 이유 패턴+−, 습관 패턴, 경험 패턴입니다. 답변 시 핵심 답변 이후 남는 답변 시간을 실수 없이 채워주고 답변을 업그레이드하는 데 아주 중요한 패턴들입니다.

📋 출제 유형

▶ 5, 6번 질문은 주로 의문사 의문문의 형태로 많이 출제됩니다.

> How often(빈도), When was the last time(언제 마지막으로), Where(어디서), With who(누구와), What time(몇 시에), What kind of(어떤 종류의), How many times(몇 회), How far(얼마나 멀리), How much money(돈은 얼마나), How much time(시간은 얼마나) 등

▶ 7번 질문은 주로 생각이나 의견을 묻는 질문, 선택형 질문, 장단점 질문이 많이 출제됩니다. 앞으로 학습하게 될 PART 5 문제와 아주 흡사한 형태로 문제가 출제되며 같은 전략을 적용해서 접근하면 쉬워집니다.

> Do you think(그렇게 생각하는지), Why do you think(왜 그렇게 생각하는지), Would you consider (그렇게 할 생각이 있는지), Which do you think(어떤 것이 그렇다고 생각하는지), Do you prefer(그것을 선호하는지), What is the most important factor(어떤 요인/요소가 가장 중요한지), What are the advantages/disadvantages of(그것의 장/단점은 무엇인지) 등

📋 빈출 내용

▶ 의식주(옷, 음식, 집 등)

▶ 실생활(교통, 친구, 여가시간, 구직 등)

▶ 취미/문화생활(독서, TV, 라디오, 음악, 영화 등)

▶ 제품/서비스(인터넷 사용, 휴대폰, 고객 서비스 등)

🎯 주요 핵심 패턴

MTCQ+−와 이유 패턴+−란?

MTCQ란 Money, Time, Convenience/Comfort, Quality를 의미합니다. 이 4개의 키워드를 활용하여 빠르게 답변 아이디어를 찾을 수 있도록 미리 내용을 설계해 놓았습니다. MTCQ 뒤에 답변을 실수 없이 연장하고 고득점의 형태로 만들 수 있도록 답변 시나리오도 설정해 놓았습니다. MTCQ에는 플러스 패턴과 마이너스 패턴이 있습니다. 플러스 패턴은 장점이나 좋은 점을, 그리고 마이너스 패턴은 단점이나 좋지 않은 점을 이유로 설명할 때 활용할 수 있습니다.
이유 패턴도 마찬가지로 PART 3 답변 시 핵심 답변과 관련된 이유를 쉽게 말할 수 있도록 미리 짜인 내용입니다.

❶ MTCQ+ (돈, 시간, 편의, 질의 효율성)

M+

It saves money. 돈이 절약된다. ㅣ I can save money. 나는 돈을 절약할 수 있다. ㅣ It's cheap. 가격이 싸다. ㅣ It's cost-efficient. 경제적이다. ㅣ It doesn't cost a lot of money. 돈이 많이 들지 않는다. ㅣ It is very affordable. 감당할 수 있는 비용이다. ㅣ The price is reasonable. 합리적인 가격이다.

T+

It saves time. 시간이 절약된다. ㅣ I can save time. 나는 시간을 절약할 수 있다. ㅣ It doesn't take a long time. 시간이 오래 걸리지 않는다. ㅣ It's time saving. 시간 절약이 된다. ㅣ It is quick. 신속하다. ㅣ It is fast. 빠르다.

C+

It's convenient. 편리하다. ㅣ It's comfortable. 편안하다.

Q+

The quality is good. 질이 좋다.

❷ MTCQ- (돈, 시간, 편의, 질의 효율성)

M-

It's a waste of money. 돈 낭비다. ㅣ It costs a lot of money. 돈이 많이 든다. ㅣ It's expensive. 비싸다. ㅣ It's pricey. 가격이 세다. ㅣ It is not affordable. 감당할 수 없는 비용이다. ㅣ The price is not reasonable. 합리적인 가격이 아니다.

T-

It's a waste of time. 시간 낭비다. ㅣ It takes a long time. 시간이 오래 걸린다. ㅣ It's very time consuming. 시간을 오래 잡아먹는다. ㅣ It is slow. 느리다.

C-

It's inconvenient. 불편하다. ㅣ It's uncomfortable. 편안하지 않다.

Q-

The quality is bad. 질이 좋지 않다.

❸ 이유 패턴+- (기분, 감정, 느낌 표현)

+ That's because it's fun and interesting. 왜냐하면 그것은 재미있고 흥미롭기 때문이다.
- That's because it's not fun and not interesting.
  왜냐하면 그것은 재미없고 흥미롭지 않기 때문이다.

+ That's because it helps to reduce my stress. 왜냐하면 그것은 스트레스를 줄여주기 때문이다.
- That's because it's very stressful. / It gives me a lot of stress.
  왜냐하면 그것은 스트레스를 받게 하기 때문이다. / 그것은 나에게 큰 스트레스를 준다.

+ That's because it's a great way to kill time. 왜냐하면 그것은 시간 보내기에 좋은 방법이기 때문이다.

- That's because it's not worth spending the time on. 왜냐하면 그것은 시간 쓰기에 아깝기 때문이다.

+ That's because it makes me feel good/happy/excited.
왜냐하면 그것은 나를 기분 좋게/행복하게/신나게 해주기 때문이다.

- That's because it makes me feel sad/down.
왜냐하면 그것은 나를 우울하게/기분이 처지게 하기 때문이다.

+ That's because it's physically/mentally refreshing.
왜냐하면 그것은 육체적으로/정신적으로 상쾌함을 주기 때문이다.

- That's because it's physically/mentally tiring/exhausting.
왜냐하면 그것은 육체적으로/정신적으로 피곤하게/기진맥진하게 하기 때문이다.

+ That's because it's good for my physical/mental health.
왜냐하면 그것은 나의 육체적/정신적 건강에 좋기 때문이다.

- That's because it's bad for my physical/mental health.
왜냐하면 그것은 육체적/정신적 건강에 좋지 않기 때문이다.

+ That's because it has a positive effect on the body/mind.
왜냐하면 그것은 몸/정신 건강에 긍정적인 영향을 주기 때문이다.

- That's because it has a negative effect on the body/mind.
왜냐하면 그것은 몸/정신 건강에 부정적인 영향을 주기 때문이다.

+ That's because it's very relaxing. 왜냐하면 그것은 마음을 아주 느긋하게 하기 때문이다.

- That's because it's very distracting. 왜냐하면 그것은 정신을 산란케 하기 때문이다.

+ That's because it gives me energy. 왜냐하면 그것은 나에게 에너지를 주기 때문이다.

- That's because it drains my energy. 왜냐하면 그것은 나의 에너지를 빠지게 하기 때문이다.

❹ 습관 패턴(누구와, 어디서)

I usually do something with my best friend, John, because I have a very good/tight relationship with him.
저는 제 가장 친한 친구 John과 무언가를 합니다. 그와 저는 아주 좋은/끈끈한 사이이기 때문입니다.

I usually do something at home. 저는 보통 집에서 무언가를 합니다.

❺ 경험 패턴(나는 누구이기 때문에)
경험 패턴은 Money와 Time에 대한 보조 설명으로 활용하기에 아주 좋습니다.

Since I'm a college student, I live on a tight budget. So, saving money is very important for me. 저는 대학생이기 때문에 생활비가 여유롭지 못합니다. 그래서 돈 절약은 저에게 아주 중요합니다.

Since I'm a busy college student, I live on a tight schedule. So, saving time is very important for me. 저는 바쁜 대학생이기 때문에 바쁘게 살고 있습니다. 그래서 시간 절약은 저에게 아주 중요합니다.

When I was young, my father/mother was a ___. So ~.
제가 어렸을 때 저희 아버지/어머니가 ___이셨습니다. 그래서 ~.

답변 순서와 방법

STEP 1

5, 6번 문제 – 준비 시간 3초, 답변 시간 15초

❶ 우선 핵심 답변을 확실하게 말합니다. 가장 중요합니다. 두 가지 정보를 한 번에 묻는 경우도 있습니다.

❷ 핵심 답변을 말하고 나면 일반적으로 시간이 5~10초 정도 남을 수 있습니다. 그러면 학습한 패턴 중 핵심 답변과 관련된 문장을 추가하여 답변을 업그레이드하세요. 한두 문장 정도면 좋습니다. 추가 문장은 정답이란 없습니다. 관련성만 있으면 됩니다.

❸ 2~3초 정도 남는 시간은 과감히 버려도 좋습니다. 빠르게 답변 내용을 추가하려고 하다가 무너지는 경우가 많습니다.

❹ 질문은 화면에도 제시되기 때문에 질문에 쓰인 표현을 활용하여 답변할 수도 있습니다.

❺ 특이한 답변을 하려 하지 말고 대중적으로 누구나 잘 이해할 수 있는 답변을 하세요.

STEP 2

7번 문제 – 준비 시간 3초, 답변 시간 30초

❶ 5, 6번과 마찬가지로 우선 핵심 답변을 확실하게 말합니다. 가장 중요합니다.

❷ 핵심 답변을 말하고 나면 일반적으로 시간이 20초 정도 남을 수 있습니다. 그러면 위의 패턴 중 핵심 답변과 관련된 이유, 근거, 경험 등을 추가하여 답변을 업그레이드하세요. 나열 방식으로 말하면 좋습니다.

Ex First of all ~. 우선 ~입니다., Also ~. 또한 ~입니다.

❸ 답변 마지막은 마무리해 줍니다.

Ex Therefore ~. 그러므로 ~입니다., That's why ~. 그래서 ~한 것입니다., So ~. 그래서 ~입니다.

❹ 질문은 화면에 제시되기 때문에 질문에 쓰인 표현을 활용하여 답변할 수도 있습니다.

❺ 특이한 답변을 하려 하지 말고 대중적으로 누구나 잘 이해할 수 있는 답변을 하세요.

🗒️ 빈출 문제 & 예시 답변

❶ How often do you watch movies? 얼마나 자주 영화를 보나요?

> `핵심 답변` I watch movies once a month. 저는 한 달에 한 번 영화를 봅니다. you를 I로 바꿔서 주어로 사용
>
> `업그레이드 답변` I watch movies once a month. I love to watch movies. That's because it helps to reduce my stress. And it's a great way to kill time.
> 저는 한 달에 한 번 영화를 봅니다. 저는 영화 보는 것을 참 좋아합니다. 스트레스를 줄여주기 때문입니다. 그리고 시간 보내기에 좋습니다.

▶ 이 질문의 핵심은 빈도에 대한 답변입니다. 5, 6번 질문으로 가장 많이 출제되는 문제 중 하나입니다.

> once 1회 ｜ twice 2회 ｜ tree times 3회 ｜ ten times 10회 ｜ once a month 한 달에 1회 ｜ twice a week 일주일에 2회 ｜ about five times a day 하루에 5회 정도 ｜ ten times a year 1년에 10회
> 1, 2회는 once, twice입니다. 흔히 one time, two times라고 실수할 수가 있습니다. 3회 이상은 숫자와 times만 붙여주면 됩니다.

❷ When was the last time you ate ice cream? 마지막으로 아이스크림을 먹은 게 언제입니까?

> `핵심 답변 1` I ate ice cream three days ago. 저는 3일 전에 아이스크림을 먹었습니다. you를 I로 바꿔서 주어로 사용
>
> `핵심 답변 2` The last time I ate ice cream was three days ago.
> 제가 마지막으로 아이스크림을 먹은 것은 3일 전입니다. 『the+명사』를 바꿔서 주어로 사용합니다. 이때 흔히 실수하는 부분은 시제입니다. was ⭕ is ❌
>
> `업그레이드 답변` The last time I ate ice cream was three days ago. I love to eat ice cream. That's because it helps to reduce my stress. And it gives me energy.
> 제가 마지막으로 아이스크림을 먹은 것은 3일 전입니다. 저는 아이스크림을 참 좋아합니다. 스트레스를 줄여주기 때문입니다. 그리고 그것은 저에게 에너지를 줍니다.

▶ 이 질문의 핵심은 마지막으로 무엇을 한 시점입니다. 5, 6번 질문으로 가장 많이 출제되는 문제 중 하나입니다.

> yesterday 어제 ｜ two days ago 2일 전 ｜ last week 지난주 ｜ two weeks ago 2주 전 ｜ six months ago 6개월 전 ｜ two years ago 2년 전 ｜ last night 어제 저녁 ｜ this morning 오늘 아침
> 어제 저녁은 last night, 오늘 아침은 this morning입니다. yesterday night, today morning이라고 실수할 수가 있습니다.

❸ How many people do you usually call in a day? 하루에 주로 몇 명의 사람들에게 전화하나요?

> `핵심 답변` I usually call five people in a day. 저는 주로 하루에 다섯 명의 사람들에게 전화합니다.
>
> `업그레이드 답변` I usually call five people in a day. I usually call my best friend, John, because I have a very tight relationship with him.
> 저는 주로 하루에 다섯 명의 사람들에게 전화합니다. 저는 주로 저의 가장 친한 친구 John에게 전화하는데, 그와 저는 아주 끈끈한 사이이기 때문입니다.

❹ Where do you usually purchase your shoes? 주로 신발을 어디에서 사나요?

> 핵심 답변 I usually purchase my shoes online. 저는 신발을 주로 인터넷에서 삽니다.
>
> 업그레이드 답변 I usually purchase my shoes online. That's because it's more cost efficient. So, it saves money.
> 저는 신발을 주로 인터넷에서 삽니다. 더 경제적이기 때문입니다. 그래서 돈이 절약됩니다.

▶ 주로 무엇을 어디에서 구매했는지에 대한 내용은 온라인/인터넷(online/internet)이나 백화점(at the department store)으로 답변하세요.

❺ What kind of clothes do you usually wear when you go to school? 학교 갈 때 주로 어떤 옷을 입나요?

> 핵심 답변 I usually wear casual clothes when I go to school.
> 저는 학교 갈 때 주로 캐쥬얼한 옷을 입습니다.
>
> 업그레이드 답변 I usually wear casual clothes when I go to school. That's because it's comfortable, and I can save time in the morning.
> 저는 학교 갈 때 주로 캐쥬얼한 옷을 입습니다. 편안하고 아침에 시간이 절약되기 때문입니다.

▶ 옷은 세 가지만 기억하세요. casual clothes(t-shirts, jeans), formal clothes(suit, tie), uniform(school uniform, work uniform)

❻ What was the last book you read? 마지막으로 읽은 책은 무엇인가요?

> 핵심 답변 The last book I read was a comic book. 제가 마지막으로 읽은 책은 만화책입니다.
>
> 업그레이드 답변 The last book I read was a comic book. That's because it's a great way to kill time. And when I was young, my father was a comic book writer. So, I love comics.
> 제가 마지막으로 읽은 책은 만화책입니다. 시간 보내기에 매우 좋기 때문입니다. 그리고 제가 어렸을 때 우리 아버지가 만화가이셨습니다. 그래서 만화를 아주 좋아합니다.

▶ 책, 영화, 음악 등의 질문에서는 구체적인 타이틀보다는 장르로 대답하면 좋습니다.

❼ How far is the closest library from your home? 당신의 집에서 가장 가까운 도서관은 얼마나 떨어져 있나요?

> 핵심 답변 The closest library from my home is only five minutes away.
> 우리 집에서 가장 가까운 도서관은 5분 거리밖에 되지 않습니다.
>
> 업그레이드 답변 The closest library from my home is only five minutes away. I like it because it saves time, and it's very convenient.
> 우리 집에서 가장 가까운 도서관은 5분 거리밖에 되지 않습니다. 시간도 절약되고 편리해서 좋습니다.

▶ How far, How close에 대한 질문은 거리상보다는 시간상으로 답변하면 좋습니다. 집에서 5분 거리로 답변 패턴을 설정해 놓으면 좋습니다.

❽ How many times **did you eat out during the last week?** 지난주 동안 몇 번 외식했나요?

> 핵심 답변 I ate out twice during the last week. 저는 지난주 동안 2번 외식했습니다.

> 업그레이드 답변 I ate out twice during the last week. I went to a Korean restaurant because the price is very reasonable. I went there with my best friend, John, because I have a very tight relationship with him.
> 저는 지난주 동안 2번 외식했습니다. 한식당에 갔는데 가격이 매우 합리적이기 때문입니다. 저는 저의 가장 친한 친구 John과 같이 갔습니다. 그와 저는 아주 끈끈한 사이이기 때문입니다.

▶ How many times로 질문이 출제된 경우는 1번 example의 How often 질문과 동일하게 답변하면 됩니다.
▶ best friend의 이름을 정해 놓으세요. 영어 이름이면 더 좋겠죠?

❾ Who **do you usually go shopping with?** 주로 쇼핑은 누구와 함께 가나요?

> 핵심 답변 I usually go shopping with my best friend, Jennifer.
> 저는 주로 저의 가장 친한 친구 Jennifer와 함께 쇼핑을 하러 갑니다.

> 업그레이드 답변 I usually go shopping with my mom. That's because I have a very good relationship with my mom. And it makes me feel very happy.
> 저는 주로 저의 엄마와 함께 쇼핑을 하러 갑니다. 엄마와 저는 아주 가까운 사이이기 때문입니다. 그리고 저를 행복하게 해줍니다.

▶ 누구와 함께 무엇을 하는지에 대한 질문은 세 가지만 알면 됩니다. my best friend(s)(나의 가장 친한 친구), my family members(나의 가족들), my co-worker(s)(나의 직장 동료)

❿ How much money **do you usually spend a month on public transportation?**
주로 한 달에 대중교통을 이용하는 데 쓰는 비용이 얼마인가요?

> 핵심 답변 I usually spend fifty dollars a month on public transportation.
> 저는 주로 한 달에 50달러 정도 대중교통을 이용하는 데 씁니다.

> 업그레이드 답변 I usually spend fifty dollars a month on public transportation. I think it's very reasonable, and the quality of the public transportation system is very good.
> 저는 주로 한 달에 50달러 정도 대중교통을 이용하는 데 씁니다. 아주 합리적이라고 생각하고 대중교통 시스템의 질이 매우 좋습니다.

▶ 금액이나 가격을 묻는 질문은 달러로 답변하면 좋습니다. 원 단위로 답변하면 금액이 커지는 경우 말하기 힘들수 있기 때문이죠. 보통 $5~100 정도로 답변 패턴을 설정해 놓으면 좋습니다.

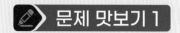 문제 맛보기 1

🎧 P3_01

Imagine that an American marketing firm is doing research in your country. You have agreed to participate in a telephone interview about traveling.

미국 마케팅 회사에서 귀하의 국가에서 설문조사를 진행한다고 가정해 보세요. 귀하는 여행에 관한 전화 인터뷰를 승인한 상태입니다.

🎧 P3_02

Q5	How often do you travel in a year? Who do you usually go with?	1년에 얼마나 자주 여행을 가나요? 주로 누구와 함께 가나요?
A5	I travel twice a year. I usually go with my best friend, John, because I have a very tight relationship with him.	1년에 두 번 정도 여행을 갑니다. 주로 John이라는 제 친구와 갑니다. 그 친구랑 정말 친하거든요.

🎧 P3_03

Q6	When was the last time you traveled to a different country? Where did you go?	언제 마지막으로 다른 나라로 여행을 갔었나요? 어디를 갔었나요?
A6	The last time I traveled to a different country was six months ago. I went to China. It was very fun and interesting.	가장 최근에 다른 나라로 여행을 간 것은 6개월 전입니다. 중국을 갔었습니다. 아주 재미있고 흥미로웠습니다.

🎧 P3_04

Q7	What is one place you would like to visit someday? Why?	언젠가 방문하게 된다면 어디를 가보고 싶으세요? 이유는요?
A7	I would like to visit Japan someday. First of all, it's cost-efficient. Since I'm a college student, I live on a tight budget, so saving money is very important for me. Also, it saves time because Japan is only two hours away from my country. So, it's very convenient for me to travel. That's why I would like to visit Japan someday.	일본을 한번 가보고 싶습니다. 먼저, 가성비가 좋으니까요. 저는 대학생이라서 넉넉하게 살지 못해요. 그래서 돈 절약이 저에겐 아주 중요합니다. 그뿐만 아니라, 일본을 가면 시간도 절약할 수 있어요. 일본은 우리나라에서 2시간밖에 걸리지 않거든요. 그래서 제가 여행하기 참 편리해요. 그래서 저는 언젠간 일본에 한번 가보고 싶습니다.

 답변 꿀팁

▶ 문제가 제시되기 전 화면 상단에 Imagine이라고 시작하는 상황 설명을 성우가 읽어줍니다. 이때 about 뒤에 토픽을 확인하세요.

▶ 밑줄 쳐진 핵심 답변은 확실히 들리게 말하세요.

▶ 누구나 잘 이해하고 알아들을 수 있는 답변을 하세요. 예를 들어 7번 문제에서 답변을 '여수'라고 했다면 여수가 어디인지를 설명해야 하는 상황이 올 수 있겠죠? 물론 "Yeosu is a very beautiful city in the southern part of South Korea."라고 부연 설명을 해줄 수 있다면 노프라블럼!

▶ 나만의 익숙한 시나리오를 만들어 놓으세요. 예를 들어, 앞으로 문제 풀면서 반복적으로 등장하는 패턴인 가장 친한 친구의 영어 이름을 설정하세요.

🎧 P3_05

Imagine that a local sporting company is doing research in your area. You have agreed to participate in a telephone interview about sports.

현지 스포츠 회사가 귀하의 지역에서 설문조사를 진행한다고 가정해 보세요. 귀하는 스포츠에 관한 전화 인터뷰를 승인한 상태입니다.

🎧 P3_06

Q5	When was the last time you went to a sporting event? And what sporting event was it?	마지막으로 스포츠 행사에 참석했던 것이 언제였나요? 그리고 무슨 스포츠 행사였나요?
A5	The last time I went to a sporting event was six months ago, and I went to a baseball game. I went there with my best friend, Jennifer, because I have a very tight relationship with her.	마지막으로 가보았던 스포츠 행사는 6개월 전이었고 야구 경기에 갔었습니다. 제 가장 친한 친구 Jennifer와 함께 갔는데, 그녀는 저와 아주 친한 사이이기 때문이에요.

🎧 P3_07

Q6	What is your favorite sport? Why?	가장 좋아하는 운동은 무엇인가요? 왜 그런가요?
A6	My favorite sport is golf. When I was young, my father was a professional golfer. So, I love golf.	제가 가장 좋아하는 운동은 골프입니다. 제가 어렸을 때 저희 아버지께서 프로 골프 선수였습니다. 그래서 골프를 좋아합니다.

🎧 P3_08

Q7	What sport would you like to learn to play? Why?	어떤 스포츠를 배워보고 싶은가요? 왜 그런가요?
A7	I would like to learn swimming. First of all, that's because swimming is a cost-efficient sport. Since I'm a college student, I live on a tight budget. So, saving money is very important for me. Also, it saves time because the public swimming pool is only five minutes away from where I live. Lastly, I think swimming is good for physical and mental health. That is why I want to learn how to swim.	저는 수영을 배우고 싶습니다. 먼저, 수영이 가성비가 좋은 운동이기 때문입니다. 저는 대학생이라서 넉넉하게 살지 못해요. 그래서 돈 절약이 저에게 매우 중요합니다. 그뿐만 아니라, 공공 수영장이 제가 사는 곳에서 5분밖에 걸리지 않기 때문에 수영은 시간도 절약할 수 있어요. 마지막으로 수영은 몸과 정신 건강에 좋은 것 같아요. 그래서 수영하는 법을 배우고 싶습니다.

 답변 꿀팁

▶ 토픽이 sports(운동)라는 것을 about 뒤에서 확인할 수 있습니다.

▶ 밑줄 쳐진 핵심 답변이 잘 들리도록 말하세요.

▶ 6번 문제에서 경험 패턴이 익숙하지 않다면 간단하게 Because golf is fun and interesting. And it helps to reduce my stress.(왜냐하면, 골프는 재미있고 흥미롭기 때문입니다. 스트레스도 줄여줍니다.) 정도로 마무리해도 좋습니다.

▶ saves money(돈 절약)나 cost-efficient(가성비 좋은) 관련 내용을 암기하면 좋습니다.

　Ex　Since I'm a college student, I live on a tight budget. So, saving money is very important for me. 저는 대학생이라서 넉넉하게 살지 못해요. 그래서 돈 절약이 저에게 매우 중요합니다.

▶ saves time(시간 절약) 관련해서도 동일하게 응용하면 됩니다.

　Ex　Since I'm a college student, I live on a tight schedule. So, saving time is very important for me. 저는 대학생이라서 일정이 빠듯해요. 그래서 시간 절약이 저에게 매우 중요합니다.

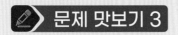 **문제 맛보기 3**

Imagine that a movie production company is doing research in your country. You have agreed to participate in a telephone interview about watching movies.
영화 제작 회사가 귀하의 나라에서 설문조사를 진행한다고 가정해 보세요. 귀하는 영화 시청에 관한 전화 인터뷰를 승인한 상태입니다.

🎧 P3_10

Q5	How often do you watch movies? And what kind of movies do you enjoy watching?	얼마나 자주 영화를 보나요? 그리고 어떤 종류의 영화 보는 것을 좋아하나요?
A5	I usually watch movies twice a month. And I really enjoy watching comedy movies. I love comedy because it helps to reduce my stress from school, and it's a great way to kill time.	저는 보통 한 달에 2번 영화를 봅니다. 그리고 코미디 영화 보는 것을 무척 좋아해요. 저는 코미디 영화가 학업으로부터 오는 스트레스를 해소해주고 시간을 보내는 좋은 방법이기 때문에 좋아해요.

🎧 P3_11

Q6	What kind of movies do you not like to watch?	어떤 종류의 영화 보는 것을 싫어하나요?
A6	I don't like to watch action movies. I think it's a waste of money and time. Also, it gives me a lot of stress, and it's bad for my mental health.	저는 액션 영화 보는 것을 싫어합니다. 그건 돈과 시간을 낭비하는 일이라고 생각해요. 또한, 그것은 저에게 많은 스트레스를 주고 정신 건강에 좋지 않습니다.

🎧 P3_12

Q7	Do you like to watch movies at home or at the movie theater? Why?	영화를 집에서 보는 것을 좋아하나요, 아니면 영화관에서 보는 것을 좋아하나요? 왜 그런가요?
A7	I like to watch movies at home. That's because it saves money. Since I'm a college student, I live on a tight budget, so saving money is very important for me. It also saves my time. Lastly, I can spend quality time by myself at home. That's why I like to watch movies at home.	저는 집에서 영화 보는 것을 좋아합니다. 돈을 절약할 수 있기 때문이에요. 저는 대학생이라서 넉넉하게 살지 못해요. 그래서 돈 절약이 아주 중요합니다. 시간도 절약할 수 있어요. 마지막으로 혼자 집에 있을 때 가치 있게 시간을 보낼 수 있어요. 그래서 저는 집에서 영화 보는 것을 좋아합니다.

 답변 꿀팁

▶ 6번 문제는 not like to가 나왔습니다. 이렇게 안 좋아하는 점, 단점 등으로 말할 때는 마이너스 형태의 패턴을 활용하세요.

▶ 만약 7번 문제에서 movie theater(영화관)를 선택했다면 어떤 이유가 있을까요?

Ex That's because it makes me feel more excited. 더 신이 나기 때문입니다.

Ex That's because going to the movie theater is a great way to kill time.
영화관에 가는 것은 시간 보내기에 좋은 방법이기 때문입니다.

▶ 7번 문제에서 home(집)을 선택하고 movie theater(영화관) 가는 것의 단점을 말할 수도 있겠죠?

Ex That's because it takes a long time to go to the movie theater. So, it's very inconvenient. 영화관에 가는 것은 시간이 오래 걸리기 때문입니다. 그래서 매우 불편합니다.

Ex That's because the quality of the movie theater is bad. The seats are very uncomfortable. 영화관의 질이 좋지 않기 때문입니다. 좌석이 매우 불편합니다.

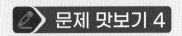

🎧 P3_13

Imagine that *Health and Nutrition* magazine is doing research in your country. You have agreed to participate in a telephone interview about meals.

〈건강과 영양〉 잡지가 귀하의 나라에서 설문조사를 진행한다고 가정해 보세요. 귀하는 식사에 관한 전화 인터뷰를 승인한 상태입니다.

🎧 P3_14

Q5	How often do you have breakfast, and what do you prefer eating?	얼마나 자주 아침 식사를 하고 어떤 걸 먹는 걸 선호하나요?
A5	I have breakfast every day, and I usually eat fruits and cereal. That's because it's very convenient, and it saves time in the morning.	저는 매일 아침을 먹고 보통 과일과 시리얼을 먹어요. 매우 편리하고 아침에 시간을 아낄 수 있기 때문입니다.

🎧 P3_15

Q6	Where do you usually have lunch? And do you eat alone?	주로 어디에서 점심을 먹나요? 그리고 혼자 먹나요?
A6	I usually have lunch at a local Korean restaurant because it's only five minutes away from my school, so it saves my time. And I usually eat with my best friend, John. Because I have a very tight relationship with him.	저는 주로 동네 한식당에서 점심을 먹는데 제 학교에서 5분밖에 걸리지 않아서, 시간을 많이 아낄 수 있기 때문입니다. 그리고 주로 제 가장 친한 친구 John과 함께 먹습니다. 그와 굉장히 가까운 사이이기 때문입니다.

🎧 P3_16

Q7	What do you think are the advantages of having breakfast?	아침 식사를 하는 것이 어떤 이점이 있다고 생각하나요?
A7	I think there are many advantages of having breakfast. Firstly, having breakfast gives me a lot of energy and makes me feel good in the morning. Secondly, it has a positive effect on my body and mind. W 플러스 패턴 연결 (PART 5 참고)	저는 아침 식사를 하는 것은 많은 이점을 가지고 있다고 생각합니다. 먼저 아침 식사를 하는 것은 아침에 많은 에너지를 주고 기분을 좋게 해줍니다. 두 번째로 아침 식사는 제 몸과 마음에 긍정적인 영향을 줍니다.

 답변 꿀팁

▶ 음식 관련 문제에서는 특정 음식을 말해도 좋지만, Korean/Italian/Chinese food로 대답해도 좋습니다.

▶ advantages/disadvantages(장/단점)를 묻는 질문에는 시작을 I think there are many/some advantages/disadvantages of로 시작하면 좋습니다. 장단점 질문은 주로 6번 문제로 출제됩니다.

▶ 7번 질문의 답은 모범 답안으로도 충분하지만, 답변 시간이 남았다면 PART 5 (의견 제시하기: Q11)에서 공부하게 될 W 패턴을 연결할 수 있습니다. W 패턴 내용 중 부분적으로 아래 내용을 연결하면 더 좋은 답변을 만들 수 있습니다.

> **Ex** I believe that work efficiency and productivity can be increased by having breakfast. 아침 식사를 함으로써 일의 능률과 생산성이 증진될 수 있다고 생각합니다.
>
> **Ex** So, work quality and performance can also be enhanced.
> 그래서, 일의 질과 성과 또한 향상될 수 있습니다.
>
> **Ex** I also think it is one of the best ways to maximize work potential.
> 또한, 일의 잠재력을 최대화시킬 수 있는 가장 좋은 방법 중 하나라고 생각합니다.

PRACTICE

① 효율적으로 공부하려면 우선 질문을 파악하고 핵심 답변을 확실하게 만든 후 MTCQ, 이유 패턴, 습관 패턴, 경험 패턴 중 어떤 아이디어가 추가 설명으로 좋을지 충분한 시간을 두고 생각해보세요. 패턴이 정해졌다면 5-7번 질문을 각 15/15/30초에 맞춰서 답변해보세요. 같은 문제를 여러 번 연습해도 좋습니다.

② 어느 정도 익숙해졌다면 다음은 실제로 시험에 응시하는 것처럼 연습해보세요. 준비 시간 3초 동안 현실적으로 메모는 불가능합니다. 답변 시간 동안에는 스마트폰으로 녹음하며 답변해 보세요. 여기서 중요한 것은 답변 시간 동안 말을 버벅거려도, 암기한 패턴이 잘 기억이 안 나도 또는 말이 막혀도 녹음기를 멈추거나 포기하지 마세요. 실전처럼 15/15/30초를 채워서 답변하는 연습이 매우 중요합니다.

③ 마지막은 녹음한 파일을 들어보세요. 이해하기 힘들거나, 발음이 어색한 부분은 없는지, 매끄럽게 연결되는지, 시간은 어느 정도 채워졌는지를 확인하고 개선하세요.

고득점 TIP

① **돌고 도는 시나리오로 모든 토픽 해결!**
3초라는 짧은 준비 시간 동안 답변 아이디어를 그때그때 떠올리기란 누구에게나 쉽지 않습니다. MTCQ, 이유 패턴, 습관 패턴, 경험 패턴을 무조건 익히세요! 여러분들을 구해줄 것입니다. 패턴들을 잘 익혔다면 이제 얼마나 막힘없이 자연스럽게 말할 수 있는지가 고득점을 받을 수 있는지 없는지를 결정합니다. 너무 감정 없이 로봇처럼 답변한다면 고득점은 어려울 수 있어요. 누군가와 전화 대화를 한다는 느낌으로 답변하세요.

② **응용력**
같은 질문이라도 여러 가지 형태로 답변을 만들 수 있으므로 여러 가지 방면으로 답변 아이디어를 생각해 보고 응용해 보세요. PART 3에서 여러 차례 응용되었던 i, W 패턴은 PART 5에서 중추적인 역할을 하는 패턴입니다. 그만큼 PART 3과 5는 큰 연관성이 있으므로 PART 3 공부가 마무리됐다면 바로 PART 5로 연결하여 학습을 진행하세요.

③ **꾸준한 녹음 연습**
스마트폰 녹음기를 활용해서 답변 연습을 많이 해 보세요. PART 3의 답변 시나리오는 정해져 있으나 어느 정도의 순발력을 요구한다는 것을 알 수 있었겠죠? 녹음기가 작동하고 있는 상황에서 연습한다면 더 긴장감이 있어서 실전 상황 느낌으로 연습할 수 있어요.

④ **시간 관리**
많은 수험자가 흔히 하는 실수는 많은 내용을 말하기 위해 말의 속도가 너무 빨라진다는 점입니다. 말을 많이 하는 것보다 의미 전달이 훨씬 더 중요합니다. 마음을 편히 가지고 너무 급하게 답변하지 마세요.

최악의 경우
토익스피킹 시험에서 가장 최악의 경우는 무응답입니다. 무응답은 감점이 아니라 0점입니다! 질문 해석이 잘 안 돼서 당황스러운 경우라면 토픽에 관련된 내용을 학습한 패턴으로 몇 마디라도 말하세요. 답변이 질문과 크게 일관성이 없다고 느껴져도 외운 내용이 있으니 자신 있게, 그리고 자연스럽게 말하세요.

1

Imagine that a Canadian marketing firm is doing research in your country. You have agreed to participate in a telephone interview about public transportation.

Q5. What kind of public transportation do you usually use? And where do you usually take them to?

PREPARATION TIME	RESPONSE TIME
00:00:03	00:00:15

Q6. Do you spend a lot of money on public transportation?

PREPARATION TIME	RESPONSE TIME
00:00:03	00:00:15

Q7. What are the advantages of taking a bus in your area?

PREPARATION TIME	RESPONSE TIME
00:00:03	00:00:30

 꿀팁

- 금액은 달러로 답하세요. 2달러 이상이면 dollar 뒤에 꼭 s를 붙여서 말하세요.

- cost efficient = cost effective 비용 면에서 효율적이다, 가성비가 좋다

P3_18

Imagine that a Canadian marketing firm is doing research in your country. You have agreed to participate in a telephone interview about public transportation.

캐나다 마케팅 회사가 귀하의 나라에서 설문조사를 진행한다고 가정해 보세요. 귀하는 대중교통에 관한 전화 인터뷰를 승인한 상태입니다.

모범 답안

P3_19

Q5	What kind of public transportation do you usually use? And where do you usually take them to?	주로 어떤 대중교통을 이용하나요? 그리고 보통 어디를 가기 위해 대중교통을 이용하나요?
A5	I usually use the subway because it's very convenient, and it saves time. And I usually take it to school.	저는 주로 지하철을 이용하는데, 매우 편리하고 시간을 아낄 수 있기 때문이에요. 그리고 저는 주로 학교에 가기 위해 이용합니다.

P3_20

Q6	Do you spend a lot of money on public transportation?	대중교통을 이용하기 위해 돈을 많이 소비하나요?
A6	No, not at all. I usually spend about five dollars a day on public transportation, and I think it's cost-effective.	아니요, 전혀 그렇지 않습니다. 저는 대중교통을 이용하기 위해 주로 하루에 5달러 정도 소비하고, 비용 면에서 효율적이라고 생각합니다.

P3_21

Q7	What are the advantages of taking a bus in your area?	당신의 지역에서 버스를 타는 것에는 어떤 이점이 있나요?
A7	There are many advantages of taking a bus in my area. First, it saves money. Since I'm a college student, I live on a tight budget, so saving money is very important for me. Also, it saves time because the bus station is only five minutes away from where I live. Lastly, the quality of buses is very good, and the seats are very comfortable.	우리 지역에서 버스를 타는 것에는 많은 이점이 있습니다. 먼저 돈을 절약해 줍니다. 저는 대학생이라서 넉넉하게 살지 못해요. 그래서 돈 절약은 저에게 매우 중요합니다. 또한, 시간도 절약할 수 있는데 버스 정류장이 제가 사는 곳에서 5분밖에 걸리지 않기 때문입니다. 마지막으로 버스의 질이 매우 좋고 좌석들이 매우 편합니다.

2

Imagine that you are talking on the telephone with a friend from school. You are talking about purchasing a new laptop computer.

Q5. Where did you purchase your laptop computer, and when did you purchase it?

PREPARATION TIME	RESPONSE TIME
00:00:03	00:00:15

Q6. What is the best way to get information about new laptop computers? Why?

PREPARATION TIME	RESPONSE TIME
00:00:03	00:00:15

Q7. I'm thinking about purchasing a new laptop computer soon. What do you think is the most important function or feature that my laptop computer should have?

PREPARATION TIME	RESPONSE TIME
00:00:03	00:00:30

💡 **꿀팁**

- 6번 문제는 PART 5 (의견 제시하기: Q11)에서 공부하게 될 i 패턴을 이용하여 답변할 수 있습니다. i 패턴의 i는 Internet을 의미합니다.

- 7번 문제에서도 PART 5의 W 패턴 내용 중 부분적으로 아래 내용을 연결하면 더 좋은 답변을 만들 수 있습니다.

  Ex I believe that work efficiency and productivity can be increased by <u>having the speed of a laptop computer</u>. So, the work quality and performance can also be enhanced. I also think it is one of the best ways to maximize work potential.
  노트북의 속도가 좋으므로써 일의 능률과 생산성이 증진될 수 있다고 생각합니다. 그래서, 일의 질과 성과 또한 향상될 수 있습니다. 저는 또한 이것이 일의 잠재력을 최대화시킬 수 있는 가장 좋은 방법 중 하나라고 생각합니다.

- PART 3 공부가 끝나면 바로 PART 5로 학습을 연결해서 진행하세요. 큰 연관성이 있고 답변 아이디어도 더 풍부해집니다.

Imagine that you are talking on the telephone with a friend from school. You are talking about purchasing a new laptop computer.

학교 친구와 전화로 대화하고 있다고 가정해 보세요. 당신은 노트북을 새로 구매하는 것에 관해 이야기하고 있습니다.

▶ 모범 답안

P3_24

Q5	Where did you purchase your laptop computer, and when did you purchase it?	노트북을 어디에서 구매했고 언제 구매했나요?
A5	I purchased my laptop computer online because it's cost-efficient and it saves time. And I purchased it six months ago.	저는 제 노트북을 온라인에서 구매했는데 가성비도 좋고 시간도 절약할 수 있기 때문이죠. 그리고 6개월 전에 구매했어요.

P3_25

Q6	What is the best way to get information about new laptop computers? Why?	새 노트북에 관한 정보를 얻을 수 있는 가장 좋은 방법은 무엇인가요? 왜 그런가요?
A6	I think the Internet is the best way to get information about new laptop computers. Besides, I can easily access the internet by using a smartphone. That means, it is possible to get information anywhere anytime conveniently. PART 5의 i 패턴 참고	인터넷이 노트북에 관한 정보를 얻을 수 있는 가장 좋은 방법인 것 같아요. 게다가 스마트폰으로 인터넷에 쉽게 접속할 수 있습니다. 그것은 언제 어디에서나 편리하게 정보를 얻을 수 있음을 의미합니다.

P3_26

Q7	I'm thinking about purchasing a new laptop computer soon. What do you think is the most important function or feature that my laptop computer should have?	제가 곧 노트북을 하나 사려고 해요. 제가 사려는 노트북이 갖춰야 할 가장 중요한 기능이나 특징은 뭐라고 생각하세요?
A7	Well, I think the most important function or feature that a laptop computer should have is the speed of the laptop computer. That's because it saves time, and I can work quickly. PART 5의 W 패턴 연결 가능	음, 저는 노트북이 갖춰야 할 가장 중요한 기능이나 특징은 노트북의 속도라고 생각해요. 왜냐하면, 시간도 절약되고 빠르게 일을 할 수 있기 때문이죠.

3

Imagine that a Japanese marketing firm is doing research in your country. You have agreed to participate in a telephone interview about buying clothes.

Q5. How do you get information about new clothing stores in your area?

PREPARATION TIME	RESPONSE TIME
00:00:03	00:00:15

Q6. Do you have a favorite place to go shopping for clothes? How often do you go there?

PREPARATION TIME	RESPONSE TIME
00:00:03	00:00:15

Q7. Which of the following factors is most important to you when shopping for clothes?
- Store size
- Quality of clothes
- Store location

PREPARATION TIME	RESPONSE TIME
00:00:03	00:00:30

 꿀팁

- 6번 문제는 'online으로 쇼핑한다'라고 답해도 부연 설명 아이디어가 많겠죠? PART 5의 i 패턴도 연결할 수 있습니다.

Imagine that a Japanese marketing firm is doing research in your country. You have agreed to participate in a telephone interview about buying clothes.

일본 마케팅 회사가 귀하의 나라에서 설문조사를 진행한다고 가정해 보세요. 귀하는 옷을 구매하는 것에 관한 전화 인터뷰를 승인한 상태입니다.

모범 답안

P3_29

Q5	How do you get information about new clothing stores in your area?	당신 지역의 새로 생긴 옷 가게에 대한 정보는 어떻게 얻나요?
A5	I get information about new clothing stores in my area by using the Internet. I think it's the most convenient way, and it saves time.	저는 제 지역에 새로 생긴 옷 가게에 대한 정보를 인터넷을 통해 얻습니다. 그 방법이 가장 편리한 것 같고 시간을 아낄 수 있어요.

P3_30

Q6	Do you have a favorite place to go shopping for clothes? How often do you go there?	옷을 살 때 가는 가장 좋아하는 장소가 있나요? 얼마나 자주 가나요?
A6	Yes, my favorite place to go shopping for clothes is at the department store, and I go there once a month. The department store is only five minutes away from where I live, so it saves time. Also, I can trust the quality of the items.	네, 제가 옷을 살 때 가는 가장 좋아하는 장소는 백화점이고 한 달에 한 번 갑니다. 백화점은 제가 사는 곳에서 5분밖에 걸리지 않아서 시간을 아낄 수 있어요. 또한, 물건들의 질이 믿을 만해요.

P3_31

Q7	Which of the following factors is most important to you when shopping for clothes? - Store size - Quality of clothes - Store location	다음 보기 중 옷을 살 때 가장 중요한 것은 무엇인가요? – 가게의 규모 – 옷의 질 – 가게의 위치
A7	I think the quality of clothes is most important to me when shopping for clothes. That's because I'm a college student, and I live on a tight budget. So, saving money is very important for me. I can't afford to buy clothes very often. That's why I think the quality of clothes is most important.	저는 옷을 살 때 옷의 질이 가장 중요한 것 같아요. 저는 대학생이라서 넉넉하게 살지 못하기 때문이에요. 그래서 돈 절약은 저에게 매우 중요합니다. 저는 자주 옷을 살 수가 없어요. 따라서 옷의 질이 저에게 가장 중요합니다.

Imagine that you are talking on the telephone with a neighbor who just moved into your area. You are talking about food delivery services.

Q5. When was the last time you used a food delivery service, and what kind of food did you order?

PREPARATION TIME	RESPONSE TIME
00:00:03	00:00:15

Q6. How do you find out about places that offer food delivery service in this area?

PREPARATION TIME	RESPONSE TIME
00:00:03	00:00:15

Q7. When using a food delivery service, which of the following factors do you consider the most?
- Delivery fee
- Speed of service
- Food packaging

PREPARATION TIME	RESPONSE TIME
00:00:03	00:00:30

 꿀팁

- 7번 문제에서 본인의 경험을 말해줄 수 있다면 짧게라도 도전해 보세요.

  Ex I ordered food for delivery about two weeks ago, and they charged me ten dollars. I wasn't very happy about it.
  2주 전쯤 음식 배달을 주문했었는데 배달료로 10달러를 청구했어요. 기분이 별로 좋지 않았어요.

- 7번 문제의 답변으로 speed of service를 정했다면 시간 관련 패턴으로 답변할 수 있습니다.

  Ex Since I'm a busy college student, I live on a tight schedule. So, saving time is very important for me.
  저는 바쁜 대학생이라서 일정이 빠듯해요. 그래서 시간 절약은 저에게 매우 중요합니다.

Imagine that you are talking on the telephone with a neighbor who just moved into your area. You are talking about food delivery services.

당신의 지역에 새로 이사 온 이웃과 전화로 대화하고 있다고 가정해 보세요. 당신은 배달 음식 서비스에 관해 이야기하고 있습니다.

⊙ 모범 답안

🎧 P3_34

Q5	When was the last time you used a food delivery service, and what kind of food did you order?	마지막으로 배달 음식을 이용한 것이 언제이고 어떤 음식을 주문했었나요?
A5	The last time I used a food delivery service was two days ago, and I ordered Chinese food. That's because it's very cost-efficient, and it saves time. The delivery time is very fast.	제가 마지막으로 배달 음식을 이용한 것은 2일 전이고 중국 음식을 주문했었어요. 가장 가성비가 좋고 시간을 아낄 수 있기 때문이에요. 배달 시간이 매우 빠릅니다.

🎧 P3_35

Q6	How do you find out about places that offer food delivery service in this area?	이 동네에 배달 음식 서비스를 제공하는 음식점을 어떻게 찾나요?
A6	I find out about places that offer food delivery service in this area by using a smartphone app. I think it's the best way because it's possible to get information about delivery services anywhere anytime conveniently. PART 5의 i 패턴 참고	저는 이 동네에 배달 음식 서비스를 제공하는 음식점을 스마트폰 앱을 사용해서 찾아요. 언제 어디서든 편리하게 배달 서비스에 관한 정보를 얻을 수 있으므로 그게 가장 좋은 방법인 것 같아요.

🎧 P3_36

Q7	When using a food delivery service, which of the following factors do you consider the most? - Delivery fee - Speed of service - Food packaging	배달 음식 서비스를 이용할 때 다음 보기 중 가장 많이 고려하는 사항은 어떤 것인가요? – 배달료 – 배달 속도 – 포장
A7	When using a food delivery service, I consider the delivery fee the most. That's because I'm a college student, and I live on a tight budget. So, saving money is very important for me. I ordered food for delivery about two weeks ago, and they charged me ten dollars. I wasn't very happy about it. So, I definitely consider the delivery fee the most.	저는 배달 음식 서비스를 이용할 때 배달료를 가장 많이 고려해요. 저는 대학생이라서 넉넉하게 살지 못하기 때문이에요. 그래서 돈 절약은 저에게 매우 중요합니다. 2주 전쯤 음식 배달을 주문했는데 배달료로 10달러를 청구했어요. 기분이 별로 좋지 않았어요. 그래서 저는 분명히 배달료를 가장 많이 고려합니다.

5

Imagine that you are talking on the telephone with a neighbor who just moved into your town. You are talking about your town.

Q5. How long have you been living in this town? And do you know the town well?

PREPARATION TIME	RESPONSE TIME
00:00:03	00:00:15

Q6. Are there any interesting places to visit around this area? Where do you usually go for fun?

PREPARATION TIME	RESPONSE TIME
00:00:03	00:00:15

Q7. I really want to make some new friends. What do you think is the best way to meet new people?

PREPARATION TIME	RESPONSE TIME
00:00:03	00:00:30

 꿀팁

- 7번 문제는 i 패턴으로 인터넷과 정보(internet, information)를 활용하면 좋습니다.

P3_38

Imagine that you are talking on the telephone with a neighbor who just moved into your town. You are talking about your town.

당신의 지역에 새로 이사 온 이웃과 전화로 대화하고 있다고 가정해 보세요. 당신은 당신의 동네에 관해 이야기하고 있습니다.

모범 답안

P3_39

Q5	How long have you been living in this town? And do you know the town well?	이 동네에서 얼마 동안 살았나요? 그리고 동네에 대해 잘 알고 있나요?
A5	I've been living in this town for about five years, and I know the town pretty well. It's a very convenient place to live.	저는 이곳에서 약 5년 동안 살았고 동네를 꽤 잘 알고 있습니다. 살기 매우 편리한 곳입니다.

P3_40

Q6	Are there any interesting places to visit around this area? Where do you usually go for fun?	이 동네에 가 볼 만한 재미있는 곳이 있을까요? 보통 어디로 놀러 가나요?
A6	Yes, there are many places to visit around this area. I usually go to a local park to ride a bicycle because it's only five minutes away from where I live.	네, 이 동네에는 가볼 곳이 많습니다. 저는 보통 동네 공원에 자전거를 타러 가는데 제가 사는 곳에서 5분밖에 걸리지 않기 때문입니다.

P3_41

Q7	I really want to make some new friends. What do you think is the best way to meet new people?	저는 새 친구를 정말 사귀고 싶은데요. 새로운 사람들을 만나기에 가장 좋은 방법이 무엇이라고 생각하시나요?
A7	I think the best way to meet new people is by using a smartphone app. It saves money and time. And it's possible to get information anywhere anytime very conveniently. Nowadays, there is literally nothing we cannot do with a smartphone. So, I recommend using a smartphone app. PART 5의 i 패턴 참고	새로운 친구를 만나기에 가장 좋은 방법은 스마트폰 앱을 사용하는 것이라고 생각해요. 돈과 시간을 아낄 수 있어요. 그리고 언제 어디서든지 편리하게 정보를 얻을 수 있습니다. 최근에는 스마트폰으로 할 수 없는 것이 없어요. 그래서 스마트폰 앱을 사용하는 것을 추천합니다.

6

Imagine that a local library is conducting a survey of the residents. You have agreed to participate in a telephone interview about using libraries.

Q5. How often do you visit a library? And what do you usually do there?

PREPARATION TIME	RESPONSE TIME
00:00:03	00:00:15

Q6. Do you usually go to the library alone or with others?

PREPARATION TIME	RESPONSE TIME
00:00:03	00:00:15

Q7. If you could make any improvements to your local library, what would they be? Why?

PREPARATION TIME	RESPONSE TIME
00:00:03	00:00:30

💡 **꿀팁**

- 7번 문제에서 다음 아이디어도 좋습니다.

    Ex I would improve the quality of the chairs and desks because they are very uncomfortable. 저는 의자와 책상의 질을 개선하겠습니다. 왜냐하면 그것들이 아주 불편하기 때문입니다.

    Ex I would lower the check-out fee on the books. I think it is too expensive. Since I'm a college student, I live on a tight budget. So, saving money is very important for me.
    저는 책 대출료를 줄이겠습니다. 너무 비싼 것 같아요. 저는 대학생이라서 넉넉하게 살지 못해요. 그래서 돈 절약은 저에게 매우 중요합니다.

PART 3. 돌고 도는 시나리오로 모든 토픽 해결!

Imagine that a local library is conducting a survey of the residents. You have agreed to participate in a telephone interview about using libraries.

동네 도서관에서 지역 거주자들에게 설문조사를 진행한다고 가정해 보세요. 귀하는 도서관 이용에 관한 전화 인터뷰를 승인한 상태입니다.

▶ **모범 답안**

P3_44

Q5	How often do you visit a library? And what do you usually do there?	얼마나 자주 도서관을 방문하나요? 그리고 그곳에서 주로 무엇을 하나요?
A5	I visit the library three times a week, and I usually read a book there. I love to read because it's a great way to kill time, and it helps to reduce my stress.	저는 일주일에 3번 도서관을 방문하고 보통 책을 읽습니다. 저는 책 읽는 것을 매우 좋아해요, 왜냐하면 시간을 보내기에 좋고 스트레스를 줄이는 데 도움이 됩니다.

P3_45

Q6	Do you usually go to the library alone or with others?	보통 도서관에 혼자 가나요, 아니면 다른 사람들과 함께 가나요?
A6	I usually go to the library with my best friend, John, because I have a very close relationship with him. And he also likes to read.	저는 주로 제 가장 친한 친구 John과 함께 도서관에 갑니다. 왜냐하면 그와 매우 가까운 사이이기 때문입니다. 그리고 그도 책 읽는 것을 좋아합니다.

P3_46

Q7	If you could make any improvements to your local library, what would they be? Why?	만약 당신의 동네 도서관에 어떤 개선을 할 수 있다면 어떤 것을 하고 싶나요? 왜 그런가요?
A7	If I could make any improvements to my local library, I would increase the number of employees at the check-out desk. Sometimes, the wait gets too long, and it's very inconvenient and gives me a lot of stress. Since I'm a college student, I live on a tight schedule. So, saving time is very important for me.	만약 우리 동네 도서관에 어떤 개선을 할 수 있다면 저는 대출하는 곳의 직원 수를 늘리겠어요. 가끔 줄이 너무 길어지고, 매우 불편하고 많은 스트레스를 줍니다. 저는 대학생이라서 시간이 여유롭지 않습니다. 그래서 시간을 절약하는 것은 저에게 매우 중요합니다.

Imagine that an American marketing firm is doing research in your country. You have agreed to participate in a telephone interview about smartphones.

Q5. What kind of smartphone do you have, and when did you buy it?

PREPARATION TIME	RESPONSE TIME
00:00:03	00:00:15

Q6. Do you prefer making phone calls or sending text messages? Why?

PREPARATION TIME	RESPONSE TIME
00:00:03	00:00:15

Q7. What are the disadvantages of using smartphones?

PREPARATION TIME	RESPONSE TIME
00:00:03	00:00:30

 꿀팁

- 5번 문제는 iPhone으로 답변할 수 있습니다. 대중적으로 많이 알려진 아이템이나 물건, 장소 등을 답변에 활용하는 것이 좋습니다.

Imagine that an American marketing firm is doing research in your country. You have agreed to participate in a telephone interview about smartphones.

미국 마케팅 회사가 귀하의 나라에서 설문조사를 진행한다고 가정해 보세요. 귀하는 스마트폰에 관한 전화 인터뷰를 승인한 상태입니다.

모범 답안

P3_49

Q5	What kind of smartphone do you have, and when did you buy it?	어떤 종류의 스마트폰을 가지고 있고, 언제 샀나요?
A5	I have an Apple iPhone, and I bought it six months ago. I love it because it's very convenient.	저는 애플사의 아이폰을 가지고 있고 6개월 전에 샀습니다. 매우 편리하므로 좋아합니다.

P3_50

Q6	Do you prefer making phone calls or sending text messages? Why?	전화하는 것을 선호하시나요, 아니면 문자 보내는 것을 선호하시나요? 왜 그런가요?
A6	I prefer sending text messages. That's because it saves time. Sending text messages is free, and I think it's more convenient.	저는 문자 보내는 것을 선호합니다. 왜냐하면, 시간을 절약할 수 있기 때문이에요. 문자를 보내는 것은 무료이고 더 편리한 것 같습니다.

P3_51

Q7	What are the disadvantages of using smart-phones?	스마트폰을 사용하는 것의 단점은 무엇인가요?
A7	I think there are some disadvantages of using smartphones. Firstly, it costs a lot of money to buy the phone. Also, the monthly phone bill is quite expensive. Since I'm a college student, I live on a tight budget, so saving money is very important for me. I also think using a smartphone is very addictive. People often waste too much time looking at the phone for no particular reason.	스마트폰을 사용하는 것에는 몇 가지 단점들이 있다고 생각합니다. 먼저, 핸드폰을 사기 위해 돈이 많이 듭니다. 또한, 통신료가 꽤 비쌉니다. 저는 대학생이라서 넉넉하게 살지 못해요. 그래서 돈을 아끼는 것은 저에게 매우 중요합니다. 저는 또한 스마트폰을 사용하는 것은 매우 중독성이 강하다고 생각합니다. 사람들은 특정한 이유 없이 핸드폰을 보느라 많은 시간을 낭비하곤 합니다.

8

P3_52

Imagine that someone is planning to launch a new online shopping mall. You have agreed to participate in a telephone interview about shopping online.

Q5. When was the last time you purchased something online? And how much money did you spend?

PREPARATION TIME	RESPONSE TIME
00:00:03	00:00:15

Q6. Do you have a favorite online shopping mall?

PREPARATION TIME	RESPONSE TIME
00:00:03	00:00:15

Q7. What do you think are some disadvantages of shopping online?

PREPARATION TIME	RESPONSE TIME
00:00:03	00:00:30

 꿀팁

- 5-7번에 대한 답변이 중복되는 경우가 발생할 수 있습니다. 각 질문에 대한 채점자가 다를 수도 있으니 너무 크게 신경 쓰지 마세요. 익숙한 말을 크게 막힘없이 유창하게 하는 데 더 노력하세요. 만약 말이 막히는 경우가 생기면 아무 말 없이 가만히 있지 말고, well, let me think, um 등으로 자연스럽게 시간을 채워주세요.

P3_53

Imagine that someone is planning to launch a new online shopping mall. You have agreed to participate in a telephone interview about shopping online.

어떤 사람이 새로운 온라인 쇼핑몰을 시작한다고 가정해 보세요. 귀하는 온라인 쇼핑에 관한 전화 인터뷰를 승인한 상태입니다.

▶ 모범 답안

P3_54

Q5	When was the last time you purchased something online? And how much money did you spend?	마지막으로 온라인에서 물건을 구매한 게 언제였나요? 그리고 돈을 얼마나 사용했나요?
A5	The last time I purchased something online was two weeks ago, and I spent sixty dollars. Online shopping is very convenient, and I can save a lot of money.	마지막으로 온라인에서 무언가를 구매한 것은 2주 전이었고 60달러를 썼습니다. 온라인 쇼핑은 아주 편리하고 돈을 많이 아낄 수 있어요.

P3_55

Q6	Do you have a favorite online shopping mall?	가장 좋아하는 온라인 쇼핑몰이 있나요?
A6	No, not really. I usually use several smartphone apps to do shopping. I think it's the most convenient way, and it saves a lot of time.	아니요, 딱히 그렇진 않아요. 저는 주로 다양한 스마트폰 앱을 사용해서 쇼핑합니다. 제 생각에 그게 가장 편리한 방법인 것 같고 시간이 많이 절약됩니다.

P3_56

Q7	What do you think are some disadvantages of shopping online?	온라인에서 쇼핑하는 것의 단점은 무엇이라고 생각하나요?
A7	There are some disadvantages of shopping online. First of all, I think the products are getting more and more expensive these days. Since I'm a college student, I live on a tight budget, so saving money is very important for me. Secondly, it takes a long time to receive the product, so it's very inconvenient in many cases. Lastly, the quality of the products is usually not so good.	온라인에서 쇼핑하는 것에는 몇 가지 단점이 있습니다. 먼저, 최근 들어 상품들이 가면 갈수록 더욱 비싸지고 있는 것 같습니다. 저는 대학생이라서 넉넉하게 살지 못해요. 그래서 돈 절약은 저에게 매우 중요합니다. 두 번째로 상품을 받는 데 오래 걸려서 많은 경우 매우 불편합니다. 마지막으로 보통 제품의 질이 그렇게 좋지 않습니다.

Imagine that a local fitness center is doing research in your area. You have agreed to participate in a telephone interview about visiting fitness centers.

Q5. Where is the nearest fitness center in your area? And is it easy to get there?

PREPARATION TIME	RESPONSE TIME
00:00:03	00:00:15

Q6. When was the last time you went to a fitness center? And would you go there again soon?

PREPARATION TIME	RESPONSE TIME
00:00:03	00:00:15

Q7. What are some advantages of working with personal trainers at a fitness center?

PREPARATION TIME	RESPONSE TIME
00:00:03	00:00:30

🔆 꿀팁

- 7번 문제는 앞서 소개한 W 패턴 연결도 가능한 문제입니다.

  Ex I believe that exercise efficiency can be increased by working with a personal trainer. So, exercise quality and performance can also be enhanced. I also think it is one of the best ways to maximize exercise potential.

  개인 트레이너와 운동하므로 운동의 능률이 증진될 수 있다고 생각합니다. 그래서, 운동의 질적인 부분과 성과 또한 향상될 수 있습니다. 또한, 운동 능력의 잠재력을 최대화시킬 수 있는 가장 좋은 방법 중 하나라고 생각합니다.

Imagine that a local fitness center is doing research in your area. You have agreed to participate in a telephone interview about visiting fitness centers.

동네 헬스장에서 귀하의 지역에 설문조사를 진행한다고 가정해 보세요. 귀하는 헬스장에 방문하는 것에 관한 전화 인터뷰를 승인한 상태입니다.

모범 답안

P3_59

Q5	Where is the nearest fitness center in your area? And is it easy to get there?	귀하의 동네에서 가장 가까운 헬스장은 어디인가요? 그곳에 가기 쉬운가요?
A5	The nearest fitness center in my area is only five minutes away from where I live. It is very easy to get there because it's in walking distance.	우리 동네에서 가장 가까운 헬스장은 제가 사는 곳으로부터 5분밖에 걸리지 않습니다. 걸어갈 수 있는 거리이기 때문에 매우 가기 쉽습니다.

P3_60

Q6	When was the last time you went to a fitness center? And would you go there again soon?	마지막으로 헬스장에 갔었을 때가 언제인가요? 그리고 곧 다시 갈 건가요?
A6	The last time I went to a fitness center was yesterday. And I would go there again soon because exercising at a fitness center helps to reduce my stress from work, and it's good for my physical and mental health.	마지막으로 헬스장에 간 것은 어제입니다. 그리고 저는 그곳에 곧 다시 갈 겁니다, 왜냐하면 헬스장에 가서 운동하는 것은 일로부터 받는 저의 스트레스를 줄여주는 데 도움이 되고 제 육체적, 정신적 건강에 좋기 때문입니다.

P3_61

Q7	What are some advantages of working with personal trainers at a fitness center?	헬스장에서 개인 트레이너와 운동하는 것의 장점은 무엇인가요?
A7	I think there are many advantages of working with personal trainers at a fitness center. Firstly, it saves time in learning different exercise routines. Secondly, I can concentrate on exercising better with a personal trainer. Lastly, I think it makes exercising more fun and interesting. PART 5의 W 패턴 연결 가능	헬스장에서 개인 트레이너와 운동하는 것에는 많은 이점이 있다고 생각합니다. 먼저, 다양한 운동 루틴을 배우는 시간을 아낄 수 있습니다. 두 번째로 개인 트레이너와 함께하면 운동하는 데 더 집중할 수 있습니다. 마지막으로 운동을 더 재밌고 즐겁게 할 수 있는 것 같습니다.

Imagine that the department of parks and recreation is doing research in your area. You have agreed to participate in a telephone interview about public parks.

Q5. How many parks are in your area? And do you enjoy going to a park?

PREPARATION TIME	RESPONSE TIME
00:00:03	00:00:15

Q6. What are some activities you like to do when you visit a park?

PREPARATION TIME	RESPONSE TIME
00:00:03	00:00:15

Q7. If a park offered a guided tour, would you take the tour? Why or why not?

PREPARATION TIME	RESPONSE TIME
00:00:03	00:00:30

💡 **꿀팁**

- 5번 문제의 how many(개수를 묻는) 질문은 how often(빈도를 묻는) 질문과 헷갈리기 쉽습니다. 문제 풀이 시 유의하세요.

- 6번 문제는 핵심 답변 이후 이유 패턴을 붙여 시간을 채우면 좋습니다. 고득점을 위해서는 답변 시간 이 너무 많이 남아서는 안 됩니다. 이유 패턴은 보조 설명으로써 활용도가 아주 높기 때문에 답변에 골고루 적용시킬 수 있도록 반복해서 공부하세요.

- PART 3 공부가 끝나면 바로 PART 5로 학습을 연결해서 진행하세요. 큰 연관성이 있고 답변 아 이디어도 더 풍부해집니다. i 패턴은 인터넷과 정보(internet, information) 관련 문제에서 활용하면 좋습니다.

Imagine that the department of parks and recreation is doing research in your area. You have agreed to participate in a telephone interview about public parks.

공원과 레크리에이션 부서에서 귀하의 지역에 설문조사를 진행하고 있다고 가정해 보세요. 귀하는 국립공원에 관한 전화 인터뷰를 승인한 상태입니다.

▶ 모범 답안

🎧 P3_64

Q5	How many parks are in your area? And do you enjoy going to a park?	당신의 동네에는 공원이 몇 개 있나요? 그리고 공원 가시는 걸 좋아하나요?
A5	There are two parks in my area. And I enjoy going to a park because it's a great way to kill time, and it helps to reduce my stress from school.	우리 동네에는 공원이 2개 있습니다. 그리고 저는 공원 가는 것을 좋아해요. 왜냐하면 시간을 보내기에 매우 좋고 학교에서 받은 스트레스를 해소하는 데 도움을 주기 때문입니다.

🎧 P3_65

Q6	What are some activities you like to do when you visit a park?	공원을 가서 어떤 활동을 하는 것을 좋아하나요?
A6	I like to ride a bicycle when I visit a park. That's because it's physically and mentally refreshing. Also, it's good for my health.	저는 공원을 가면 자전거 타는 것을 좋아합니다. 왜냐하면 육체적으로 그리고 정신적으로 맑아지기 때문입니다. 또한, 제 건강에 좋습니다.

🎧 P3_66

Q7	If a park offered a guided tour, would you take the tour? Why or why not?	만약 공원에서 가이드 투어를 제공한다면 이용하시겠어요? 왜 또는 왜 그렇지 않나요?
A7	If a park offered a guided tour, I wouldn't take the tour. That's because it usually costs a lot of money and takes a long time to take the tour. These days, I can access the Internet by using my smartphone, so it's possible to get any information anywhere anytime conveniently. So, I would not take the tour. PART 5의 i 패턴 참고	만약 공원이 가이드 투어를 제공한다면 이용하지 않을 거예요. 주로 투어는 돈도 많이 들고 시간도 매우 오래 걸리기 때문입니다. 요즘에는 스마트폰을 이용해서 인터넷에 접속할 수 있으므로 언제 어디서든 편리하게 어떠한 정보든 얻을 수 있습니다. 그래서 저는 투어를 이용하지 않을 거예요.

11

🎧 P3_67

Imagine that you are having a telephone conversation with someone who has recently moved to your area. You are talking about where you work or go to school.

Q5. What is the best way for you to get to your workplace or school? Why?

PREPARATION TIME	RESPONSE TIME
00:00:03	00:00:15

Q6. Are there many places to eat around your workplace or school? Where do you usually go to eat? Why?

PREPARATION TIME	RESPONSE TIME
00:00:03	00:00:15

Q7. I like to go for a walk during my break time. Is there a good place near your workplace or school where I can do that?

PREPARATION TIME	RESPONSE TIME
00:00:03	00:00:30

 꿀팁

- PART 3의 설정은 전화 대화입니다. 이번 세트에서는 동네로 이사 온 사람과의 통화 내용이며 최대한 통화하는 것처럼 자연스럽게 답변하는 것이 고득점을 받는 데 도움이 됩니다.

Imagine that you are having a telephone conversation with someone who has recently moved to your area. You are talking about where you work or go to school.

최근 당신의 지역에 새로 이사 온 사람과 전화한다고 가정해 보세요. 당신이 어디에서 일하는지 또는 어디로 학교에 다니는지에 관해 이야기하고 있습니다.

모범 답안

P3_69

Q5	What is the best way for you to get to your workplace or school? Why?	직장이나 학교에 가는 가장 좋은 방법은 무엇입니까? 왜 그런가요?
A5	The best way for me to get to my school is by taking the bus. That's because the bus station is only five minutes away from where I live. So, it saves time.	학교에 가는 가장 좋은 방법은 버스를 타는 것입니다. 왜냐하면, 버스 정류장이 제가 사는 곳에서 5분밖에 걸리지 않기 때문이에요. 그래서 시간을 절약합니다.

P3_70

Q6	Are there many places to eat around your workplace or school? Where do you usually go to eat? Why?	직장이나 학교 근처에 식사할 수 있는 장소가 많이 있나요? 주로 어디로 식사하러 가나요? 왜 그런가요?
A6	There are several places to eat around my school. I usually go to a local Korean restaurant to eat. That's because the food is great, and it's cost-efficient. Since I'm a college student, I live on a tight budget, so saving money is very important for me.	학교 근처에는 식사할 수 있는 여러 곳이 있습니다. 저는 주로 동네 한국 식당에 갑니다. 음식이 맛있고 가성비가 좋기 때문입니다. 저는 대학생이라서 넉넉하게 살지 못해요. 그래서 돈을 아끼는 것은 저에게 매우 중요합니다.

P3_71

Q7	I like to go for a walk during my break time. Is there a good place near your workplace or school where I can do that?	저는 휴식 시간에 산책하고 싶어요. 직장이나 학교 근처에 산책할 수 있는 좋은 장소가 있나요?
A7	Sure. There is a small park near my school. The park is only five minutes away from school, so it saves time. Also, there is no entrance fee, so it's free to the general public. And I think the quality of the park is very good. I'm sure you'll have a good time.	물론입니다. 우리 학교 근처에 작은 공원이 있어요. 공원은 학교에서 5분밖에 걸리지 않아서 시간을 절약합니다. 또한, 입장료가 없어서 일반인들에게 무료입니다. 그리고 공원의 질이 매우 좋은 것 같습니다. 아마 좋은 시간을 보내실 것 같습니다.

12

🎧 P3_72

Imagine that a U.S. marketing firm is doing research in your country. You have agreed to participate in a telephone interview about doing activities with friends.

Q5. When was the last time you went out with your friends? Where did you go?

PREPARATION TIME	RESPONSE TIME
00:00:03	00:00:15

Q6. Do you go out with your friends more or less often than you did last year? Why?

PREPARATION TIME	RESPONSE TIME
00:00:03	00:00:15

Q7. Do you prefer to do quiet activities like reading or active activities like hiking with your friends?

PREPARATION TIME	RESPONSE TIME
00:00:03	00:00:30

- 7번 질문은 PART 5의 W 패턴을 부분적으로 활용해서 연결해도 좋습니다.

Ex I believe that schoolwork efficiency and productivity can be increased <u>by doing active activities with friends</u>. So, the schoolwork quality and performance can also be enhanced.

친구들과 활동적인 활동을 함으로써 학업의 능률과 생산성이 증진될 수 있다고 생각합니다. 그래서, 학업의 질과 성과 또한 향상될 수 있습니다.

Imagine that a U.S. marketing firm is doing research in your country. You have agreed to participate in a telephone interview about doing activities with friends.

미국 마케팅 회사가 귀하의 나라에서 설문조사를 진행한다고 가정해 보세요. 귀하는 친구들과 하는 활동에 관한 전화 인터뷰를 승인한 상태입니다.

모범 답안

P3_74

Q5	When was the last time you went out with your friends? Where did you go?	언제 마지막으로 친구들과 함께 외출했었나요? 어디에 갔었나요?
A5	The last time I went out with my friends was last night. I went to the movie theater to watch a movie. I had a great time.	마지막으로 친구들과 함께 외출했던 것은 어젯밤이었어요. 영화관에 가서 영화를 봤었습니다. 즐거운 시간을 보냈어요.

P3_75

Q6	Do you go out with your friends more or less often than you did last year? Why?	작년보다 친구들과 외출을 더 많이 하나요, 더 적게 하나요? 왜 그런가요?
A6	I go out with my friends less often than I did last year. That's because I live on a very tight schedule these days, so I don't have much time.	저는 작년보다 더 적게 친구들과 외출합니다. 요즘에 바쁜 일정을 보내고 있어서 시간이 여유롭지 않기 때문입니다.

P3_76

Q7	Do you prefer to do quiet activities like reading or active activities like hiking with your friends?	친구들과 독서와 같은 조용한 활동을 선호하나요, 아니면 등산과 같은 동적인 활동을 선호하나요?
A7	I prefer to do active activities with my friends. That's because it's more fun, and it makes me very excited and happy. Also, it's good for health and helps to reduce my stress. PART 5의 W 패턴 연결 가능	저는 친구들과 동적인 활동을 하는 것을 선호합니다. 더 재미있고 저를 더 기운 넘치고 행복하게 해주기 때문입니다. 또한, 건강에 좋고 제 스트레스를 줄이는 데 도움을 줍니다.

13

Imagine that a local gift shop is doing research in your area. You have agreed to participate in a telephone interview about gifts.

Q5. When was the last time you bought a gift for someone? Where did you buy it?

PREPARATION TIME	RESPONSE TIME
00:00:03	00:00:15

Q6. How much money do you usually spend when you buy gifts for your friends and family?

PREPARATION TIME	RESPONSE TIME
00:00:03	00:00:15

Q7. What do you think is the best gift for university students? Why?

PREPARATION TIME	RESPONSE TIME
00:00:03	00:00:30

 꿀팁

- 돈과 관련된 표현을 다양하게 활용해 보세요.

  Ex The price is very reasonable. 가격이 매우 합리적이다.

  Ex It's worth spending the money. 돈 쓸만한 가치가 있다.

  Ex It's very affordable. 충분히 감당할 수 있는 비용이다.

Imagine that a local gift shop is doing research in your area. You have agreed to participate in a telephone interview about gifts.

동네 선물 가게에서 귀하의 지역에 설문조사를 진행한다고 가정해보세요. 귀하는 선물에 관한 전화 인터뷰를 승인한 상태입니다.

모범 답안

P3_79

Q5	When was the last time you bought a gift for someone? Where did you buy it?	언제 마지막으로 누군가에게 선물을 사주었나요? 어디에서 구매했나요?
A5	The last time I bought a gift for someone was two weeks ago. And I bought it online because it saves time, and the price was very reasonable.	마지막으로 누군가에게 선물을 사주었던 것은 2주 전이었어요. 저는 온라인으로 구매했어요, 왜냐하면 시간이 절약되고 가격이 매우 합리적이었기 때문이에요.

P3_80

Q6	How much money do you usually spend when you buy gifts for your friends and family?	친구들과 가족들에게 선물을 사줄 때 주로 얼마 정도 지출하시나요?
A6	I usually spend around twenty dollars when I buy gifts for my friends and family. I'm a college student, and I live on a tight budget. So, I can't afford to spend too much money.	저는 주로 친구들과 가족들에게 선물을 사줄 때 20달러 정도 지출합니다. 저는 대학생이라서 넉넉하게 살지 못해요. 그래서, 너무 많은 돈을 지출할 수 없습니다.

P3_81

Q7	What do you think is the best gift for university students? Why?	대학생에게 가장 좋은 선물은 무엇이라고 생각하나요? 왜 그런가요?
A7	I think the best gift for university students is stationeries such as notebooks and pens. That's because it's cost-efficient. And it's necessary for schoolwork. I believe that schoolwork efficiency and productivity can be increased by having good stationery items. PART 5의 W 패턴 참고	대학생에게 가장 좋은 선물은 공책이나 펜 같은 문구류라고 생각합니다. 가성비가 좋기 때문입니다. 그리고 학업에 필요하기 때문입니다. 학업의 효율과 생산성이 좋은 문구류를 사용함으로써 증진될 수 있다고 생각합니다.

14

🎧 P3_82

Imagine that someone wants to open a new coffee shop in your area. You have agreed to participate in a telephone interview about coffee shops.

Q5. When was the last time you went to a coffee shop? And what did you order?

PREPARATION TIME	RESPONSE TIME
00:00:03	00:00:15

Q6. How far is the nearest coffee shop from your home?

PREPARATION TIME	RESPONSE TIME
00:00:03	00:00:15

Q7. If a new coffee shop opened in your area, do you think it would be successful? Why or why not?

PREPARATION TIME	RESPONSE TIME
00:00:03	00:00:30

 꿀팁

- 5번 문제에서 오늘 아침은 this morning ⭕ today morning ❌, 그리고 어제 저녁은 last night ⭕ yesterday night ❌이 맞는 표현입니다.

Imagine that someone wants to open a new coffee shop in your area. You have agreed to participate in a telephone interview about coffee shops.

누군가 당신의 지역에 새로운 카페를 오픈하고 싶어 한다고 가정해 보세요. 당신은 카페에 관한 전화 인터뷰를 승인한 상태입니다.

▶ **모범 답안**

🎧 P3_84

Q5	When was the last time you went to a coffee shop? And what did you order?	마지막으로 카페에 방문한 것이 언제였나요? 그리고 무엇을 주문했나요?
A5	The last time I went to a coffee shop was this morning. And I ordered my favorite coffee and bagel.	마지막으로 카페를 방문한 것은 오늘 아침이었어요. 그리고 저는 가장 좋아하는 커피와 베이글을 주문했습니다.

🎧 P3_85

Q6	How far is the nearest coffee shop from your home?	집에서 가장 가까운 카페는 얼마나 떨어져 있나요?
A6	The nearest coffee shop from my home is only five minutes away. It's very convenient, and it saves time. Also, the quality of the coffee is excellent.	우리 집에서 가장 가까운 카페는 5분밖에 걸리지 않습니다. 매우 편리하고 시간을 절약합니다. 또한, 커피의 질이 훌륭합니다.

🎧 P3_86

Q7	If a new coffee shop opened in your area, do you think it would be successful? Why or why not?	만약 당신의 동네에 새로운 카페가 생긴다면, 성공할 수 있을 것 같나요? 왜 또는 왜 그렇지 않나요?
A7	If a new coffee shop opened in my area, I think it would be very successful. That's because there is only a handful of coffee shops in this area. And I personally think coffee is good for a lot of reasons. Drinking coffee relieves stress from work or school, and it gives energy. So, I believe that work efficiency and productivity can be increased by drinking coffee. Therefore, I think a new coffee shop would be successful. PART 5의 W 패턴 참고	만약 우리 동네에 새로운 카페가 생긴다면, 매우 성공할 수 있을 것 같습니다. 이 지역에는 카페가 그리 많지 않기 때문이에요. 그리고 개인적으로 커피는 좋은 점이 많다고 생각합니다. 커피를 마시는 것은 일이나 학교에서 받은 스트레스를 해소하고 에너지를 줍니다. 그래서, 일의 효율과 생산성이 커피를 마심으로써 증진될 수 있다고 생각합니다. 그러므로, 새로운 카페는 성공할 수 있을 거 같습니다.

15

Imagine that a music magazine is writing an article on live entertainment. You have agreed to participate in a telephone interview about music concerts.

Q5. How often do you go to music concerts? And who do you usually go with?

PREPARATION TIME	RESPONSE TIME
00:00:03	00:00:15

Q6. What kind of music concerts do you usually go to? Why?

PREPARATION TIME	RESPONSE TIME
00:00:03	00:00:15

Q7. Do you prefer to go to a music concert or listen to music at home? Why?

PREPARATION TIME	RESPONSE TIME
00:00:03	00:00:30

- 6번 문제에서 경험 패턴은 자연스럽게 답변하는 데 아주 좋습니다. 토픽에 따라 응용해 보세요.

  Ex When I was young, my father was ~. 어렸을 때 우리 아버지가 ~이셨습니다.

  Ex When I was young, my mother was ~. 어렸을 때 우리 어머니가 ~이셨습니다.

Imagine that a music magazine is writing an article on live entertainment. You have agreed to participate in a telephone interview about music concerts.

음악 잡지사가 라이브 공연에 관한 기사를 쓴다고 가정해 보세요. 귀하는 음악 공연에 관한 전화 인터뷰를 승인한 상태입니다.

모범 답안

P3_89

Q5	How often do you go to music concerts? And who do you usually go with?	얼마나 자주 음악 공연에 가나요? 주로 누구와 함께 가나요?
A5	I go to music concerts once a year, and I usually go with my best friend, John, because I have a very close relationship with him.	저는 일 년에 한 번 음악 공연에 가고 주로 저의 가장 친한 친구 John과 함께 가요. 왜냐하면 그와 관계가 매우 좋기 때문입니다.

P3_90

Q6	What kind of music concerts do you usually go to? Why?	주로 어떤 종류의 음악 공연에 가나요? 왜 그런가요?
A6	I usually go to rock concerts. That's because rock music makes me feel very excited and happy. Also, when I was young, my father was a rock artist, so I love rock.	저는 주로 록 공연에 갑니다. 록 음악은 저를 매우 즐겁고 행복하게 만들어 주기 때문입니다. 또한, 제가 어렸을 때 우리 아버지가 록 가수이셨어서 저는 록을 사랑합니다.

P3_91

Q7	Do you prefer to go to a music concert or listen to music at home? Why?	음악 공연에 가는 것을 선호하나요, 아니면 집에서 음악 듣는 것을 선호하나요? 왜 그런가요?
A7	I prefer to listen to music at home. That's because it saves money. Usually, going to concerts costs a lot of money. Since I'm a college student, I live on a tight budget. So, listening to music at home is the best choice for me. Moreover, I can relax and spend quality time by myself at home.	저는 집에서 음악 듣는 것을 선호합니다. 돈을 절약하기 때문입니다. 주로 콘서트에 가는 것은 돈이 많이 듭니다. 저는 대학생이라서 넉넉하게 살지 못해요. 그래서, 집에서 음악을 듣는 것이 저에게 가장 좋은 선택지입니다. 더해서, 편하게 있을 수 있고 집에서 혼자 가치 있는 시간을 보낼 수 있습니다.

16

🎧 P3_92

Imagine that a university professor is doing research at school. You have agreed to participate in a telephone interview about school classmates.

Q5. Do you have a close friend at school? How did you meet?

PREPARATION TIME	RESPONSE TIME
00:00:03	00:00:15

Q6. What are some activities you enjoy doing with classmates outside of school? Why?

PREPARATION TIME	RESPONSE TIME
00:00:03	00:00:15

Q7. Do you think making many friends is important for university students? Why or why not?

PREPARATION TIME	RESPONSE TIME
00:00:03	00:00:30

 꿀팁

- 7번은 W 패턴을 적용하면 좋습니다. W 패턴은 많은 문제에 적용될 수 있습니다. W 패턴은 WORK 의 약자이며, 업무나 학업 관련 문제에서 활용하면 아주 좋습니다. PART 5 학습 시 필수로 암기해야 하는 패턴이고 활용도가 매우 높습니다.

Imagine that a university professor is doing research at school. You have agreed to participate in a telephone interview about school classmates.

대학교수님이 학교에서 설문 조사를 진행한다고 가정해 봅시다. 당신은 학교 친구들에 관한 전화 인터뷰를 승인한 상태입니다.

모범 답안

P3_94

Q5	Do you have a close friend at school? How did you meet?	학교에 친한 친구가 있나요? 어떻게 만나게 됐나요?
A5	Yes, I have a close friend. His name is John, and we met in class. I have a very close relationship with him.	네, 친한 친구가 있습니다. 그의 이름은 John 이고 수업에서 만났습니다. 그와 아주 좋은 관계를 맺고 있습니다.

P3_95

Q6	What are some activities you enjoy doing with classmates outside of school? Why?	학교 밖에서 친구들과 함께 어떤 활동을 즐겨하나요? 왜 그런가요?
A6	I enjoy watching movies with classmates outside of school. That's because it relieves my stress from school. And it's a great way to kill time.	저는 친구들과 학교 밖에서 영화 보는 것을 좋아합니다. 학교에서 받은 스트레스를 풀어 주기 때문입니다. 그리고 시간 보내기에도 좋은 방법입니다.

P3_96

Q7	Do you think making many friends is important for university students? Why or why not?	대학생에게 친구를 많이 만드는 것은 중요하다고 생각하나요? 왜 또는 왜 그렇지 않나요?
A7	Yes, I think making many friends is important for university students. That's because it makes school life more fun and interesting. And I believe that schoolwork efficiency and productivity can be increased by having many friends at school. The quality of schoolwork and performance can also be enhanced. Having friends will affect schoolwork in a positive way. PART 5의 W 패턴 참고	네, 저는 대학생에게 친구를 많이 만드는 것은 중요하다고 생각합니다. 학교생활을 더 즐겁고 재미있게 만들어 주기 때문입니다. 그리고 저는 학업의 능률과 생산성은 학교에서 친구를 많이 만듦으로써 증가할 수 있다고 생각합니다. 학업의 질과 성과 또한 향상될 수 있습니다. 친구를 사귀는 것은 학업에 긍정적인 영향을 줄 것입니다.

17

🎧 P3_97

Imagine that a marketing firm is doing research in your area. You have agreed to participate in a telephone interview about vending machines, which are machines that sell snacks and drinks.

Q5. How often do you use vending machines? And how much do you usually spend when you use them?

PREPARATION TIME	RESPONSE TIME
00:00:03	00:00:15

Q6. What kind of items do you usually buy from vending machines? Why?

PREPARATION TIME	RESPONSE TIME
00:00:03	00:00:15

Q7. What are some ways that vending machines in your area could be improved?

PREPARATION TIME	RESPONSE TIME
00:00:03	00:00:30

꿀팁

- 7번 문제의 "~이 어떤 측면에서 좀 더 향상되었으면 하시나요?"와 같은 유형도 비교적 많이 출제됩니다. 이런 유형의 질문에서는 MTCQ(돈, 시간, 편의, 질)적인 부분을 아이디어로 활용하세요.

Imagine that a marketing firm is doing research in your area. You have agreed to participate in a telephone interview about vending machines, which are machines that sell snacks and drinks.

당신이 사는 지역에 마케팅 회사가 설문조사를 하고 있다고 가정해보세요. 귀하는 스낵과 음료수를 파는 자판기에 관한 전화 인터뷰를 승인한 상태입니다.

▶ 모범 답안

🎧 P3_99

Q5	How often do you use vending machines? And how much do you usually spend when you use them?	얼마나 자주 자판기를 사용하나요? 보통 어느 정도 금액을 쓰나요?
A5	I use vending machines every day, and I usually spend about three dollars. I think vending machines in my area are very convenient. And the items are cost-efficient.	매일 자판기를 사용하고, 보통 3달러 정도 씁니다. 우리 동네 자판기는 정말 편리한 것 같아요. 그리고 물건들이 가성비가 좋아요.

🎧 P3_100

Q6	What kind of items do you usually buy from vending machines? Why?	자판기에서 주로 어떤 상품을 구매하나요? 왜 그런가요?
A6	I usually buy coffee. That's because it gives me energy and enhances my mood.	커피를 주로 구매합니다. 커피는 기운을 주고 기분도 좋아지기 때문입니다.

🎧 P3_101

Q7	What are some ways that vending machines in your area could be improved?	당신 동네의 자판기가 어떤 측면에서 좀 더 향상되었으면 하시나요?
A7	I think vending machines in my area could be improved by lowering the price of items. Since I'm a college student, I live on a tight budget. So, saving money is very important for me. I also think the vending machines should sell more energy drinks. I like energy drinks because they improve my work efficiency and productivity. So, work quality and performance can be enhanced. PART 5의 W 패턴 참고	우리 동네 자판기의 물건 가격이 좀 더 저렴해졌으면 좋겠어요. 저는 대학생이라서 넉넉한 형편이 아니거든요. 그래서, 돈을 아끼는 것은 저에게 매우 중요해요. 또 에너지 드링크를 좀 더 많이 팔았으면 좋겠습니다. 저는 에너지 드링크를 좋아하는데 그걸 마시면 일의 효율과 생산성이 많이 향상되기 때문입니다. 그래서, 일의 질과 성과가 향상될 수 있습니다.

18

Imagine that you are talking to a colleague who wants to grow vegetables at home. You are having a conversation about gardening.

Q5. What kind of vegetables do you like, and do you know anyone who grows them at home?

PREPARATION TIME	RESPONSE TIME
00:00:03	00:00:15

Q6. Do you think it's a good idea to grow my own vegetables at home? Why or why not?

PREPARATION TIME	RESPONSE TIME
00:00:03	00:00:15

Q7. If you wanted to study gardening, would you ask your friends and family for advice or take a class? Why?

PREPARATION TIME	RESPONSE TIME
00:00:03	00:00:30

 꿀팁

- −(마이너스) 형태의 답변 아이디어도 많이 생각해보고 연습해 보면 좋습니다. 5, 6번 질문에 대한 답변을 MTCQ−, 이유 패턴−로 풀이할 수 있습니다. PART 3의 답변에는 정답이란 없습니다. 본인이 짧은 준비 시간(3초) 안에 생각해낼 수 있는 아이디어로 답변하면 됩니다. 예를 들어 6번 질문에 채소를 기르는 것의 장점을 +(플러스) 형태로 답변할 수도 있겠죠?

  Ex I think it's a good idea to grow your own vegetables at home. That's because it's fun and interesting. Also, it saves money and eating vegetables is good for health.

  집에서 채소를 기르는 것은 좋은 아이디어라고 생각해요. 재미있고 흥미롭기 때문입니다. 또한, 돈도 절약되고 채소는 건강에 좋습니다.

Imagine that you are talking to a colleague who wants to grow vegetables at home. You are having a conversation about gardening.

집에서 채소를 기르길 원하는 동료와 대화하고 있다고 가정해 보세요. 정원 가꾸는 것에 관해 이야기하고 있어요.

모범 답안

P3_104

Q5	What kind of vegetables do you like, and do you know anyone who grows them at home?	어떤 종류의 채소를 좋아하고, 가정에서 채소를 기르고 있는 사람을 알고 있나요?
A5	I like carrots. And I don't know anyone who grows them at home. I think it's a waste of time to do that. Also, it's very stressful.	저는 당근을 좋아합니다. 그리고 가정에서 채소를 기르는 사람은 알지 못합니다. 제 생각에 그렇게 하는 건 시간 낭비 같습니다. 또한, 스트레스를 줍니다.

P3_105

Q6	Do you think it's a good idea to grow my own vegetables at home? Why or why not?	집에서 자신만의 채소를 기르는 것이 좋은 아이디어라고 생각하나요? 왜 또는 왜 그렇지 않나요?
A6	I don't think it's a good idea to grow your own vegetables at home. That's because it takes a long time to grow them, and it's a waste of money. I think it's very inconvenient in many ways.	집에서 자신만의 채소를 기르는 것은 좋지 못한 아이디어라고 생각해요. 다 자라기까지 오랜 시간이 걸리고, 돈 낭비이기 때문입니다. 여러 가지로 매우 불편하다고 생각해요.

P3_106

Q7	If you wanted to study gardening, would you ask your friends and family for advice or take a class? Why?	만약 당신이 조경에 관해서 공부하고 싶다면, 당신은 친구나 가족에게 조언을 구할 것인가요, 아니면 수업을 들을 것인가요? 왜 그런가요?
A7	If I wanted to study gardening, I would take an online class. I think it's the most convenient way. It saves time because I can access the internet by using a smartphone, so it's possible to study gardening anywhere anytime conveniently. Since I work every day, I live on a tight schedule, so I think taking an online class is the best way. PART 5의 i 패턴 참고	만약 제가 조경에 관해서 공부하고자 한다면, 저는 온라인 수업을 들을 것 같습니다. 그렇게 하는 게 가장 편리한 방법이라고 생각합니다. 스마트 폰을 통해서 언제 어디서나 편리하게 인터넷을 사용할 수 있기 때문에 시간을 절약합니다. 저는 매일 일하고 있어서 빡빡한 일정으로 살아가고 있습니다. 그래서 저는 온라인 수업을 듣는 것이 최적의 방법이라고 생각합니다.

19

P3_107

Imagine that someone is writing an article about reading habits. You have agreed to participate in a telephone interview about reading books.

Q5. How often do you read books? And what kind of books do you enjoy reading?

PREPARATION TIME	RESPONSE TIME
00:00:03	00:00:15

Q6. Do you think it's important for children to read books? Why or why not?

PREPARATION TIME	RESPONSE TIME
00:00:03	00:00:15

Q7. Would you prefer to purchase a new book from a bookstore or borrow one from a library? Why?

PREPARATION TIME	RESPONSE TIME
00:00:03	00:00:30

 꿀팁

- 5번 문제의 빈도를 묻는 How often 질문은 시험에 자주 출제됩니다. 답변 내용이 사실이 아니어도 좋으니 편하게 말할 수 있는 답변 패턴을 익혀두세요.

  Ex every day(매일), once a week(일주일에 한 번), twice a month(한 달에 두 번), every day for two hours(매일 두 시간), once a week for thirty minutes(일주일에 한 번 30분), twice a month on the weekends(한 달에 두 번 주말에)

- 6번 문제는 children이라는 토픽을 다루고 있기 때문에 W 패턴을 부분적으로 활용해도 좋습니다.

  Ex I believe that schoolwork efficiency and productivity can be increased by reading books. 독서를 통해서 학업의 능률과 생산성이 증진될 수 있다고 생각합니다.

- 7번 문제는 경험 패턴을 적용해 답변할 수 있습니다.

Imagine that someone is writing an article about reading habits. You have agreed to participate in a telephone interview about reading books.

누군가가 독서 습관에 관한 신문 기사를 쓴다고 가정해 보세요. 귀하는 독서에 관한 전화 인터뷰를 승인한 상태입니다.

모범 답안

P3_109

Q5	How often do you read books? And what kind of books do you enjoy reading?	얼마나 자주 책을 읽나요? 그리고 어떤 종류의 책을 즐기나요?
A5	I read books twice a week. And I enjoy reading comic books. That's because it relieves my stress, and it's a great way to kill time.	저는 일주일에 2번 책을 읽습니다. 그리고 만화책 읽는 것을 좋아합니다. 스트레스를 풀어주고, 시간을 보내는 데 좋기 때문입니다.

P3_110

Q6	Do you think it's important for children to read books? Why or why not?	아이들이 독서를 하는 것이 중요하다고 생각하나요? 왜 또는 왜 그렇지 않나요?
A6	Yes, I think it's very important for children to read books. That's because books provide a lot of useful and educational information. So, it's good for their mental health.	네, 저는 아이들이 책을 읽는 것은 매우 중요하다고 생각합니다. 책은 많은 유용하고 교육적인 정보들을 제공하기 때문입니다. 그래서, 아이들의 정신건강에 좋습니다.

P3_111

Q7	Would you prefer to purchase a new book from a bookstore or borrow one from a library? Why?	서점에서 새 책을 사는 것을 선호하나요, 아니면 도서관에서 대여하는 것을 선호하나요? 왜 그런가요?
A7	I prefer to borrow books from a library. That's because it saves money. Since I'm a college student, I live on a tight budget, so saving money is very important for me. Also, the library is only five minutes away from where I live, so it's very convenient for me.	저는 도서관에서 책을 대여하는 것을 선호합니다. 돈을 절약하기 때문이죠. 저는 대학생이라서 넉넉한 형편이 아니거든요. 그래서, 돈을 아끼는 것은 저에게 매우 중요해요. 또한, 도서관은 제가 사는 곳에서 5분 거리에 있어서 저에게 매우 편리합니다.

PART 4

저자 직강
무료 동영상 강의

Respond to questions using information provided
표 보고 질문에 답하기

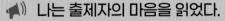 나는 출제자의 마음을 읽었다.

PART 4는 화면에 제시되는 표를 보며 표의 정보에 관련된 세 개의 문의 사항에 답하는 파트입니다.

PART 4 > 꿀팁 전략

▶ 진행 순서

1 약 25초의 Directions로 시작합니다. Directions는 성우가 이 파트에서 무엇을 어떻게 답변해야 하는지 지시해주는 시간입니다. 모든 파트가 시작하기 전에 음성과 함께 화면에 제시됩니다.

2 Directions가 끝나면 화면이 바뀌고 표 한 장이 화면에 제시됩니다. begin preparing now라는 음성이 나온 후 표를 파악할 수 있는 준비 시간 45초가 주어집니다. 준비 시간에는 자유롭게 메모와 스피킹이 가능합니다. 하지만 크게 메모를 할 일은 없습니다.

3 표를 파악할 수 있는 시간이 끝나면 표는 그대로 화면에 제시되어 있고 표에 관련해 문의 사항이 있는 사람에게 전화가 걸려오는 설정으로 인사말이 시작됩니다.

4 상대방의 인사말이 끝나면 첫 번째 질문(8번 문제)이 음성으로만 제시됩니다. begin preparing now라는 음성이 나온 후 준비 시간 3초가 주어집니다. 준비 시간이 끝나면 begin speaking now라는 음성이 나온 후 답변 시간 15초가 주어집니다.

5 첫 번째 질문(8번 문제)의 답변 시간이 끝나면 두 번째 질문(9번 문제)이 음성으로만 제시됩니다. begin preparing now라는 음성이 나온 후 준비 시간 3초가 주어집니다. 준비 시간이 끝나면 begin speaking now라는 음성이 나온 후 답변 시간 15초가 주어집니다.

6 두 번째 질문(9번 문제)의 답변 시간이 끝나면 세 번째 질문(10번 문제)이 음성으로만 제시됩니다. begin preparing now라는 음성이 나온 후 준비 시간 3초가 주어집니다. 준비 시간이 끝나면 begin speaking now라는 음성이 나온 후 답변 시간 30초가 주어집니다.

8-10번 문제는 표만 화면에 제시되고 질문은 음성으로만 제시된다는 점을 기억하세요! 답변 시간에는 헤드셋에 장착된 마이크를 통해 자동으로 녹음이 진행됩니다. 8, 9번 문제는 질문을 한 번 들려주고 10번 문제는 질문을 두 번 들려줍니다.

PART 4는 다양한 정보를 지닌 표가 시험 문제로 출제되는데 8-10번 문제는 어느 정도 형식을 갖추고 있다는 점이 포인트입니다. 8-10번으로 출제될 만한 문제의 형식을 이해하고 문제를 어느 정도 예측할 수 있어야 합니다. 그리고 표에 제시된 정보를 문장으로 자연스럽게 말할 수 있도록 하는 연습이 가장 중요합니다.

📋 출제 유형

▶ 일정표 (PART 4에서 90% 이상 빈출하는 표입니다.)
- 콘퍼런스 · 강연 · 행사 일정표
- 특정 직책을 가진 사람의 개인 일정표
- 면접관의 면접 일정표

▶ 이력서
- 회사 지원자의 희망 직무, 경력, 학력, 기술 등을 보여주는 표

▶ 출장/여행 일정표
- 개인의 출장이나 여행 일정을 알려주는 표(주로 비행 일정, 호텔 정보, 날짜별 업무 일정, 여행 일정 등이 표에 제시됩니다.)

📋 빈출 내용

▶ 일정표
- 8번 문제는 주로 의문사 의문문의 형태로 날짜, 장소, 시작 시각, 담당자, 첫 번째 일정 관련 문제가 빈출하고 두 가지 정보를 한 번에 묻는 경우가 많습니다.
- 9번 문제는 주로 확인 의문문의 형태로 문제가 출제되며, 상대방이 착각하고 있는 정보, 잘못 알고 있는 정보, 취소된 정보, 연기된 정보 등을 재확인하려고 질문하는 경우가 대부분입니다.
- 10번 문제는 주로 표에 있는 항목 중 두세 가지를 나열하도록 질문하는 경우가 대부분입니다. 가장 많이 빈출하는 형식은 표에서 중복되는 내용의 항목 두 개를 세부적으로 말해달라는 형식입니다. 10번 문제만 질문을 두 번 들려줍니다.

▶ 이력서
- 8번 문제는 주로 지원자의 현재 직업, 현재 근무처, 학사/석사 전공, 출신 학교 등을 묻는 경우가 많습니다.
- 9번 문제는 주로 지원자가 업무에 필요로 하는 관련 기술을 갖추고 있는지를 확인하려 하는 문제가 많이 출제됩니다. 주로 기술(skill), 수상 경력(awards), 자격증(certification), 전공(major)의 항목에서 답을 찾을 수 있는 경우가 많습니다.
- 10번 문제는 주로 지원자의 경력이나 학력을 세부적으로 말해달라는 문제가 빈출합니다. 10번 문제만 질문을 두 번 들려줍니다.

▶ 출장/여행 일정표
- 8번 문제는 주로 출발 비행/기차 시간, 날짜, 돌아오는 비행/기차 시간, 날짜를 가장 많이 묻습니다.
- 9번 문제는 주로 상대방이 모르고 있는 정보나 착각하고 있는 정보를 묻습니다.
- 10번 문제는 주로 특정한 날이나 시간에 계획되어 있는 내용을 세부적으로 요구합니다. 주로 두 가지 정보를 말하는 경우가 많습니다. 10번 문제만 질문을 두 번 들려줍니다.

주요 핵심 패턴

1. 날짜, 시간, 년도, 금액 정보를 확실하게 읽기!

❶ 날짜

날짜는 월과 일을 정확하게 읽어야 합니다. 서수는 뒤에 th를 붙여서 말합니다. 하지만 1, 2, 3일(first, second, third)은 예외입니다.

Jan. 15 ⋯▸ January fifteenth	Feb. 7 ⋯▸ February seventh
Mar. 26 ⋯▸ March twenty-sixth	Apr. 12 ⋯▸ April twelfth
May 9 ⋯▸ May ninth	June 20 ⋯▸ June twentieth
Jul. 30 ⋯▸ July thirtieth	Aug. 28 ⋯▸ August twenty-eighth
Sep. 1 ⋯▸ September first	Oct. 21 ⋯▸ October twenty-first
Nov. 25 ⋯▸ November twenty-fifth	Dec. 2 ⋯▸ December second
Jan. 3 ⋯▸ January third	Feb. 23 ⋯▸ February twenty-third

▶ 13~19일은 뒤에 teenth를 길게 발음하세요.

▶ 20일, 30일은 twentie̲th, thirtie̲th에서 e(에) 발음을 살짝 해줘야 합니다.

▶ 5일은 fiveth ✕ fifth ◯

❷ 시간

시간 정보에는 A.M., P.M.을 꼭 붙여서 말하세요. 그리고 PART 4에서 12 P.M.은 Noon으로 표기되는 경우가 대부분입니다.

9:00 A.M. ⋯▸ nine A.M.	10:15 A.M. ⋯▸ ten fifteen A.M.
1:30 P.M. ⋯▸ one thirty P.M.	3:00 P.M. ⋯▸ three P.M.

10:00 A.M. ~ 11:00 A.M. ⋯▸ from ten A.M. to eleven A.M.

4:00 P.M. ~ 5:00 P.M. ⋯▸ from four P.M. to five P.M.

1:30 P.M. ~ 2:00 P.M. ⋯▸ from one thirty P.M. to two P.M.

Noon ~ 1:00 P.M. ⋯▸ from noon to one P.M. (noon은 길게 발음하세요.)

❸ 년도

연도는 서수로 읽지 않습니다.

1998 ⋯▸ nineteen ninety-eight	2002 ⋯▸ two thousand two / twenty-oh-two
2011 ⋯▸ two thousand eleven / twenty-eleven	2020 ⋯▸ two thousand twenty / twenty-twenty

❹ 금액

금액 정보는 dollars 뒤에 s를 꼭 붙여서 말하세요. $13~$19는 $30~$90로 잘못 들릴 수 있으니 뒤에 붙는 teen에 강세를 주고 길게 발음하세요. 반대로 $30~$90는 강세를 앞에 주고 뒤를 짧게 발음하세요.

$7 ⋯▸ seven dollars	$15 ⋯▸ fifteen dollars
$50 ⋯▸ fifty dollars	$30 ⋯▸ thirty dollars
$65 ⋯▸ sixty-five dollars	

2. will be held와 전치사의 중요성

will be held는 '열릴 예정이다, 개최될 예정이다, 진행될 예정이다'의 의미이며 PART 4에서 아주 중요한 패턴입니다. 표에 있는 내용을 문장으로 연결하는 데 있어 전치사는 매우 중요한 역할을 하고 채점 기준에 엄격히 속합니다.

❶ '날짜' 앞의 전치사는 on('월'과 '일'을 모두 말할 때)

The conference will be held on August twenty-eighth. 콘퍼런스는 8월 28일에 열릴 예정입니다.

The film festival will be held on April first. 영화 축제는 4월 1일에 개최될 예정입니다.

❷ '월'만 말할 때는 in

The seminar will be held in December. 세미나는 12월에 개최될 예정입니다.

The interview will be held in February. 면접은 2월에 진행될 예정입니다.

❸ '장소' 앞의 전치사는 in / at

보통 실내나 작은 공간 앞에는 in이 좋습니다. 그리고 장소가 크게 표현되었을 때는 at도 좋습니다.

The meeting will be held in conference room B. 회의는 회의실 B에서 진행될 예정입니다.

The conference will be held at the Rose Conference Center in room eleven.
콘퍼런스는 Rose 콘퍼런스 센터, 11번 방에서 열릴 예정입니다.

❹ '요일' 앞의 전치사는 on

The yoga class will be held on Friday. 요가 수업은 금요일에 진행될 예정입니다.

Andy Smith's interview will be held on Wednesday. Andy Smith의 면접은 수요일에 진행될 예정입니다.

❺ '시간' 앞의 전치사는 at

The presentation will be held at ten A.M. 발표는 오전 10시에 진행될 예정입니다.

The lecture will be held at two thirty P.M. 강의는 오후 2시 30분에 진행될 예정입니다.

❻ '년도' 앞에는 in

She graduated from Princeton University in twenty seventeen / two thousand seventeen.
그녀는 Princeton 대학을 2017년도에 졸업했습니다.

He received his bachelor's degree in two thousand fifteen, and he studied Marketing.
그는 학사학위를 2015년도에 취득했고 마케팅을 공부했습니다.

❼ '~부터 ~까지'를 표현할 때는 ~ from ~ to

> The seminar will be held from nine A.M. to ten A.M.
> 세미나는 오전 9시부터 오전 10시까지 진행될 예정입니다.
>
> The conference will be held from Monday to Thursday.
> 콘퍼런스는 월요일부터 목요일까지 열릴 예정입니다.
>
> He worked as a staff accountant from twenty twelve/two thousand twelve to twenty fourteen/two thousand fourteen. 그는 회계부서 사원으로 2012년부터 2014년까지 일했습니다.

❽ 비용이나 가격을 구체적으로 말할 때는 for/per

> The cost is ten dollars for adults and five dollars for children.
> 비용은 어른이 10달러, 어린이가 5달러입니다.
>
> It's free for children. 어린이는 무료입니다.
>
> The price is twenty dollars per person. 가격은 한 명당 20달러입니다.
>
> The fee is forty-five dollars per class. 비용은 한 수업당 45달러입니다.

3. will be given by, will be led by의 중요성

will be given by와 will be led by 뒤에는 보통 사람 이름이 오며, '~에 의해 진행될 예정이다' 정도의 의미로 보면 되는데 PART 4에서 함께 사용되는 명사가 있습니다.

❶ lecture, speech, presentation(강의, 연설, 발표)은 will be given by와 함께

> The lecture will be given by Jefferey Carlton. 강의는 Jefferey Carlton에 의해 진행될 예정입니다.
> The speech will be given by Stella Kim. 연설은 Stella Kim에 의해 진행될 예정입니다.
> The presentation will be given by Steven Jobs. 발표는 Steven Jobs에 의해 진행될 예정입니다.

❷ workshop, seminar, discussion, class, training(워크숍, 세미나, 논의, 수업, 훈련)은 will be led by와 함께

> The workshop will be led by Brian Wells. 워크숍은 Brian Wells에 의해 진행될 예정입니다.
> The seminar will be led by Ellen Ito. 세미나는 Ellen Ito에 의해 진행될 예정입니다.
> The discussion will be led by David Becker. 논의는 David Becker에 의해 진행될 예정입니다.
> The Latin dance class will be led by Rafael Mendez.
> 라틴댄스 수업은 Rafael Mendez에 의해 진행될 예정입니다.

만약, 언제 will be given by를 써야 하고 또 언제 will be led by를 써야 하는지가 혼란스럽다면 will be led by로 통일해서 답변하세요. 하지만 좀 더 정확도 있는 답변을 위해 이 교재에서는 구분하여 설명합니다.

– lecture, speech, presentation(강의, 연설, 발표)은 will be given by와 함께!
– workshop, seminar, discussion, class, training(워크숍, 세미나, 논의, 수업, 훈련)은 will be led by와 함께!

💬 답변 순서와 방법

STEP 1
우선 PART 4는 표를 파악할 수 있는 준비 시간 45초가 매우 중요합니다. 이 시간 동안 표에 제시된 내용을 한 줄 한 줄 문장으로 만들어 보는 연습을 해야 합니다.

STEP 2
8번 문제 답변 순서

8번 문제는 주로 의문사 의문문의 형태로 날짜, 장소, 시작 시각, 담당자, 첫 번째 일정 관련 문제가 빈출하고 두 가지 정보를 한 번에 묻는 경우가 많습니다. 앞서 PART 4 주요 핵심 패턴의 2, 3번 항목(will be held와 전치사의 중요성, will be given by, will be led by의 중요성)을 참고하시면 됩니다.

STEP 3
9번 문제 답변 순서

❶ 상대방이 틀린 정보, 취소된 정보, 연기된 정보를 확인하려 하는 경우(대부분 이 형식으로 출제됩니다.)

Actually, you have the wrong information. + 표에 제시된 올바른 정보
사실, 잘못된 정보를 가지고 계세요. + 표에 제시된 올바른 정보

I'm sorry, but you've got the wrong information. + 표에 제시된 올바른 정보
죄송하지만 잘못된 정보를 가지고 계세요. + 표에 제시된 올바른 정보

Actually, you don't have to worry about that. + 표에 제시된 이유
사실, 그건 걱정하지 않으셔도 됩니다. + 표에 제시된 이유

❷ 상대방이 올바른 정보를 확인하려 하는 경우

Yes, that is correct. + 표에 제시된 내용 다시 언급 네, 맞습니다. + 표에 제시된 내용 다시 언급
Yes, that's right. + 표에 제시된 내용 다시 언급 네, 맞습니다. + 표에 제시된 내용 다시 언급

STEP 4
10번 문제 답변 순서

❶ 두 가지 정보를 나열해야 하는 경우(대부분 이 형식으로 출제되며 표에서 중복되는 항목 두 가지를 세부적으로 묻습니다.)

Sure, there are two schedules. → First, + 첫 번째 항목의 세부적인 내용 → Also/And then/After that + 두 번째 항목의 세부적인 내용

❷ 세 가지 정보를 나열해야 하는 경우

Sure, there are three schedules. → First, + 첫 번째 항목의 세부적인 내용 → Also/And then/After that + 두 번째 항목의 세부적인 내용 → Lastly, 마지막 항목의 세부적인 내용

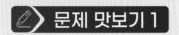

P4_01

Time	Schedule	Presenter
9:00 A.M. - 10:00 A.M.	Sign-in and Registration	
10:00 A.M. - 11:00 A.M.	Welcome speech and Introduction	Jana Henson
11:00 A.M. - Noon	Presentation: How to think in black and white	Sam Tran
Noon - 1:00 P.M.	Lunch(catered by Joe's)	
1:00 P.M. - 2:00 P.M.	Keynote speech: Next generation photography	Michael Chan
2:00 P.M. - 3:00 P.M.	Workshop: Modern day photo editing	Lawrence Franco
3:00 P.M. - 4:00 P.M.	Presentation: Using different tools	Ken Ross

Del Mar Photographer's Association Annual Conference
Rose Conference Center
Friday, Jan. 24th

Narration: Hi, I'm one of the members of Del Mar Photographer's Association. I'm planning to attend the annual conference this year, and I was hoping you could give me more details about it.

나레이션: 안녕하세요. 저는 Del Mar 사진작가 협회의 회원 중 한 사람입니다. 제가 이번 연례 콘퍼런스에 참가할 계획인데요. 자세한 사항을 알려주셨으면 합니다.

Del Mar 사진작가 협회 연례 콘퍼런스
Rose 콘퍼런스 센터
1월 24일 금요일

시간	일정표	진행자
오전 9:00 – 오전 10:00	서명 후 등록	
오전 10:00 – 오전 11:00	환영 인사말과 소개	Jana Henson
오전 11:00 – 정오	발표: 흑백으로 생각하는 방법	Sam Tran
정오 – 오후 1:00	점심 (Joe's에서 제공)	
오후 1:00 – 오후 2:00	기조연설: 다음 세대의 사진술	Michael Chan
오후 2:00 – 오후 3:00	워크숍: 현대의 사진 편집	Lawrence Franco
오후 3:00 – 오후 4:00	발표: 다양한 도구 사용하기	Ken Ross

모범 답안

P4_02

Q8	What's the date of the conference, and where will it take place?	콘퍼런스가 열리는 날짜가 어떻게 되고, 어디에서 열리나요?
A8	The conference will be held on Friday, January 24th at the Rose Conference Center.	콘퍼런스는 1월 24일 금요일에 Rose 콘퍼런스 센터에서 열릴 예정입니다.

Q9	I heard from one of the members that the keynote speech will be held in the morning. Is that right?	다른 회원 중 한 명에게 기조연설이 아침에 진행된다는 소식을 들었어요. 그게 맞나요?
A9	Actually, you have the wrong information. The keynote speech will be held from 1 P.M. to 2 P.M. in the afternoon.	사실, 잘못된 정보를 가지고 계세요. 기조연설은 오후 1시부터 오후 2시까지 진행될 예정입니다.

Q10	I'm very looking forward to the presentations this year. Can you give me all the details about the presentations?	올해 있을 발표들을 매우 기대하고 있습니다. 발표들에 대한 자세한 정보들을 알려주실 수 있나요?
A10	Yes. There are two scheduled presentations. First, a presentation on 'How to think in black and white' will be given by Sam Tran from 11 A.M. to Noon. Second, another presentation on 'Using different tools' will be given by Ken Ross from 3 P.M. to 4 P.M.	네. 발표 일정이 2개 잡혀 있습니다. 첫 번째로는 '흑백으로 생각하는 방법'의 발표가 Sam Tran에 의해 오전 11시부터 정오까지 진행될 예정입니다. 두 번째로 또 다른 발표인 '다양한 도구 사용하기'가 Ken Ross에 의해 오후 3시부터 오후 4시까지 진행될 예정입니다.

답변 꿀팁

▶ 시험 문제로 가장 흔히 출제되는 일정표입니다.

▶ 8번 문제는 표의 상단에서 출제되는 경우가 많습니다. 8번 문제로 가장 많이 묻는 질문은 날짜, 장소, 시작 시각, 첫 번째 항목 관련 질문이며, 앞에 붙는 전치사를 잘 확인하며 공부하세요.
　⋯ 콘퍼런스가 열리는 날짜와 장소를 질문했고, 요일 Friday와 날짜 January 24th는 will be held 다음에 전치사 on으로 한 번에 묶어서 답변했습니다. 그리고 장소 Rose Conference Center 앞은 전치사 at으로 연결했습니다. 여기에서 장소 앞은 전치사 in으로 연결해도 틀리지 않습니다.

▶ 9번 문제는 확인 의문문의 형태로 출제되었고 대부분 상대방이 잘못 알고 있는 정보나 착각하고 있는 정보를 확인하려 합니다.
　⋯ 기조연설이 오전에 열리는지에 대한 확인 의문문 형태의 질문을 했고, 그것이 잘못 알고 있는 정보임을 알 수 있습니다. 그래서 Actually, you have the wrong information.(사실, 잘못된 정보를 가지고 계세요.)이라는 말과 함께 올바른 정보를 제공했습니다. '~부터 ~까지'는 from ~ to ~ (from 1 P.M. to 2 P.M.)로 연결했습니다. 그리고 뒤에 in the afternoon은 꼭 붙이지 않아도 되지만 질문이 in the morning(아침에)에 열리는지 물었기 때문에 추가로 붙였습니다.

▶ 10번 문제는 표에서 중복되는 토픽이나 키워드를 확인하고 문제로 출제될 내용을 예측해 볼 수도 있습니다. 이 표에서는 Presentation이 중복되는 키워드임을 볼 수 있겠죠?
　⋯ 10번 문제는 세부적인 내용(detailed information)을 묻기 때문에 presentation 항목 줄에 있는 정보를 전부 다 제공해야 합니다. 여기에서 답변 방법은 여러 가지가 있을 수 있는데 본 교재에서는 일정, 즉 토픽을 중심으로 하여 will be held 또는 will be given by로 연결하는 방법을 택했습니다. 다른 예를 본다면 좌에서 우, 즉 시간 → 일정, 토픽 → 진행자 순서로 답변할 수도 있습니다.

　Ex There are two scheduled presentations. First, from 11 A.M. to Noon, a presentation about 'How to think in black and white' will be held, and it will be given by Sam Tran. Second, from 3 P.M. to 4 P.M., another presentation about 'Using different tools' will be held, and it will be given by Ken Ross.

이렇게 표에 있는 정보를 좌에서 우 순서로 전치사를 연결하여 문장으로 만들 수도 있습니다. 어떻게 답변하든 내용을 잘 전달하기만 하면 되므로 여러분이 쉽고 편한 쪽으로 연습하세요.

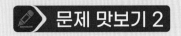

P4_05

Brian Wilkinson
703 La Fond Lane, Orinda
Phone: 415-505-9931
E-mail: bwilkinson@quickmail.com

Position Desired	Head Golf Professional, Rancho Golf Course
Education	Bachelor's Degree: Marketing, Pacific University (2013) Associate's Degree: Golf Management, Miramar College (2010)
Employment	Assistant Golf Professional: Torrey Lake Golf Course (2013-Present) Pro-shop Manager: Eagle Ridge Golf Club (2010-2013)
Skills & Qualifications	CPR & First-Aid Certification Fluent in Chinese
References	Available upon request

Narration: Hi, I'm going to be interviewing Brian Wilkinson in a few minutes, but I don't have his résumé with me. I was hoping you could give me some information.

나레이션: 안녕하세요, 잠시 후에 Brian Wilkinson의 면접을 보기로 했지만 제가 그의 이력서를 가지고 있지 않아서요. 정보를 좀 알려 주셨으면 합니다.

Brian Wilkinson
703 La Fond 로, Orinda
전화번호: 415-505-9931
이메일: bwilkinson@quickmail.com

희망 직무	프로 골프 책임자, Rancho 골프장
학력	학사 학위: 마케팅, Pacific University (2013) 전문학사 학위: 골프 감독, Miramar College (2010)
경력	프로 골프 보조: Torrey Lake 골프장 (2013-Present) 골프용품 판매점 관리자: Eagle Ridge Golf Club (2010-2013)
기술 & 자격 조건	CPR & 응급처치 자격 중국어 유창함
추천서	요청에 따라 제출 가능

Q8	Where did Mr. Wilkinson receive his bachelor's degree, and what year did he complete it?	Mr. Wilkinson이 학사 학위를 어디에서 수여 받았고 몇 년도에 완료했나요?
A8	He received a bachelor's degree at Pacific University in 2013.	2013년에 Pacific University에서 학사 학위를 수여 받았습니다.

Q9	We are getting a lot of visitors from different countries recently. Is there anything on his résumé that indicates he has knowledge of other languages?	최근 다른 나라에서 오는 방문객들이 늘어나고 있습니다. 이력서에 외국어를 할 수 있다고 명시된 것이 있나요?
A9	Yes, he is fluent in Chinese.	네, 그는 중국어에 유창합니다.

Q10	Can you give me all the details of Mr. Wilkinson's employment history?	Mr. Wilkinson의 경력에 대한 자세한 사항을 모두 말씀해주시겠어요?
A10	Yes, of course. First, he worked as a pro-shop manager at Eagle Ridge Golf Club from 2010 to 2013. Also, he has been working as an assistant golf professional at Torrey Lake Golf Course since 2013.	네, 물론입니다. 첫 번째로 그는 골프용품 판매점 관리자로 Eagle Ridge Golf Club에서 2010년부터 2013년까지 일했습니다. 또한, 그는 2013년부터 프로 골프 보조로 Torrey Lake 골프장에서 일해 오고 있습니다.

답변 꿀팁

▶ 이력서입니다. 일정표보다 시험으로 출제될 확률이 낮습니다. 이력서는 출제되는 포맷이 항상 흡사합니다.

▶ 이력서 상단에는 항상 이름, 주소, 전화번호, 이메일 등이 제시되어 있는데 시험 문제로는 출제되지 않기 때문에 표를 파악해 볼 수 있는 준비 시간 45초 동안 이 정보들은 볼 필요가 없습니다.

▶ 이력서의 9번 문제는 흔히 지원자의 특정 능력에 관해 묻는 경우가 많습니다. 따라서 skills(기술), language skills(언어 능력), awards(수상 경력), qualifications(자격 조건), certificates(자격증) 등의 항목에서 문제가 많이 출제된다는 점을 잊지 마세요.

▶ 10번 문제로는 주로 경력이나 학력 항목을 세부적으로 답변해야 하는 문제가 많이 출제됩니다. 경력에 대한 답변 시 시제에 신경 쓰세요.

> **Ex** First, he worked as a pro-shop manager at Eagle Ridge Golf Club from 2010 to 2013. Also, he has been working as an assistant golf professional at Torrey Lake Golf Course since 2013.
>
> ⋯▶ worked as ~로서 일했었다
>
> ⋯▶ has been working as ~로서 일하고 있다

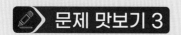

P4_09

Business Trip Itinerary for James Harrington
Flight Information
Departure – Los Angeles, Finewest Airline Flight 314, Feb. 3, 6:15 P.M. Arrival – Beijing, Feb. 4, 10:40 P.M.
Departure – Beijing, Finewest Airline Flight 771, Feb. 11, 2:30 P.M. Arrival – Los Angeles, Feb. 11, 10:55 A.M.
Hotel Information
Prime Garden Hotel, Beijing (Feb. 4 – Feb. 11) * Includes free breakfast buffet
Day Trips
The Great Wall – Feb. 6 (travel bus from hotel) The Tiananmen Square – Feb. 9 (private taxi from hotel)

Narration: Hi, this is James Harrington. I've booked my upcoming business trip to Beijing using your agency, and I want to ask you some details about my itinerary.

나레이션: 안녕하세요, James Harrington입니다. 제가 Beijing으로 곧 있을 출장을 당신의 회사로 예약했는데, 제 일정에 대해 자세한 사항을 여쭤보고 싶습니다.

James Harrington의 출장 일정표
비행 정보
출발 – Los Angeles, Finewest Airline 314편, 2월 3일 오후 6:15 도착 – Beijing, 2월 4일, 오후 10:40
출발 – Beijing, Finewest Airline 771편, 2월 11일, 오후 2:30 도착 – Los Angeles, 2월 11일, 오전 10:55
호텔 정보
Prime Garden 호텔, Beijing (2월 4일 – 2월 11일) * 무료 조식 뷔페 포함
당일 여행
만리장성 – 2월 6일 (호텔에서 관광버스 이용) 천안문 – 2월 9일 (호텔에서 개인택시 이용)

모범 답안

Q8	What time do I depart from Los Angeles, and can you tell me my flight number?	Los Angeles에서 제가 몇 시에 출발하고 비행기 번호가 무엇인지 알려주시겠어요?
A8	The departure time from Los Angeles is 6:15 P.M. And the flight number is Finewest Airline Flight 314.	Los Angeles에서의 출발 시각은 오후 6시 15분입니다. 그리고 비행기 번호는 Finewest Airline 314편입니다.

Q9	I have some important meetings early in the morning, and I want to have breakfast before attending those meetings. Can you give me some restaurant information near the hotel where I can get some breakfast?	제가 중요한 회의들이 아침 일찍 있어서요, 회의에 참석하기 전에 아침 식사를 하고 싶습니다. 제가 아침 식사를 할 수 있는 호텔 근처 식당에 대한 정보를 알려주실 수 있을까요?
A9	Actually, you don't need to worry about that. A free breakfast buffet is provided at the hotel.	사실, 그것은 걱정하지 않으셔도 됩니다. 무료 조식 뷔페가 호텔에서 제공됩니다.

Q10	I know I have a few day trips scheduled during my stay in Beijing. Can you give me all the details of my day trips?	Beijing에 머무는 동안 몇 번 당일 여행이 있다고 알고 있습니다. 제 당일 여행에 대한 자세한 사항을 모두 알려주시겠어요?
A10	Sure. There are two day trips scheduled. First, you will visit The Great Wall on February 6th, and you can take the travel bus from the hotel. Also, you will visit The Tiananmen Square on February 9th, and you can take a private taxi from the hotel.	그럼요. 당일 여행은 2번 있습니다. 첫 번째로 만리장성을 2월 6일에 방문하실 예정이고 호텔에서 관광버스를 이용하시면 됩니다. 또한, 천안문을 2월 9일에 방문하실 예정이며, 호텔에서 개인택시를 이용하시면 됩니다.

답변 꿀팁

- ▶ 한 사람의 출장 일정을 보여주는 출장 일정표입니다. 콘퍼런스, 개인, 면접 일정표보다 시험으로 출제될 확률이 낮습니다.

- ▶ 8번 문제는 주로 출입국 날짜, 시간, 비행편을 많이 질문합니다.

- ▶ 여행/출장 일정표에 자주 등장하는 flight number(항공편 번호)는 숫자를 각각 읽어줍니다.
  - **Ex** Finewest Airline Flight 314 → Finewest Airline Flight 'three' 'one' 'four'

- ▶ 9번 문제는 주로 출장인 본인이 착각하고 있는 내용이나 모르고 있는 정보를 묻습니다.

- ▶ 10번 문제는 주로 출장 일정표의 한 항목 전체를 말해야 하는 질문이 많이 출제됩니다.

- ▶ 교통수단이나 이동 수단을 '이용하다'를 말할 때는 동사 take를 쓰세요. ride는 틀린 표현입니다.
  - **Ex** First, you will visit The Great Wall on February 6th, and you can take the travel bus from the hotel. Also, you will visit The Tiananmen Square on February 9th, and you can take a private taxi from the hotel.

PRACTICE

시험 직전 TIP

① 앞서 말했듯이 PART 4는 표를 파악해볼 수 있는 준비 시간 45초가 매우 중요합니다. 이 시간 동안 그냥 단순히 표에 제시된 내용을 훑어보기보다는 문제로 출제될 만한 내용을 예측해보고 미리 문장으로 만들어 보며 말해보세요.

② 문제는 음성으로만 제시된다는 점 기억하시죠? 화면에는 질문이 보이지 않습니다. 문제를 들어보고 답변을 적어보세요. 듣기가 잘 안돼서 질문을 잘 이해하지 못했다면 어떤 키워드가 들렸는지를 생각해보고 그 해당 키워드가 포함된 항목을 답으로 적어보세요.

③ 다음은 스마트폰으로 녹음하며 답변해 보세요. PART 4의 8, 9번 문제의 답변 시간은 각 15초, 10번 문제는 30초가 주어지는 데 답변 후 시간이 남았다면 답변 시간이 끝날 때까지 기다리면 됩니다. 표 하나를 반복해서 연습해도 좋습니다.

④ 마지막은 녹음한 파일을 들어보세요. 날짜, 시간, 장소, 금액 정보 등이 정확한지, 전치사 실수는 없었는지 확인하고 개선하세요.

고득점 TIP

① 8-10번 문제 형식의 이해

PART 4의 8-10번 문제는 출제 형식이 어느 정도 정해져 있습니다. 시험장에서 표를 파악할 수 있는 45초의 준비 시간 동안 문제를 예측해보고 표에 제시된 정보를 문장으로 옮겨보면서 준비하세요.

② PART 4 설정의 이해

PART 4는 PART 3과 마찬가지로 전화 설정으로 진행됩니다. 따라서 너무 감정 없이 로봇처럼 답변하지 않도록 연습하세요. 밝은 목소리로 정보를 전달하세요.

③ 꾸준한 녹음 연습

스마트폰 녹음기를 활용해서 답변 연습을 많이 해 보세요. 녹음기가 작동하고 있는 상황에서 연습한다면 더 긴장감이 있기 때문에 실전 상황 느낌으로 연습할 수 있어요. 같은 표를 반복적으로 연습해 보세요. 그리고 문제로 출제되지 않은 항목들도 문장으로 옮겨 말하는 연습을 하는 것도 시험 대비에 좋습니다.

④ 시간 관리

답변 시간이 남는다고 해서 추가로 정보를 제공할 필요가 없는 파트입니다. 묻는 질문에만 답변하고 답변 시간이 남는다면 버려도 됩니다. 다음 질문을 기다리세요.

최악의 경우

토익스피킹 시험에서 가장 최악의 경우는 무응답입니다. 무응답은 감점이 아니라 0점입니다! 듣기가 잘 안돼서 질문을 전혀 이해하지 못했다면 해당 문제로 출제될 만한 내용을 찍어서라도 답변하세요. 예를 들어 콘퍼런스나 개인 일정표의 8번 질문을 이해하지 못했다면 8번 질문으로 자주 출제되는 장소, 날짜, 시작 시각을 말하세요. 10번 질문을 이해하지 못했다면 표에서 같은 주제를 다루는 일정, 즉 중복되는 키워드의 일정을 말하세요. 답변은 꼭 하세요!

1

Hotel Owner's Nationwide Conference
Sunday, Feb. 23rd
Soft Cliff Hotel, Poway City
Attendance fee: $25

Time	Schedule	Presenter
10:00 A.M. - 11:00 A.M.	Opening address	Deborah Olson
11:00 A.M. - Noon	Presentation: Advancing in the hotel industry	Kirk Kim
Noon - 1:00 P.M.	Lunch (provided) – Orinda Dining and Café	
1:00 P.M. - 2:00 P.M.	Lecture: Online guest management	Paul Kent
2:00 P.M. - 3:00 P.M.	Presentation: Recent problems in hotel business	Ricky Henderson
3:00 P.M. - 4:00 P.M.	Discussion: Promoting hotels online (includes demonstration)	Yuko Sakamoto

PREPARATION TIME
00:00:45

Q8.

PREPARATION TIME
00:00:03

RESPONSE TIME
00:00:15

Q9.

PREPARATION TIME
00:00:03

RESPONSE TIME
00:00:15

Q10.

PREPARATION TIME
00:00:03

RESPONSE TIME
00:00:30

🔅 꿀팁

- 8번 답변에서 시간 앞에 전치사 at, 장소 앞은 전치사 at/in, 그리고 도시 앞은 전치사 in이 붙습니다.

  Ex The conference will be held at the Soft Cliff Hotel in Poway City, and it will start at 10 A.M. 콘퍼런스는 Poway 시에 있는 Soft Cliff 호텔에서 열릴 예정이며, 오전 10시에 시작합니다.

- 9번 문제는 점심이 Orinda Dining and Café로부터 제공되는지 모르고 있었고 will be provided by(~로부터 제공될 것입니다)를 붙여서 답변했습니다.

- 10번 문제는 온라인 이슈 관련 일정의 세부 내용을 부탁했고 표에서 online이라는 키워드가 1 P.M.과 3 P.M., 두 항목에 있는 것을 확인할 수 있습니다.

Narration: Hi, I'm very interested in participating in the Hotel Owner's Nationwide Conference this week. Can you answer some of my questions?

나레이션: 안녕하세요, 이번 주 열리는 호텔 경영자 전국 콘퍼런스에 참여하는 것에 큰 관심이 있습니다. 몇 가지 질문에 답해 주실 수 있나요?

호텔 경영자 전국 콘퍼런스
2월 23일 일요일
Soft Cliff 호텔, Poway 시
입장료: 25달러

시간	일정	진행자
오전 10:00 – 오전 11:00	개회사	Deborah Olson
오전 11:00 – 정오	발표: 호텔 산업의 발전	Kirk Kim
정오 – 오후 1:00	점심(제공됨) – Orinda 식당 겸 카페	
오후 1:00 – 오후 2:00	강의: 온라인 고객 관리	Paul Kent
오후 2:00 – 오후 3:00	발표: 호텔 사업의 최근 문제점들	Ricky Henderson
오후 3:00 – 오후 4:00	토의: 온라인으로 호텔 홍보하기(설명 포함)	Yuko Sakamoto

모범 답안

Q8	Where will the conference be held, and what time does it start?	콘퍼런스는 어디에서 열리고 몇 시에 시작하나요?
A8	The conference will be held at the Soft Cliff Hotel in Poway City, and it will start at 10 A.M.	콘퍼런스는 Poway 시에 있는 Soft Cliff 호텔에서 열릴 예정이며, 오전 10시에 시작합니다.

Q9	In the last year's conference, I had to bring my own lunch. Is it the same this year?	작년 콘퍼런스에서는 제가 직접 점심을 준비해야 했는데요. 올해도 같은가요?
A9	Actually, you don't have to worry about that. Lunch will be provided by Orinda Dining and Café.	사실, 그 부분은 걱정하지 않아도 됩니다. 점심은 Orinda 식당 겸 카페에서 제공될 것입니다.

Q10	I'm very interested in topics related to online issues. Can you give me all the details about events that deal with online issues?	제가 온라인 이슈와 관련된 주제들에 관심이 많습니다. 온라인 이슈를 다루는 행사들의 자세한 사항을 알 수 있을까요?
A10	Yes. There are two scheduled topics related to online issues. First, a lecture on 'Online guest management' will be given by Paul Kent. Second, a discussion on 'Promoting hotels online' will be led by Yuko Sakamoto. And it includes demonstration.	네. 온라인 이슈와 관련된 일정은 두 가지가 있습니다. 첫 번째로는 '온라인 고객 관리' 강의를 Paul Kent가 진행할 예정입니다. 두 번째로는 '온라인으로 호텔 홍보하기'에 대한 토의가 Yuko Sakamoto 진행 하에 이루어질 예정입니다. 그리고 그것은 설명을 포함합니다.

2

San Francisco Film Festival
Aug. 14-16th
Admission/Film: adults $20, children $5

Date	Time	Film	Genre
Aug. 14	Noon 4 P.M.	*The Whispering Past* *The Grey Nothing*	Drama Comedy
Aug. 15	Noon 3 P.M. 8:30 P.M.	*Search of Time* *Seventh Doors* *Snow of Fire*	Science fiction Horror Action
Aug. 16	1 P.M. 4:30 P.M. 9:30 P.M.	*Every Dream* *Stars of Secret* *The Truth of the Ship*	Comedy Science fiction Documentary

PREPARATION TIME
00:00:45

Q8.

PREPARATION TIME
00:00:03

RESPONSE TIME
00:00:15

Q9.

PREPARATION TIME
00:00:03

RESPONSE TIME
00:00:15

Q10.

PREPARATION TIME
00:00:03

RESPONSE TIME
00:00:30

 꿀팁

- 금액 정보는 dollar 뒤에 꼭 s를 붙여서 말하세요. → dollars

- 10번 질문에 대한 답변은 will be held(열릴 예정이다)가 아닌 will be screened(상영될 예정이다)로 답변할 수 있습니다. will be held(열릴 예정이다)가 패턴으로써 대부분 활용되겠지만 표마다 다루고 있는 내용이 다르므로 조금 더 정확도 있는 내용으로 답변할 수 있다면 좋겠죠?

  Ex Yes, there are two scheduled science fiction films. First, *Search of Time* will be screened on August 15th at noon. Also, *Stars of Secret* will be screened on August 16th at 4:30 P.M.

  네, 공상과학 영화 일정은 2가지가 있습니다. 먼저, ⟨Search of Time⟩이 8월 15일 정오에 상영될 것입니다. 또한, ⟨Stars of Secret⟩이 8월 16일 오후 4시 30분에 상영될 것입니다.

Narration: Hi, this is Aaron. I received the schedule for the San Francisco Film Festival by e-mail, but I think I accidentally deleted it. Could you give me some information?

나레이션: 안녕하세요, Aaron입니다. 제가 San Francisco 영화 축제 일정표를 이메일로 받았었는데 실수로 지운 것 같습니다. 몇 가지 정보를 좀 알려주실 수 있을까요?

San Francisco 영화 축제
8월 14일–16일
영화 당 입장료: 어른 20달러, 어린이 5달러

날짜	시간	영화	장르
8월 14일	정오 오후 4시	〈The Whispering Past〉 〈The Grey Nothing〉	드라마 코미디
8월 15일	정오 오후 3시 오후 8시 30분	〈Search of Time〉 〈Seventh Doors〉 〈Snow of Fire〉	공상 과학 공포 액션
8월 16일	오후 1시 오후 4시 30분 오후 9시 30분	〈Every Dream〉 〈Stars of Secret〉 〈The Truth of the Ship〉	코미디 공상 과학 다큐멘터리

▶ **모범 답안**

Q8	Can you tell me how much it is to see a film?	영화를 보려면 얼마를 내야 하는지 알려주실 수 있나요?
A8	Sure. The admission for each film is $20 for adults and $5 for children.	물론입니다. 각 영화 당 입장료는 어른은 20달러, 어린이는 5달러입니다.

Q9	I'm very excited to see a comedy film called *The Grey Nothing*. It will be screening on August 15th, right?	저는 〈The Grey Nothing〉이라는 코미디 영화 보는 것을 매우 기대하고 있습니다. 8월 15일에 그 영화가 상영되는 게 맞죠?
A9	Actually, you have the wrong information. *The Grey Nothing* will be screened on Aug. 14th at 4 P.M.	사실, 잘못된 정보를 가지고 계세요. 〈The Grey Nothing〉은 8월 14일 오후 4시에 상영될 것입니다.

Q10	Could you tell me all the detailed information about the science fiction films which will be screening?	상영될 공상과학 영화에 대한 모든 자세한 정보를 알려주실 수 있나요?
A10	Yes, there are two scheduled science fiction films. First, *Search of Time* will be screened on August 15th at noon. Also, *Stars of Secret* will be screened on August 16th at 4:30 P.M.	네, 공상 과학 영화 일정은 2가지가 있습니다. 먼저, 〈Search of Time〉이 8월 15일 정오에 상영될 것입니다. 또한, 〈Stars of Secret〉이 8월 16일 오후 4시 30분에 상영될 것입니다.

3

Oceanside Hotel Reservations for December – Rose Hall			
Date	**Time**	**Event**	**Notes**
Dec. 3	8 A.M. – 10 A.M.	Aztec Company breakfast	
Dec. 7	Noon – 3 P.M.	Charity luncheon	Vegetarian meals only
Dec. 12	6 P.M. – 9 P.M.	Private birthday party	Music band requested
Dec. 21	5 P.M. – 8 P.M.	Wedding	Buffet dinner served
Dec. 24	6 P.M. – 10 P.M.	Christmas party(SDGL Company)	
Dec. 30	1:30 P.M. – 5 P.M.	Private birthday party	Cake arrives at noon

PREPARATION TIME
00:00:45

Q8.

PREPARATION TIME
00:00:03

RESPONSE TIME
00:00:15

Q9.

PREPARATION TIME
00:00:03

RESPONSE TIME
00:00:15

Q10.

PREPARATION TIME
00:00:03

RESPONSE TIME
00:00:30

 꿀팁

- 이 표의 8-10번 문제는 PART 4의 가장 전형적인 형식의 질문입니다.

  8번 → 첫 번째 항목 관련 질문, 날짜

  9번 → 틀린 정보 확인

  10번 → 중복되는 항목 2개 질문

  ···「will be held + 전치사」를 실수하지 않도록 하세요.

- 기억하세요. 10번 문제는 세부적인 내용을 제공해야 하므로 표의 우측에 표기된 Notes(비고)란에 있는 내용도 추가해서 답변해야 합니다.

Narration: Hi, this is Daniel, one of the hotel managers. I'm not working today, and I left December's schedule in the office. So, I was hoping you could give me some information about our Rose Hall reservations.

나레이션: 안녕하세요, 호텔 매니저 Daniel입니다. 제가 오늘 일을 나가지 않았는데 12월 일정표를 사무실에 놓고 왔습니다. 그래서, Rose 홀 예약들에 대한 정보를 좀 알려주셨으면 합니다.

Oceanside 호텔
12월 예약 - Rose 홀

날짜	시간	행사	비고
12월 3일	오전 8시 - 오전 10시	Aztec 회사 아침 식사	
12월 7일	정오 - 오후 3시	자선 오찬	채식주의자 식단으로만
12월 12일	오후 6시 - 오후 9시	개인 생일 파티	음악 밴드 요청됨
12월 21일	오후 5시 - 오후 8시	결혼식	뷔페식 저녁 식사 준비
12월 24일	오후 6시 - 오후 10시	크리스마스 파티(SDGL 회사)	
12월 30일	오후 1시 30분 - 오후 5시	개인 생일 파티	정오에 케이크 도착

▶ **모범 답안**

🎧 P4_25

Q8	What's the first event in December? And what date will it be held on?	12월에 있는 첫 번째 행사는 어떤 건가요? 그리고 며칠에 열리나요?
A8	The first event in December is the Aztec Company breakfast, and it will be held on December 3rd.	12월에 있는 첫 번째 행사는 Aztec 회사 아침 식사이고, 12월 3일에 진행될 예정입니다.

🎧 P4_26

Q9	I know there is a Christmas party for SDGL Company on Dec. 24th. That's scheduled from 4 P.M. to 9 P.M., right?	12월 24일에 SDGL 회사를 위한 크리스마스 파티가 있다고 알고 있습니다. 오후 4시부터 오후 9시까지 일정이 있는 것이 맞나요?
A9	Actually, you have the wrong information. The Christmas party for SDGL Company will be held from 6 P.M. to 10 P.M.	사실, 잘못된 정보를 가지고 계세요. SDGL 회사를 위한 크리스마스 파티는 오후 6시부터 오후 10시까지 열릴 예정입니다.

🎧 P4_27

Q10	Can you give me all the details of private birthday parties scheduled in December?	12월에 예정된 개인 생일 파티 일정에 대해 모두 자세히 알려주시겠어요?
A10	Sure. There are two scheduled private birthday parties. The first private birthday party will be held on December 12th from 6 P.M. to 9 P.M., and a music band is requested. The second one will be held on December 30th from 1:30 P.M. to 5 P.M., and the cake arrives at noon.	그럼요. 개인 생일 파티 일정은 2개가 예정되어 있습니다. 첫 번째 개인 생일 파티는 12월 12일에 오후 6시부터 오후 9시까지 진행될 예정이고 음악 밴드가 요청되었습니다. 두 번째는 12월 30일에 오후 1시 30분부터 오후 5시까지 진행될 예정이며 정오에 케이크가 도착합니다.

4

Moraga Company – Full Employee Retreat Del Mar Resort, Mar. 20th		
10 A.M. – 11 A.M.	Orientation & Opening Speech	Ashley Regan, Senior Manager
11 A.M. – Noon	Training: Enhancing Teamwork Skills	Floyd Payne, Training Specialist
Noon – 1 P.M.	Lunch(catered by Charley's)	
1 P.M. – 3 P.M.	Outdoor Activity: River Rafting	
3 P.M. – 3:30 P.M.	Break	
3:30 P.M. – 4:30 P.M.	Group Meetings	
4:30 P.M. – 6 P.M.	Training: Motivating Others	James Duncan, Manager
6 P.M. – 8 P.M.	Dinner and Awards Ceremony	Mike Tanaka, President

PREPARATION TIME
00:00:45

Q8.

PREPARATION TIME	RESPONSE TIME
00:00:03	00:00:15

Q9.

PREPARATION TIME	RESPONSE TIME
00:00:03	00:00:15

Q10.

PREPARATION TIME	RESPONSE TIME
00:00:03	00:00:30

💡 **꿀팁**

- 10번 문제는 training(교육) 관련 일정을 모두 말해주는 문제입니다. 표에서 Training 옆에 붙어있는 내용은 training에 대한 '주제'입니다. 이런 경우는 전치사 about 또는 on으로 연결해주면 됩니다.

  Ex First, training on/about 'Enhancing Teamwork Skills' will be held from 11 A.M. to noon, and it will be led by Floyd Payne, the training specialist. Also, another training on/about 'Motivating Others' will be held from 4:30 P.M. to 6 P.M., and it will be led by James Duncan, the manager.

- training은 '~에 의해 진행되다'의 부분을 will be given by가 아닌 will be led by로 연결하는 게 자연스럽습니다.

- 만약, 언제 will be given by를 써야 하고 또 언제 will be led by를 써야 하는지가 혼란스럽다면 will be led by로 통일해서 답변하세요. 하지만 좀 더 정확도 있는 답변을 위해 이 교재에서는 구분하여 설명합니다.

  ···· lecture, speech, presentation(강의, 연설, 발표)은 will be given by와 함께 쓰입니다.

  ···· workshop, seminar, discussion, class, training(워크숍, 세미나, 논의, 수업, 훈련)은 will be led by와 함께 쓰입니다.

Narration: Hi, this is Arnold Dickson. I want to attend the employee retreat, but I don't have the schedule. I was hoping to get some information from you.

나레이션: 안녕하세요, Arnold Dickson입니다. 제가 직원 야유회에 참석하려고 하는데 일정표를 가지고 있지 않습니다. 관련 정보를 좀 얻었으면 합니다.

Moraga 회사 – 전 직원 야유회 Del Mar 리조트, 3월 20일		
오전 10시 – 오전 11시	오리엔테이션 & 개회사	Ashley Regan, 부장
오전 11시 – 정오	교육: 팀워크 능력 키우기	Floyd Payne, 전문 강사
정오 – 오후 1시	점심(Charley's에서 제공)	
오후 1시 – 오후 3시	실외 활동: 강에서 래프팅	
오후 3시 – 오후 3시 30분	휴식 시간	
오후 3시 30분 – 오후 4시 30분	그룹 회의	
오후 4시 30분 – 오후 6시	교육: 다른 사람에게 동기 부여하기	James Duncan, 과장
오후 6시 – 오후 8시	저녁과 상품 수여식	Mike Tanaka, 대표

모범 답안

Q8	What time does the retreat start, and what time does it end?	야유회가 몇 시에 시작하고 몇 시에 끝나나요?
A8	The retreat will start at 10 A.M. and finish at 8 P.M.	야유회는 오전 10시에 시작하고 오후 8시에 끝납니다.

Q9	Last year, at the employee retreat, we played dodgeball for our outdoor activity. We're playing dodgeball again for our outdoor activity this year, right?	작년 직원 야유회에서 실외 활동으로 피구를 했었는데요. 올해도 똑같이 실외 활동으로 피구를 하는 것이 맞죠?
A9	Actually, you have the wrong information. The outdoor activity is river rafting this year.	사실, 잘못된 정보를 가지고 계세요. 올해는 실외 활동으로 강에서 래프팅합니다.

Q10	I learned so much from the training sessions last year. Could you give me all the details of the training sessions that will be held this year?	작년 교육 시간에 정말 많은 것을 배웠습니다. 올해 진행되는 교육 일정에 대한 모든 자세한 사항을 알려주시겠어요?
A10	Yes, of course. There are two scheduled training sessions. First, training on 'Enhancing Teamwork Skills' will be held from 11 A.M. to noon, and it will be led by Floyd Payne, the training specialist. Also, another training session on 'Motivating Others' will be held from 4:30 P.M. to 6 P.M., and it will be led by James Duncan, the manager.	네, 물론입니다. 두 개의 교육 시간 일정이 있습니다. 첫 번째로 '팀워크 능력 키우기' 교육이 오전 11시부터 정오까지 전문 강사인 Floyd Payne에 의해 진행될 예정입니다. 또한, '다른 사람에게 동기 부여하기' 교육은 오후 4시 30분부터 오후 6시까지 과장인 James Duncan에 의해 진행될 예정입니다.

Summer Adult School
Orinda Community Center
Course Term: July 1 – September 30

Day	Time	Class	Instructor
Mondays	9:00 A.M. – 11:00 A.M.	Modern Dance	Leo Sanford
Mondays	6:00 P.M. – 8:00 P.M.	Basic Painting	Hannah Kim
Tuesdays	5:00 P.M. – 7:00 P.M.	Flower Arrangement	Erika Peck
Wednesdays	10:00 A.M. – 11:30 A.M.	Asian Cooking	Kara Li
Wednesdays	3:00 P.M. – 5:30 P.M.	Latin Dance	Rafael Mendez
Thursdays	6:00 P.M. – 7:30 P.M.	Yoga and Strength	Nicholas Allan
Fridays	2:00 P.M. – 3:30 P.M.	Beautiful Card Making Class	Fletcher Byers

PREPARATION TIME
00:00:45

Q8.

PREPARATION TIME	RESPONSE TIME
00:00:03	00:00:15

Q9.

PREPARATION TIME	RESPONSE TIME
00:00:03	00:00:15

Q10.

PREPARATION TIME	RESPONSE TIME
00:00:03	00:00:30

💡 꿀팁

- 시작하는 시간이나 날짜를 말할 때 be동사를 넣어 실수하는 경우가 많습니다. 주의하세요.

    The course term will start on July 1st. ⭕

    The course term will be start on July 1st. ❌

- 10번 답변에서 class(강의)에 대한 일정을 나열할 때 강사 이름 앞에 will be led by로 연결했습니다.

    ⋯▸ lecture, speech, presentation(강의, 연설, 발표)은 will be given by와 함께 쓰입니다.

    ⋯▸ workshop, seminar, discussion, class, training(워크숍, 세미나, 논의, 수업, 훈련)은 will be led by와 함께 쓰입니다.

Narration: Hi, I want to register for Summer Adult School classes, but I don't have any information. So, I'd like to get some information about the schedule.

나레이션: 안녕하세요, 이번 여름 평생교육 학교에 등록하고 싶은데 알고 있는 정보가 아무것도 없습니다. 그래서, 일정과 관련된 정보를 좀 얻고 싶습니다.

여름 평생교육 학교
Orinda 커뮤니티 센터
강의 기간: 7월 1일 – 9월 30일

요일	시간	강의	강사
월요일	오전 9:00 – 오전 11:00	현대 무용	Leo Sanford
월요일	오후 6:00 – 오후 8:00	회화 기초	Hannah Kim
화요일	오후 5:00 – 오후 7:00	꽃꽂이	Erika Peck
수요일	오전 10:00 – 오전 11:30	아시아 요리	Kara Li
수요일	오후 3:00 – 오후 5:30	라틴 댄스	Rafael Mendez
목요일	오후 6:00 – 오후 7:30	요가와 근력	Nicholas Allan
금요일	오후 2:00 – 오후 3:30	예쁜 카드 만들기 수업	Fletcher Byers

모범 답안

P4_35

Q8 Where do the classes take place, and what date does the course term start?

수업이 어디에서 진행되고 강의 기간이 시작되는 날짜는 언제인가요?

A8 The classes will take place at the Orinda Community Center, and the course term will start on July 1st.

수업은 Orinda 커뮤니티 센터에서 진행될 것이며, 강의 기간은 7월 1일에 시작될 것입니다.

P4_36

Q9 I think I saw the Yoga and Strength class listed on the schedule. The class will be held on Wednesdays, right?

제가 일정표에서 요가와 근력 수업을 본 것 같은데요. 수업이 매주 수요일에 진행되는 것이 맞죠?

A9 Actually, you have the wrong information. The Yoga and Strength class will be held on Thursdays from 6 P.M. to 7:30 P.M.

사실, 잘못된 정보를 가지고 계세요. 요가와 근력 수업은 매주 목요일 오후 6시부터 오후 7시 30분까지 진행됩니다.

P4_37

Q10 I love to dance. Could you tell me the details of any dance classes that are being offered?

저는 춤추는 것을 좋아합니다. 제공되는 어떠한 댄스 강의든 자세한 정보를 좀 알려주시겠어요?

A10 Sure, of course. There are two scheduled dance classes. First, the Modern Dance class will be held on Mondays from 9 A.M. to 11 A.M., and it will be led by Leo Sanford. Second, the Latin Dance class will be held on Wednesdays from 3 P.M. to 5:30 P.M., and it will be led by Rafael Mendez.

네, 물론입니다. 댄스 강의는 두 가지 일정이 있습니다. 첫 번째로 현대 무용 수업이 매주 월요일 오전 9시부터 오전 11시까지 Leo Sanford에 의해 진행될 예정입니다. 두 번째로는 라틴 댄스 수업이 매주 수요일 오후 3시부터 오후 5시 30분까지 Rafael Mendez에 의해 진행될 예정입니다.

6

P4_38

Michael Connor, Music Director Edmonton Symphony Orchestra Schedule: Tuesday, April 14	
9:00 A.M. – 10:00 A.M.	Martinez Music Festival: Pick out music for the event
11:00 A.M. – Noon	Interview: Becky Hill, Cellist
Noon – 1:00 P.M.	Lunch
1:00 P.M. – 2:00 P.M.	~~Meeting: Potential sponsor(Grace Hur)~~ canceled
2:00 P.M. – 4:00 P.M.	Rehearsal: String musicians only
4:00 P.M. – 5:30 P.M.	Martinez Music Festival: Meet with soloist(Peter Turman)
5:30 P.M. – 7:00 P.M.	Orchestra volunteers' meeting

PREPARATION TIME
00:00:45

Q8.

PREPARATION TIME
00:00:03

RESPONSE TIME
00:00:15

Q9.

PREPARATION TIME
00:00:03

RESPONSE TIME
00:00:15

Q10.

PREPARATION TIME
00:00:03

RESPONSE TIME
00:00:30

꿀팁

- Michael Connor라는 사람의 개인 일과표입니다. 콘퍼런스 일정표와 크게 다른 형식으로 출제되지 않습니다.

- 취소된 내용이 표에 보인다면 시험 문제로 출제될 확률이 높습니다. 하지만 매번 출제되지는 않습니다. 그리고 was canceled로 답변해도 좋습니다.

  Ex The meeting with the potential sponsor is / was canceled.

- 10번 문제 답변 시 Martinez Music Festival과 관련된 모든 일정을 요구했고 표에서 Martinez Music Festival 옆에 있는 내용은 주제나 토픽으로 보이기보다는 Michael Connor라는 사람이 Martinez Music Festival과 관련해 수행해야 하는 내용으로 보입니다. 그러므로 답변을 해주는 입장의 '나'는 정보를 요구하는 '너'에게, 즉 'you' need to(당신은 ~을 해야 한다)로 연결하여 답변할 수 있습니다. you should를 써도 괜찮습니다.

  Ex There are two schedules regarding the Martinez Music Festival. First, from 9 A.M. to 10 A.M., you need to / should pick out music for the event. Also, from 4 P.M. to 5:30 P.M., you need to / should meet with the soloist, Peter Turman.

Narration: Hi there, this is Michael. I don't have my schedule for today with me right now. I would really appreciate if you could give me some details of my schedule.

나레이션: 안녕하세요, Michael입니다. 제가 지금 저의 오늘 일정표를 갖고 있지 않아서요. 제 일정에 대한 자세한 사항을 알려주시면 정말 감사하겠습니다.

Michael Connor, 음악 감독 Edmonton 교향악단 일정: 4월 14일 화요일	
오전 9:00 – 오전 10:00	Martinez 음악 축제: 행사를 위한 음악 고르기
오전 11:00 – 정오	면접: Becky Hill, 첼리스트
정오 – 오후 1:00	점심
오후 1:00 – 오후 2:00	회의: 잠재적 투자자(Grace Hur) 취소됨
오후 2:00 – 오후 4:00	리허설: 현악기 연주자만
오후 4:00 – 오후 5:30	Martinez 음악 축제: 독주자와의 만남(Peter Turman)
오후 5:30 – 오후 7:00	오케스트라 봉사자들 회의

모범 답안

Q8	I know I have an orchestra volunteers' meeting today. Can you tell me what time that is?	제가 오늘 오케스트라 봉사자들과 회의가 있다고 알고 있습니다. 그게 몇 시인지 알려주실 수 있을까요?
A8	Yes. The orchestra volunteers' meeting will be held from 5:30 P.M. to 7 P.M.	네. 오케스트라 봉사자들과의 회의는 오후 5시 30분부터 7시까지 진행될 예정입니다.

Q9	I recall that I'm scheduled to have a meeting with a potential sponsor. Can you tell me when that meeting is?	제 기억에 잠재적 투자자와의 회의 일정이 잡혀 있습니다. 그게 언제인지 알 수 있을까요?
A9	Actually, you don't have to worry about that. The meeting with the potential sponsor is canceled.	사실, 그건 걱정하지 않으셔도 됩니다. 잠재적 투자자와의 회의는 취소되었습니다.

Q10	Can you give me all the details of my schedule today regarding the Martinez Music Festival?	Martinez 음악 축제에 관련된 오늘 일정의 자세한 사항들을 모두 말씀해주시겠어요?
A10	Sure, of course. There are two schedules regarding the Martinez Music Festival. First, from 9 A.M. to 10 A.M., you need to pick out the music for the event. Also, from 4 P.M. to 5:30 P.M., you need to meet with the soloist, Peter Turman.	네, 물론입니다. Martinez 음악 축제에 관련된 일정은 두 가지가 있습니다. 첫 번째로 오전 9시부터 오전 10시까지 행사에 사용될 음악을 골라야 합니다. 또한, 오후 4시부터 오후 5시 30분까지 독주자 Peter Turman과 만나셔야 합니다.

Sam Thomas, Chief Editor	
Emeryville Magazine	
Schedule for Thursday, May 14	
8:30 A.M. – 9:30 A.M.	Phone call: senior editor of *Hayward Magazine*
9:30 A.M. – 10:30 A.M.	~~Meeting: staff writers~~ moved to May 21 at 11 A.M.
10:30 A.M. – 11:30 A.M.	Evaluate applications for potential hires
11:30 A.M. – Noon	Edit business columns
Noon – 1:00 P.M.	Lunch (with Lina Jordan, Pinole Restaurant)
1:00 P.M. – 2:00 P.M.	Video conference: Finance team, Discuss budget for next quarter
2:00 P.M. – 4:00 P.M.	Meeting: Art editor, Choose photos and illustrations

PREPARATION TIME
00:00:45

Q8.

PREPARATION TIME
00:00:03

RESPONSE TIME
00:00:15

Q9.

PREPARATION TIME
00:00:03

RESPONSE TIME
00:00:15

Q10.

PREPARATION TIME
00:00:03

RESPONSE TIME
00:00:30

💡 꿀팁

- Sam Thomas라는 사람의 개인 일과표이며 답변 시 주어를 you로 잡아서 말합니다.

- 취소(canceled), 변경(moved to), 연기(postponed to)된 내용이 표에 보인다면 시험 문제로 출제될 확률이 높습니다. 하지만 매번 출제되지는 않습니다.

- 8번 문제에서 Phone call: senior editor of *Hayward Magazine*의 Phone call 뒤에 붙은 내용은 통화해야 하는 상대입니다. 그러므로 with(~와)로 연결할 수 있습니다.

  Ex You have a phone call with the senior editor of *Hayward Magazine* from 8:30 A.M. to 9:30 A.M.

- 10번 문제에서 Video conference: Finance team, Discuss budget for next quarter와 Meeting: Art editor, Choose photos and illustrations의 Video conference, meeting 뒤에 붙은 내용은 영상 콘퍼런스, 회의를 해야 하는 상대와 그 목적이 제시되어 있습니다. 따라서 with(~와), 그리고 목적 to로 연결했습니다.

  Ex First, you have a video conference from 1 P.M. to 2 P.M. with the finance team to discuss budget for next quarter. After that, you have a meeting with the art editor from 2 P.M. to 4 P.M. to choose photos and illustrations.

- 10번 문제는 매번 중복되는 항목을 문제로 출제하는 것은 아닙니다. 간혹 이 표와 같이 점심 식사 이후의 일정 또는 점심 식사 전의 일정을 묻는 경우도 있습니다.

Narration: Hi, this is Sam. I forgot to bring my schedule with me from the office, and I was hoping you could answer a few questions for me.

나레이션: 안녕하세요, Sam입니다. 사무실에서 제 일정표 가져오는 것을 깜빡해서요, 몇 가지 질문에 답을 해주셨으면 합니다.

Sam Thomas, 편집부장 〈Emeryville 잡지〉 5월 14일 목요일 일정	
오전 8:30 – 오전 9:30	전화 통화: 〈Hayward 잡지〉 상부 편집자
오전 9:30 – 오전 10:30	회의: 직원 작가 5월 21일 오전 11시로 변경
오전 10:30 – 오전 11:30	고용할만한 지원자들 서류 평가하기
오전 11:30 – 정오	사업 분야 칼럼 편집하기
정오 – 오후 1:00	점심 (Lina Jordan과 함께, Pinole 레스토랑)
오후 1:00 – 오후 2:00	영상 콘퍼런스: 회계 부서, 다음 분기 예산을 위한 토의
오후 2:00 – 오후 4:00	회의: 미술 편집자, 사진과 그림 고르기

모범 답안

Q8	What's the first thing on my agenda, and what time is it scheduled for?	제 첫 번째 일정이 무엇이고, 몇 시에 일정이 잡혀있나요?
A8	You have a phone call with the senior editor of *Hayward Magazine* from 8:30 A.M. to 9:30 A.M.	〈Hayward 잡지〉의 상부 편집자와 오전 8시 30분부터 오전 9시 30분까지 전화 통화가 있습니다.

Q9	I think I have a meeting with the staff writers sometime today. What time is the meeting?	제 기억에 직원 작가들과 회의가 있었던 것 같은데요. 몇 시에 회의가 있나요?
A9	Actually, you don't have to worry about that. The meeting with the staff writers is moved to May 21st at 11 A.M.	사실, 그건 걱정하지 않으셔도 됩니다. 직원 작가들과의 회의는 5월 21일 오전 11시로 변경되었습니다.

Q10	Can you give me all the details of my schedule after lunch?	점심 이후에 예정된 일정에 대해 자세한 사항을 모두 알려주시겠어요?
A10	Sure, of course. There are two schedules after lunch. First, you have a video conference from 1 P.M. to 2 P.M. with the finance team to discuss budget for next quarter. After that, you have a meeting with the art editor from 2 P.M. to 4 P.M. to choose photos and illustrations.	네, 물론입니다. 점심 이후에 2가지 일정이 있습니다. 첫 번째로 오후 1시부터 오후 2시까지 회계 부서와 함께 다음 분기 예산을 토의하기 위해 영상 콘퍼런스가 있습니다. 이후에는 미술 편집자와 오후 2시부터 오후 4시까지 사진과 그림을 고르기 위한 회의가 있습니다.

Faxon Pharmaceuticals Inc.
Interview schedule: Research & Development Manager Position
Location: Room 112

Time	Applicant	Current Employer	Years of Experience
8:30 A.M.	Arjun Patel	CareFusion	4
9:00 A.M.	Jessica Gates	APC Biotech	7
9:30 A.M.	Kerry Wang	Sorrento Tech.	3
10:00 A.M.	Nick Hunt	Celltech	2
~~10:30 A.M.~~	~~Nolan Rowley~~	~~Sorrento Tech.~~	6 canceled
11:00 A.M.	Kimberley Weeks	Salix	11

PREPARATION TIME
00:00:45

Q8.

PREPARATION TIME	RESPONSE TIME
00:00:03	00:00:15

Q9.

PREPARATION TIME	RESPONSE TIME
00:00:03	00:00:15

Q10.

PREPARATION TIME	RESPONSE TIME
00:00:03	00:00:30

💡 꿀팁

- 면접 일정표입니다. 하루 동안 진행될 면접 일정을 보여줍니다. 발음하기에 생소한 사람 이름이나 회사 이름이 등장할 수 있습니다. 사람 이름이나 회사 이름의 발음을 크게 잘못하지만 않는다면 감점 사유가 되지는 않습니다. 표를 파악해 볼 수 있는 45초 동안 발음해보고 자연스럽게 답변할 수 있도록 준비해보는 것도 좋은 방법이겠죠?

- room number(방 호수)를 말할 때는 숫자를 각각 읽어줍니다.

  Ex Room 112 → room 'one' 'one' 'two', room 'one twelve'

  ⋯→ 앞으로 보게 될 출장/여행 일정표에 자주 등장하는 flight number(항공편 번호)도 마찬가지입니다.

  Ex Flight 337 → flight 'three' 'three' 'seven'

- 소속 앞의 전치사는 from이 좋습니다.

  Ex First, you will interview Jessica Gates from APC Biotech at 9 A.M. who has 7 years of experience. Also, you will interview Kimberley Weeks from Salix at 11 A.M. who has 11 years of experience.

Narration: Hi, I'm interviewing some people for the R&D Manager's position today, but I just realized that I forgot my schedule. So, I would like to confirm some details with you.

나레이션: 안녕하세요, 오늘 제가 R&D 관리자 직무를 위해 몇 사람들의 면접을 보는데요, 제 일정표를 놓고 왔다는 것을 방금 깨달았습니다. 그래서, 몇 가지 자세한 사항을 확인 부탁드립니다.

Faxon 제약 회사
인터뷰 일정: 연구 & 개발 관리자 직무
위치: 112호

시간	지원자	현재 근무하는 회사	경력연수
오전 8:30	Arjun Patel	CareFusion	4
오전 9:00	Jessica Gates	APC Biotech	7
오전 9:30	Kerry Wang	Sorrento Tech.	3
오전 10:00	Nick Hunt	Celltech	2
~~오전 10:30~~	~~Nolan Rowley~~	~~Sorrento Tech.~~	6 취소됨
오전 11:00	Kimberley Weeks	Salix	11

▶ **모범 답안**

Q8	Can you tell me who is the first applicant, and which room will the interviews be held in?	첫 번째 지원자가 누구이고, 어떤 방에서 면접이 진행될 예정인지 알려주실 수 있나요?
A8	The first applicant is Arjun Patel, and the interviews will be held in Room 112.	첫 번째 지원자는 Arjun Patel이고, 면접은 112호에서 진행될 예정입니다.

Q9	I remember we had two interviews scheduled with applicants from Sorrento Tech. Can you confirm that for me?	제 기억에 Sorrento Tech에서 온 지원자 면접이 2개 예정됐었는데요. 확인 한번 해주시겠어요?
A9	Actually, you have the wrong information. You will interview only one applicant from Sorrento Tech. at 9:30 A.M. who is Kerry Wang. The other interview is canceled.	사실, 잘못된 정보를 가지고 계세요. Sorrento Tech의 지원자 면접은 오전 9시 30분, Kerry Wang 하나뿐입니다. 다른 면접 일정은 취소되었습니다.

Q10	We are looking for candidates with a wide range of experience. Could you give me all the details for any applicants who have more than 5 years of experience?	우리는 다양한 경험을 한 후보자들을 찾고 있습니다. 5년 이상의 경력을 가진 지원자들에 대한 자세한 정보를 모두 말씀해 주시겠어요?
A10	Sure, there are two applicants who have more than 5 years of experience. First, you will interview Jessica Gates from APC Biotech at 9 A.M. who has 7 years of experience. Also, you will interview Kimberley Weeks from Salix at 11 A.M. who has 11 years of experience.	물론입니다. 5년 이상의 경력을 가진 지원자는 2명 있습니다. 첫 번째로 APC Biotech에서 온 경력 7년인 Jessica Gates의 면접이 오전 9시에 진행될 것입니다. 또한, Salix에서 온 경력 11년인 Kimberley Weeks의 면접이 오전 11시에 진행될 것입니다.

9

Cross Creek Shopping Center
List of job interviews
Friday, Jan 24th
Location: Conference Room B

Time	Applicant	Position	Note
1:00 P.M.	Pablo Carter	Inventory Control Specialist	3 years experience
1:30 P.M.	Victor Harrington	Membership Director	Master's degree in Marketing
~~2:00 P.M.~~	~~April Maguire~~	~~Customer Service Desk~~	canceled
3:30 P.M.	Sarah Hampton	Inventory Control Specialist	
4:00 P.M.	Jenny Feeney	Membership Director	Phone interview
4:30 P.M.	Samson Hartley	Security Director	Current Employer: Viejas Casino

PREPARATION TIME
00:00:45

Q8.

PREPARATION TIME	RESPONSE TIME
00:00:03	00:00:15

Q9.

PREPARATION TIME	RESPONSE TIME
00:00:03	00:00:15

Q10.

PREPARATION TIME	RESPONSE TIME
00:00:03	00:00:30

꿀팁

- 면접 일정표입니다. 8번 문제는 시험으로 자주 등장하는 질문 형식은 아닙니다. 그렇지만 표에 취소된 내용이 있다면 어떤 형식이 되었던 문제로 출제될 가능성이 크니 항상 주의 깊게 보세요.

- Note(비고)란에 있는 내용은 문장으로 제시되지 않고 간단하게 표기하는 경우가 많으므로 표를 파악해 볼 수 있는 45초의 준비 시간 동안 어떻게 문장 형식으로 답변할지 생각해보면 좋습니다.

Narration: Hello, I'm interviewing job applicants this Friday, but I can't find my copy of the interview schedule. So, I'd like to get some details.

나레이션: 안녕하세요, 제가 금요일에 지원자들 면접을 보는데요, 면접 일정 복사본을 찾을 수가 없네요. 그래서, 세부 사항을 좀 알고 싶습니다.

Cross Creek 쇼핑센터
면접자 리스트
1월 24일 금요일
장소: 회의실 B

시간	지원자	직무	비고
오후 1:00	Pablo Carter	재고 관리 전문가	3년 경력
오후 1:30	Victor Harrington	회원 관리 감독	마케팅 석사 학위
~~오후 2:00~~	~~April Maguire~~	~~고객 서비스 응대~~	취소됨
오후 3:30	Sarah Hampton	재고 관리 전문가	
오후 4:00	Jenny Feeney	회원 관리 감독	전화 면접
오후 4:30	Samson Hartley	안전 관리 감독	현재 직장: Viejas Casino

모범 답안

Q8	When does the first interview start, and who am I interviewing?	첫 번째 면접은 언제 시작하나요, 그리고 누구를 면접 보나요?
A8	The first interview will start at 1 P.M., and you will interview Pablo Carter.	첫 번째 면접은 오후 1시에 시작하며, Pablo Carter를 면접 볼 예정입니다.

Q9	I have an appointment with my personal trainer at 2:00 P.M. today. Will I have to reschedule it?	제가 오늘 오후 2시에 개인 트레이너와 약속이 있습니다. 제가 일정 조정을 해야 할까요?
A9	Actually, you don't have to worry about that. The interview at 2 P.M. is canceled, so you can meet with your personal trainer.	사실, 걱정하지 않으셔도 됩니다. 오후 2시의 면접이 취소되어서 개인 트레이너와 만나실 수 있습니다.

Q10	It's very important that we try to increase our membership this year. So, we have to fill the Membership Director position as soon as possible. Can you give me all the details about the interviews for the Membership Director position?	올해 회원을 늘리는 것이 매우 중요합니다. 그래서, 회원 관리 감독 직무를 가능한 한 빨리 충원해야 합니다. 회원 관리 감독 직무 면접에 대한 자세한 사항을 모두 알려주시겠어요?
A10	Yes, of course. There are two interviews for the Membership Director position. First, you will interview Victor Harrington at 1:30 P.M. who has a master's degree in marketing. Also, you will interview Jenny Feeney at 4 P.M., and it's a phone interview.	네, 물론입니다. 회원 관리 감독 직무는 2개의 면접이 있습니다. 첫 번째로 오후 1시 30분에 마케팅 석사 학위가 있는 Victor Harrington의 면접을 볼 것입니다. 또한, 오후 4시에 Jenny Feeney의 면접을 볼 것이며, 전화 면접입니다.

Julia Carney Phone: 415-505-9931 E-mail: jcarney98@nowmail.com	
Position Desired	Head Translator/Interpreter, NBD Translation Agency
Work Experience	Junior Translator, Day Translation Office (2017-Present) Spanish Interpreter, Global Language Academy (2014-2017)
Education	Oakwood University, Master's Degree (2015) Major: Linguistics Providence University, Bachelor's Degree (2013) Major: Spanish
Languages	Fluent(English, Spanish, Italian), Conversational Chinese
Reference	Tommy Lee, Head Translator, Day Translation Office

PREPARATION TIME
00:00:45

Q8.
PREPARATION TIME 00:00:03 | RESPONSE TIME 00:00:15

Q9.
PREPARATION TIME 00:00:03 | RESPONSE TIME 00:00:15

Q10.
PREPARATION TIME 00:00:03 | RESPONSE TIME 00:00:30

꿀팁

- 이력서입니다. 일정표보다 시험에서 출제될 확률이 낮습니다. 이력서는 출제되는 포맷이 항상 흡사합니다.

- 이력서 상단에는 항상 이름, 주소, 이메일, 전화번호 등이 제시되어 있는데 시험 문제로는 출제되지 않기 때문에 표를 파악해 볼 수 있는 45초의 준비 시간 동안 이 정보들은 볼 필요가 없습니다.

- 이력서의 9번 문제는 흔히 지원자의 특정 능력에 관해 묻는 경우가 많습니다. 따라서 skills(기술), language skills(언어 능력), awards(수상 경력), qualification(자격 조건), certificate(자격증) 등의 항목에서 문제가 많이 출제된다는 점을 잊지 마세요.

- 10번 문제로는 주로 경력이나 학력 항목을 세부적으로 답변해야 하는 문제가 많이 출제됩니다. 경력에 대한 답변 시 시제에 신경 쓰세요.

- '년도'와 '전공' 앞의 전치사는 in입니다.
  Ex She graduated from Providence University with a bachelor's degree in 2013 in Spanish. Also, she received a master's degree in 2015 in Linguistics. ~~That is all the information about her educational background.~~ 답변 시 시간이 부족하다면 마지막 문장을 빼도 좋습니다.

Narration: Hi, this is Derrick, the interviewer. I'm supposed to interview Julia Carney later in this afternoon, but I misplaced her résumé. So, I was hoping you could answer some of my questions.

나레이션: 안녕하세요, 면접관 Derrick입니다. 오늘 늦은 오후에 Julia Carney의 면접을 보기로 예정되어 있는데, 제가 그녀의 이력서를 잃어버렸습니다. 그래서, 몇 가지 질문에 답해 주셨으면 합니다.

Julia Carney 전화번호: 415-505-9931 이메일: jcarney98@nowmail.com	
희망 직무	번역/통역 책임자, NBD 통역 대행업체
경력	하급 번역가, Day Translation Office (2017-현재) 스페인 통역관, Global Language Academy (2014-2017)
학력	Oakwood University, 석사 학위 (2015) 전공: 언어학 Providence University, 학사 학위 (2013) 전공: 스페인어
언어	유창함(영어, 스페인어, 이탈리아어), 중국어 회화 가능
추천서	Tommy Lee, 번역 책임자, Day Translation Office

▶ **모범 답안**

⌒ P4_60

Q8	What is her current job and where does she work?	현재 그녀의 직업은 무엇이며, 어디에서 직장을 다니고 있나요?
A8	Her current job is a Junior Translator, and she works at Day Translation Office.	그녀의 현재 직업은 하급 번역가이며, Day Translation Office에서 일하고 있습니다.

⌒ P4_61

Q9	We need to hire someone who can translate Spanish to English on a regular basis as we get a lot of clients from Spanish speaking countries. Would this be a problem for her?	저희는 스페인어를 사용하는 나라의 고객들이 많으므로 정기적으로 스페인어를 영어로 번역할 줄 아는 사람을 고용해야 합니다. 혹시 그녀에게 문제가 될까요?
A9	It's not a problem for her. She is fluent in English and Spanish.	그것은 그녀에게 문제가 되지 않습니다. 그녀는 영어와 스페인어에 유창합니다.

⌒ P4_62

Q10	Could you please tell me all about her educational background in detail?	그녀의 학력에 대한 자세한 사항을 모두 말씀해 주시겠어요?
A10	Sure, of course. She graduated from Providence University with a bachelor's degree in 2013 in Spanish. Also, she received a master's degree in 2015 in Linguistics. That is all the information about her educational background.	그럼요, 물론입니다. 그녀는 Providence University에서 2013년에 스페인어로 학사 학위를 받고 졸업했습니다. 또한, 그녀는 2015년에 언어학으로 석사 학위를 받았습니다. 이 정도가 그녀의 학력에 대한 모든 정보입니다.

Victor Lee 72 Washington Rd., Coronado Phone: 619-775-8200 E-mail: kane_lee09@supmail.com	
Position Sought	Accounting Manager(Apex Investment Corporation)
Experience	Senior Accountant – Lampkins Trust Co. (2012 – Present) Staff Accountant – Morningstar Investment (2009 – 2011) Part-time Receptionist – Crown Capital Group (2007 – 2008)
Education	University of San Diego, Degree in Accounting & Finance (2007)
Awards and Accomplishments	Exceptional Service and Counselling Award (2012) Featured Presenter at Daly City Accounting Conference (2013, 2014)

PREPARATION TIME
00:00:45

Q8.

PREPARATION TIME
00:00:03

RESPONSE TIME
00:00:15

Q9.

PREPARATION TIME
00:00:03

RESPONSE TIME
00:00:15

Q10.

PREPARATION TIME
00:00:03

RESPONSE TIME
00:00:30

💡 꿀팁

- 어떤 표이든 질문이 길어지고 이해하기가 힘들어진다면 어떤 키워드가 들리는지에 집중하고 그 키워드가 포함된 줄을 답변으로 말하세요. 예를 들어 이 표의 경우 9번 문제가 너무 길게 출제되어서 이해하기가 힘들어도 conference라는 단어만 들렸다면 일단 문제는 해결됩니다. 왜냐하면, 표에서 conference가 표기된 항목이 답이니까요.

Narration: Hi, we need to hire a suitable person to fill our Accounting Manager position as soon as possible. And I was hoping you could give me some information about Mr. Lee.

나레이션: 안녕하세요, 저희가 회계 관리자 직무를 충원할 적절한 인재를 가능한 한 빨리 고용하려 하고 있습니다. 그래서 Mr. Lee에 관한 정보를 좀 알려주셨으면 합니다.

Victor Lee 72 Washington 로, Coronado 전화번호: 619-775-8200 이메일: kane_lee09@supmail.com	
희망 직무	회계 관리자(Apex Investment Corporation)
경력	상급 회계사 – Lampkins Trust Co. (2012-현재) 직원 회계사 – Morningstar Investment (2009-2011) 접수 담당자 아르바이트 – Crown Capital Group (2007-2008)
학력	University of San Diego, 회계&재무 학위 (2007)
수상 경력 및 업적	특별 서비스와 상담 공모전 (2012) Daly City에서의 회계 콘퍼런스 특별 진행자 (2013, 2014)

모범 답안

Q8	What University did Mr. Lee graduate from? And what did he study?	Mr. Lee가 어느 대학을 졸업했나요? 그리고 무엇을 공부했나요?
A8	He graduated from the University of San Diego, and he has a degree in accounting and finance.	University of San Diego를 졸업했고, 회계와 재정 학위를 받았습니다.

| Q9 | The person we hire will need to make presentations at conferences frequently. Is there anything in the résumé that shows Mr. Lee could manage that? | 저희가 고용할 사람은 자주 콘퍼런스에서 발표를 해야 합니다. 이력서에 Mr. Lee가 그 점이 가능한지에 대해 보여주는 부분이 있나요? |
| A9 | Yes, he was the featured presenter at Daly City Accounting Conference in 2013 and 2014. | 네, 그는 2013년과 2014년에 Daly City 회계 콘퍼런스에서 특별 진행자였습니다. |

| Q10 | Could you tell me all the details of his work experience related to accounting? | 회계와 관련된 그의 경력에 대해 모두 자세히 알려주시겠어요? |
| A10 | Sure, of course. He has two experiences. First, he worked as a staff accountant at Morningstar Investment from 2009 to 2011. And then, he has been working as a Senior Accountant at Lampkins since 2012. | 그럼요, 물론입니다. 그는 두 가지 경력을 가지고 있습니다. 첫 번째로 그는 Morningstar Investment에서 2009년부터 2011년까지 직원 회계사로 일했습니다. 그다음에, 그는 Lampkins에서 2012년부터 상급 회계사로 일해왔습니다. |

12

P4_68

Travel Itinerary for Cindy Miles, General Manager	
Flight Information	**Date and Time**
Departure – Arizona, Rainbow Airline Flight 114 Arrival – Atlanta *Rental car reserved at airport(Comfort Auto)*	Sep. 10, 8:30 A.M. – 1:50 P.M.
Departure – Atlanta, Rainbow Airline Flight 972 Arrival – Arizona	Sep. 24, 2:00 P.M. – 7:20 P.M.
Hotel Information	
Spring Hill Hotel, Atlanta	Sep. 10 – Sep. 24
Day Trip Information	
1. Roswell Headquarters 2. Bolton Facility	Sep. 13, 9:00 A.M. – 5:00 P.M. Sep. 18, 8:30 A.M. – 4:30 P.M.

PREPARATION TIME
00:00:45

Q8.

PREPARATION TIME	RESPONSE TIME
00:00:03	00:00:15

Q9.

PREPARATION TIME	RESPONSE TIME
00:00:03	00:00:15

Q10.

PREPARATION TIME	RESPONSE TIME
00:00:03	00:00:30

꿀팁

- Cindy Miles라는 사람의 출장 일정을 보여주는 출장 일정표입니다. 콘퍼런스, 개인, 면접 일정표보다 시험으로 출제될 확률이 낮지만, 표의 배열이 비슷합니다.

- 8번 문제는 주로 출입국 날짜, 비행편 시간을 많이 질문합니다. 여행/출장 일정표에 자주 등장하는 flight number(항공편 번호)는 숫자를 각각 읽어줍니다.
  Ex Rainbow Airline Flight 114 → Rainbow Airline flight 'one' 'one' 'four'

- 9번 문제는 주로 출장인 본인이 착각하고 있는 내용이나 모르고 있는 정보를 묻습니다.

- 10번 문제는 주로 출장 일정표의 한 항목 전체를 말해야 하는 질문이 많이 출제됩니다.

- 표 어딘가에 별표 또는 이탤릭체로 표기된 추가 정보가 있다면 주의 깊게 보고 준비 시간을 활용해서 답변을 준비해 두세요. 문제로 출제될 확률이 높습니다.

Narration: Hi, I'm Cindy Miles, and I'm having trouble finding my itinerary for Atlanta. So, I was hoping you could give me some information about my trip to Atlanta.

나레이션: 안녕하세요, Cindy Miles인데요, 제가 Atlanta에 가는 일정표를 찾지 못하고 있습니다. 그래서, Atlanta 출장에 대한 정보를 좀 알려주셨으면 합니다.

Cindy Miles 부장님 출장 일정표	
비행 정보	**날짜 및 시간**
출발 − Arizona, Rainbow Airline 114편 도착 − Atlanta * 공항에서 렌터카가 예약되어 있음(Comfort Auto)	9월 10일, 오전 8:30 − 오후 1:50
출발 − Atlanta, Rainbow Airline 972편 도착 − Arizona	9월 24일, 오후 2:00 − 오후 7:20
호텔 정보	
Spring Hill 호텔, Atlanta	9월 10일 − 9월 24일
당일치기 정보	
1. Roswell 본사	9월 13일, 오전 9:00 − 오후 5:00
2. Bolton 시설	9월 18일, 오전 8:30 − 오후 4:30

▶ 모범 답안

Q8	What is the date of the flight to Atlanta, and what airline am I taking?	Atlanta로의 비행 날짜는 언제이고, 어떤 항공을 제가 이용하나요?
A8	The date of the flight to Atlanta is Sep. 10th, and you will take Rainbow Airline Flight 'one' 'one' 'four'.	Atlanta로의 비행 날짜는 9월 10일이고, Rainbow Airline 114편을 탑승하실 것입니다.

Q9	When I arrive at the airport in Atlanta, do I have to use the public transportation there?	제가 Atlanta 공항에 도착하게 되면 대중교통을 이용해야 하나요?
A9	Actually, you don't have to. A rental car is reserved at the airport. The rental car company is Comfort Auto.	사실, 그러실 필요 없습니다. 공항에 렌터카가 예약되어 있습니다. 렌터카 회사는 Comfort Auto입니다.

Q10	I know I have a couple of day trips when I'm in Atlanta. So, could you tell me all the details of my day trips?	제가 Atlanta에 있을 때 며칠 당일치기 일정이 있다고 알고 있습니다. 제 당일치기 일정에 대한 자세한 사항을 모두 알려주시겠어요?
A10	Sure, that's not a problem. There are two day trips scheduled. First, you will visit Roswell Headquarters on September 13th from 9 A.M. to 5 P.M. Also, you will visit Bolton Facility on September 18th from 8:30 A.M. to 4:30 P.M.	물론이죠, 문제없습니다. 당일치기 일정이 2가지 있습니다. 첫 번째로는 Roswell 본사를 9월 13일 오전 9시부터 오후 5시까지 방문할 것입니다. 또한, Bolton 시설을 9월 18일 오전 8시 30분부터 오후 4시 30분까지 방문할 것입니다.

13

Itinerary: Paul Kim, Zookeeper		
Thursday, June 18	6:30 A.M. 8:00 A.M. 10:00 A.M. Noon 5:30 P.M.	Depart: Oakland (West United Airline #587) Arrive: San Diego Meeting: San Diego Zoo managers Lunch: Kyle Stanley (discuss quarterly budget) Dinner: Sunny Lim, Animal Curator
Friday, June 19	8:00 A.M. 9:30 A.M. Noon 3:30 P.M.	Meeting: Gary Wise (discuss safety issues) Tour: newly renovated reptile house Lunch: Kelly Smith, Zoologist Depart: San Diego (West United Airline #301)

PREPARATION TIME
00:00:45

Q8.

PREPARATION TIME	RESPONSE TIME
00:00:03	00:00:15

Q9.

PREPARATION TIME	RESPONSE TIME
00:00:03	00:00:15

Q10.

PREPARATION TIME	RESPONSE TIME
00:00:03	00:00:30

💡 꿀팁

- 9번 문제는 목요일 오후에 개인 용무 가능 여부를 묻는 문제입니다. 정오부터 오후 5시 30분까지 시간적 공백이 크다는 것을 확인할 수 있으므로 그 시간 동안 개인 용무가 가능하다고 답변할 수 있습니다. 자주 등장하는 문제 형식은 아니지만, 시간적 공백이 크게 표시된 부분이 있다면 주의 깊게 보세요.

- 10번 문제처럼 오전이나 오후 일정, 또는 점심 식사 전이나 점심 식사 후의 일정을 묻는 문제도 가끔 출제되는 형식 중 하나입니다.

Narration: Hello, this is Paul Kim. I forgot to bring my itinerary for San Diego from the office, and I really need to know the details. I was wondering if you could help me to get some information.

나레이션: 안녕하세요, Paul Kim입니다. 제가 사무실에서 San Diego의 일정표를 깜빡 잊고 놓고 왔는데요, 자세한 사항을 꼭 알아야 합니다. 정보를 좀 알려주실 수 있을지 궁금합니다.

일정표: 사육사 Paul Kim		
6월 18일 목요일	오전 6:30	출발: Oakland (West United Airline 587편)
	오전 8:00	도착: San Diego
	오전 10:00	회의: San Diego 동물원 관리자
	정오	점심: Kyle Stanley (분기 예산 논의)
	오후 5:30	저녁: Sunny Lim, 동물 큐레이터
6월 19일 금요일	오전 8:00	회의: Gary Wise (안전 문제 논의)
	오전 9:30	투어: 새로 보수된 파충류의 집
	정오	점심: Kelly Smith, 동물학자
	오후 3:30	출발: San Diego (West United Airline 301편)

모범 답안

Q8 What time do I leave from Oakland, and what airline will I be using?

Oakland에서 몇 시에 떠나고, 어떤 항공을 이용하게 되나요?

A8 You will depart from Oakland at 6:30 A.M., and you will take West United Airline number 587.

Oakland에서 오전 6시 30분에 출발할 것이며, West United Airline 587편을 이용할 것입니다.

Q9 I was hoping to visit some souvenir shops on Thursday if it's possible. Will I have time for that on Thursday afternoon?

가능하다면 목요일에 기념품 상점을 들렀으면 합니다. 목요일 오후에 시간이 가능할까요?

A9 Yes, you do. You don't have anything scheduled from noon to 5:30 P.M.

네, 가능합니다. 정오부터 오후 5시 30분까지는 아무 일정도 없습니다.

Q10 Can you give me all the details of my schedule on Friday morning?

금요일 오전 일정에 대한 자세한 사항을 모두 알려주시겠어요?

A10 Sure. First, at 8:00 A.M., you have a meeting with Gary Wise to discuss safety issues. Also, at 9:30 A.M., you have a tour of the newly renovated reptile house.

그럼요. 첫 번째로 오전 8시에 Gary Wise와 안전 문제에 대해 논의하는 회의가 있습니다. 또한, 오전 9시 30분에 새로 보수된 파충류의 집 투어가 있습니다.

PART 5
Question 11

저자 직강
무료 동영상 강의

Express an opinion
의견 제시하기

📢 i와 W 패턴... 왜 이걸 이제 알려줘?
PART 5는 특정한 토픽에 대해 자신의 의견을 논리적으로 말하는 파트입니다.

PART 5 ▷ 꿀팁 전략

▶▶ 진행 순서

1 약 15초의 Directions로 시작합니다. Directions는 성우가 이 파트에서 무엇을 어떻게 답변해야 하는지 지시해 주는 시간입니다. 모든 파트가 시작하기 전에 음성과 함께 화면에 제시됩니다.

2 Directions가 끝나면 질문이 모니터에 음성과 함께 제시됩니다. 모니터에 제시된 질문을 파악할 시간입니다.

3 성우가 질문을 다 읽어준 후, 준비 시간 45초가 주어집니다. 준비 시간과 답변 시간이 끝날 때까지 질문은 모니터에 계속 보입니다. 답변은 이미 i 패턴, W 패턴, MTCQ, 이유 패턴으로 정해져 있으며 열심히 외우면 됩니다.

4 준비 시간이 끝나면 답변 시간 60초가 주어집니다. 답변 시간 동안에는 내가 암기한 i 패턴, W 패턴, MTCQ, 이유 패턴 중에서 해당 질문과 상황에 맞는 패턴을 적용해 최대한 자연스럽게 연기합니다.

PART 5는 답변 시간(60초)이 길어서 답변을 막힘없이 유창하게 이어 나가기가 매우 어려운 고난도 파트입니다. 한국 말로 답변해도 60초를 답변하기 막막한 토픽이 출제되기도 합니다. 그래서 이미 짜인 패턴 2개로 모든 문제에 접근하는 방법을 제공합니다. 주요 답변 전략은 i 패턴과 W 패턴입니다. 어떤 토픽이 출제되었는지에 따라 두 패턴 중 하나, 또는 두 패턴을 혼합해서 큰 틀로 잡고 문제를 풀어나간다면 60초 채우기는 문제없을 것입니다.

📋 출제 유형

▶ **찬반형 질문**

Do you agree or disagree with ~? 어떤 의견에 동의하는지 동의하지 않는지를 묻는 유형

▶ **장/단점 질문**

What are the advantages of ~? 어떤 소재의 장점을 묻는 유형

What are the disadvantages of ~? 어떤 소재의 단점을 묻는 유형

▶ **선택형 질문**

Which do you prefer ~? 두 가지 중 선호하는 것을 묻는 유형

Which of the following do you think is the most important ~? 세 가지의 선택지 중 1개를 택해 의견을 말하는 유형

▶ **그 외**

Do you think ~? ~에 그렇게 생각하십니까?

Would you consider ~? ~을 고려해 보겠습니까?

▶ 직장/업무 관련 내용

▶ 아이들 또는 학생들의 교육 관련 내용

▶ 일상생활 또는 취미 관련 내용

주요 핵심 패턴

1. i 패턴이란?

i 패턴이란 Internet을 의미합니다. Internet, online, computer, smartphone, social media, social networking website, e-learning, e-books와 같이 인터넷과 관련된 질문은 물론 그렇지 않은 질문에도 i 패턴으로 응용하여 문제 풀이가 가능합니다.

i 패턴

The Internet is very convenient. 인터넷은 매우 편리합니다.

And it saves money and time. 그리고 돈과 시간을 절약합니다.

Nowadays, I think the Internet can be a good resource in any given situation.
요즘 인터넷은 어떠한 상황에서든 좋은 도구가 될 수 있다고 생각합니다.

There is literally nothing that we cannot do by using the Internet.
말 그대로 인터넷으로 못 하는 일은 없습니다.

Besides, we can easily access the internet by using computers or smartphones.
게다가, 우리는 컴퓨터나 스마트폰으로 인터넷에 쉽게 접속할 수 있습니다.

That means, it is possible to _____ anywhere anytime conveniently.
그것은 언제 어디에서나 편리하게 _____이 가능하다는 것을 의미합니다.

In a lot of cases, I think our society operates based on computer and internet technology. 다방면에서 우리 사회는 컴퓨터와 인터넷 기술에 기반을 두어 운영된다고 생각합니다.

2. W 패턴이란?

W 패턴이란 work를 의미합니다. work, job, company, business, co-workers, work skills, team leader, internship, employee와 같이 업무나 일에 관련된 토픽, 또는 children, students, high school, university처럼 아이들이나 학생들의 교육 관련 질문에서 W 패턴을 응용할 수 있습니다. W 패턴에서는 빈칸 안에 들어갈 내용이 중요합니다. 빈칸은 질문이 다루고 있는 핵심 키워드(명사, 동명사, 동명사구)로 채워줍니다. 만약 빈칸에 들어갈 내용을 질문에서 추출하기가 어렵다면 대명사 It으로 채워서 답하세요.

W 패턴은 W 플러스 패턴과 W 마이너스 패턴으로 응용하여 주어진 질문에 접근할 수 있습니다. W 플러스 패턴은 어떤 토픽의 장점을 서술할 때 또는 나의 의견을 긍정적인 방향으로 답변할 때 적용합니다. W 마이너스 패턴은 어떤 토픽의 단점을 서술할 때 또는 나의 의견을 부정적인 방향으로 답변할 때 적용합니다.

❶ W 플러스 패턴

I think _____ is an important part of _____. __은 __의 매우 중요한 부분이라고 생각합니다.

It could bring a lot of benefits. 그것은 여러 가지 이점을 가지고 있습니다.

I believe that work efficiency and productivity can be increased by _____.
__을 통해서 일의 능률과 생산성이 증진될 수 있다고 생각합니다.

So, work quality and performance can also be enhanced.
그 결과로, 일의 질과 성과 또한 향상될 수 있습니다.

_____ will affect the work in a positive way and help _____ get through different challenges and obstacles.
__은 일에 긍정적인 영향을 주고 __가 여러 가지 도전과 장애물을 극복할 수 있도록 도와줄 것입니다.

I also think it is one of the best ways to maximize work potential.
저는 또한 일의 잠재력을 최대화시킬 수 있는 가장 좋은 방법 중 하나라고 생각합니다.

As a result, _____ can accomplish more and expect a great outcome by _____.
결과적으로, __는 __을 통해서 성취도를 높이고 훌륭한 결과를 기대할 수 있습니다.

❷ W 마이너스 패턴

I think _____ is not an important part of _____. __은 __의 중요치 않은 부분이라고 생각합니다.

It could not bring any benefits. 그것은 도움이 될 수 없습니다.

I believe that work efficiency and productivity can be decreased by _____.
__을 통해서 일의 능률과 생산성이 감소될 수 있다고 생각합니다.

So, work quality and performance can also be reduced.
그 결과로, 일의 질과 성과 또한 떨어질 수 있습니다.

_____ will affect the work in a negative way and people might lose focus on their goals.
__은 일에 부정적인 영향을 주고 그들의 목표에 집중하기 어려울 수도 있을 것입니다.

I also think it is one of the worst ways to maximize work potential.
저는 또한 일의 잠재력을 최대화시키지 못하는 최악의 선택 중 하나라고 생각합니다.

As a result, _____ can accomplish less and expect a bad outcome by _____.
결과적으로, __는 __을 통해서 성취도를 낮추고 좋지 않은 결과를 기대할 수도 있습니다.

밑줄 부분과 하이라이트 된 부분을 신경 써서 보세요. not, decreased, reduced, negative, might lose focus on their goals, worst, less, bad를 적절한 타이밍에 덧붙여서 W 플러스 패턴과는 상반되는 내용으로 바뀐 형태입니다.

3. MTCQ, 이유 패턴의 중요성(PART 3 참고)

PART 5 질문은 PART 3의 7번 질문과 흡사한 내용을 많이 다룹니다. 그러므로 앞서 PART 3 학습 시 익혔던 MTCQ와 이유 패턴은 PART 5에서도 적용 가능한 문제가 많이 출제됩니다. PART 3에서는 부분적으로 i, W 패턴을 적용해 풀어가는 문제도 많이 볼 수 있었습니다. 따라서 i, W, MTCQ, 이유 패턴을 유연하게 잘 활용할 수 있다면 PART 3과 5에 어떠한 문제가 나와도 끄떡없습니다.

답변 순서와 방법

STEP 1 서론(의견 소개)

서론은 모니터에 보이는 질문을 그대로 활용해서 만들어 주면 됩니다. 그다음 I have a few reasons why I think this way(제가 이렇게 생각하는 이유가 몇 가지 있습니다) 아니면 Let me support my opinion with a few reasons(제 의견을 몇 가지 이유로 뒷받침해보겠습니다) 중 암기가 편한 쪽으로 연결해 주면 됩니다.

STEP 2 본론(『근거+예시』: i 또는 W 패턴으로 큰 틀을 잡아 줌)

본론은 근거와 예시를 말하면 되는데 i 또는 W 패턴으로 큰 틀을 잡아주고 부가할 내용이나 응용할 내용이 있으면 붙여주거나 추가하면 됩니다. MTCQ와 이유 패턴으로 보조 설명을 해도 좋습니다.

STEP 3 경험 (*옵션)

개인 스피킹 능력에 따라 다르겠지만, 질문을 뒷받침해 줄 수 있는 1~2개의 경험 문장을 말해주면 좋습니다. 만약 자신이 없는 부분이라면 과감히 포기하고 암기한 패턴을 막힘없이 유창하게 말하는 데 더 집중하세요. 경험에 관한 내용은 사실이 아니어도 괜찮으며, 결론 문장 직전에 추가해주면 가장 자연스럽습니다.

STEP 4 결론(서론 의견 반복)

결론은 Therefore(그러므로)로 시작해서 서론에 언급했던 나의 의견을 그대로 다시 붙여주면 됩니다.

문제 맛보기 1

질문이 Internet 관련 키워드를 다루고 있다면 무조건 i 패턴!

🎧 P5_01

Nowadays, more people choose to read online newspapers instead of printed newspapers.
Do you think the Internet will replace print media? Why or why not?
Support your opinion with specific reasons or examples.

요즘 인쇄된 신문보다 온라인 신문을 읽는 사람들이 더 많아졌습니다.
인터넷이 인쇄 매체를 대신할 것이라고 생각하나요? 왜 또는 왜 그렇지 않은가요?
구체적인 이유 또는 예시를 들어 의견을 뒷받침해보세요.

🎧 P5_02

서론	Yes. In my opinion, I think the Internet will replace print media. I have a few reasons why I think this way.	네. 저는 인터넷이 인쇄 매체를 대신할 것이라고 생각합니다. 제가 이렇게 생각하는 이유가 몇 가지 있습니다.
본론 (i 패턴 적용)	The internet is very convenient for people. And it saves money and time. Nowadays, I think the Internet can be a good resource in any given situation. There is literally nothing that we cannot do by using the Internet. Besides, we can easily access the Internet by using computers or smartphones. That means, it is possible to [read online newspapers and get information] anywhere anytime conveniently. In a lot of cases, I think our society operates based on computer and Internet technology.	인터넷은 사람들에게 매우 편리합니다. 그리고 돈과 시간을 절약합니다. 요즘 인터넷은 어떠한 상황에서든 좋은 도구가 될 수 있다고 생각합니다. 말 그대로 인터넷으로 못 하는 일은 없습니다. 게다가, 우리는 컴퓨터나 스마트폰으로 인터넷에 쉽게 접속할 수 있습니다. 그것은 언제 어디서나 편리하게 온라인 신문을 읽고 정보를 얻는 것이 가능하다는 것을 의미합니다. 다방면에서 우리 사회는 컴퓨터와 인터넷 기술에 기반을 두어 운영된다고 생각합니다.
결론	Therefore, I believe the Internet will definitely replace print media.	따라서, 저는 전적으로 인터넷이 인쇄 매체를 대체할 것이라고 생각합니다.

▶ 질문이 online, Internet 키워드를 다루고 있어서 난이도상 어렵지 않은 문제이며, i 패턴을 그대로 적용하면 됩니다.

▶ 본론에서 대괄호 안에 들어갈 내용을 생각해 놓으면 좋습니다. 이 내용은 대부분 모니터에 보이는 질문에서 찾을 수 있습니다. 이 문제에서는 read online newspapers(온라인 신문을 읽는 것)를 대괄호 안에 넣어 답변했고 get information(정보를 얻는 것)은 부가적으로 추가했습니다.

▶ 결론은 therefore 다음 서론과 동일하게 답변해도 되지만 반복적인 느낌을 피하고자 약간 바꿔서 말해도 좋습니다.

▶ 밑줄 부분은 질문에 따라 i 패턴에 내용이 추가되거나 응용된 부분입니다.

▶ 경험 아이디어
> **Ex** In my case, I think it's a hassle to carry around paper books and newspapers. I get all the information I need by using the smartphone.
> 저의 경우에는 인쇄된 책이나 신문을 들고 다니는 것이 귀찮다고 생각합니다. 필요한 모든 정보는 스마트폰을 사용해서 얻습니다.

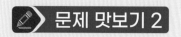

문제 맛보기 2

[i 패턴 적용 문제]
질문에 Internet 관련 키워드가 없다면 뒤집기 문장 추가!

🎧 P5_03

Do you agree or disagree with the following statement?
"Communicating with a person face-to-face is better than other forms of communication."
Support your answer with reasons or examples.

다음 주장에 동의하나요, 동의하지 않나요?
"직접 만나서 소통하는 것이 다른 형태의 소통 방법보다 더 낫다."
이유 또는 예시를 들어 의견을 뒷받침해보세요.

🎧 P5_04

서론	I disagree with the statement that communicating with a person face-to-face is better than other forms of communication. I have a few reasons why I think this way.	저는 직접 만나서 소통하는 것이 다른 형태의 소통 방법보다 더 낫다는 주장에 동의하지 않습니다. 제가 이렇게 생각하는 이유가 몇 가지 있습니다.
뒤집기 문장	I think using the Internet is the best way to communicate with a person.	인터넷을 활용하는 것은 누군가와 소통하기에 가장 좋은 방법이라고 생각합니다.
본론 (i 패턴 적용)	Internet is very convenient. And it saves money and time. Nowadays, I think the Internet can be a good resource in any given situation. There is literally nothing that we cannot do by using the Internet. Besides, we can easily access the Internet by using computers or smartphones. That means, it is possible to [communicate with other people] anywhere anytime conveniently. In a lot of cases, I think our society operates based on computer and Internet technology. W 패턴 연결 가능	인터넷은 매우 편리합니다. 그리고 돈과 시간을 절약합니다. 요즘 인터넷은 어떠한 상황에서든 좋은 도구가 될 수 있다고 생각합니다. 말 그대로 인터넷으로 못 하는 일은 없습니다. 게다가, 우리는 컴퓨터나 스마트폰으로 인터넷에 쉽게 접속할 수 있습니다. 그것은 언제 어디에서나 편리하게 다른 사람들과 소통이 가능하다는 것을 의미합니다. 다방면에서 우리 사회는 컴퓨터와 인터넷 기술에 기반을 두어 운영된다고 생각합니다
결론	Therefore, I disagree with the statement that communicating with a person face-to-face is better than other forms of communication.	따라서, 저는 직접 만나서 소통하는 것이 다른 형태의 소통 방법보다 낫다는 주장에 동의하지 않습니다.

▶ 찬반형 질문이며, 질문에 동의하지 않았습니다. 왜냐하면, 누군가와 직접 만나서 소통하는 것보다 인터넷을 활용하여 소통하는 방법이 더 낫다는 아이디어로 답변을 연결해 나가는 쪽이 훨씬 유리하기 때문이죠.

▶ 질문이 Internet 관련 키워드를 다루고 있지 않기 때문에 뒤집기 문장을 추가하여 열심히 암기하고 연습한 i 패턴으로 자연스럽게 연결합니다.

▶ 본론에서 대괄호 안에 들어갈 내용을 생각해 놓으면 좋습니다. 이 내용은 대부분 모니터에 보이는 질문에서 찾을 수 있습니다. 이 문제에서는 communicate with other people(다른 사람들과 소통)을 대괄호 안에 넣어 답변했습니다.

▶ 답변 시 시간 여유가 있다면 결론 문장 전에 부분적으로 W 패턴 연결도 가능합니다. W 패턴은 일이나 업무 관련 질문에서 활용하기에 적합합니다. 그러므로 이 문제에서는 '인터넷으로 누군가와 소통한다면 일의 능률과 생산성이 증진될 수 있고 또한 일의 잠재력을 최대화시킬 수 있는 가장 좋은 방법 중 하나이다'라는 말을 추가할 수 있습니다.

W 패턴 3번째 줄 응용 - I believe that work efficiency and productivity can be increased by using the Internet to communicate with other people.
인터넷으로 다른 사람들과 소통하므로 일의 능률과 생산성이 증진될 수 있다고 생각합니다.

W 패턴 6번째 줄 응용 - I also think it is one of the best ways to maximize work potential.
저는 또한 일의 잠재력을 최대화시킬 수 있는 가장 좋은 방법 중 하나라고 생각합니다.

이렇게, 얼마나 i와 W 패턴을 잘 숙지하고 암기했는지에 따라서 답변 아이디어가 풍부해질 수 있습니다.

▶ 결론 문장 전에 경험 아이디어를 추가하면 답변이 더 업그레이드됩니다.

Ex In my case, my business partner and I have to contact each other very frequently for work. But since we are very tight on our schedule, we can't meet all the time. So, we use our smartphones to communicate with each other.
저의 경우에는 제 사업 파트너와 일 때문에 자주 연락을 해야 합니다. 하지만 저희는 항상 바빠서 매번 만날 수가 없습니다. 그래서, 스마트폰을 사용해서 소통합니다.

[W 패턴 적용 문제]

질문이 work(업무)와 관련된 키워드를 다루고 있다면 무조건 W 패턴!

🎧 P5_05

Which of the following qualities do you think is the most important for someone who wants to establish their own business?

Choose one of the options below and give specific reasons and examples to support your opinion.

- The ability to work well with others
- The ability to manage money
- The ability to learn from mistakes

다음 중 어떤 것이 개인 사업을 설립하려는 사람에게 가장 중요한 자질이라고 생각하나요?

아래의 선택지 중 하나를 고르고 구체적인 이유와 예시를 들어 의견을 뒷받침해보세요.

– 다른 사람들과 함께 일하는 능력

– 돈을 관리하는 능력

– 실수로부터 배울 수 있는 능력

🎧 P5_06

서론	I think the ability to work well with others is the most important quality for someone who wants to establish their own business. Let me support my opinion with a few reasons.	저는 다른 사람들과 함께 일하는 능력이 개인 사업을 설립하려는 사람에게 가장 중요한 자질이라고 생각합니다. 제 의견을 몇 가지 이유로 뒷받침해보겠습니다.
본론 (W 패턴 적용)	I think the ability to work well with others is an important part of business. It could bring a lot of benefits when establishing a business. I believe that work efficiency and productivity can be increased by having the ability to work well with others. So, work quality and performance can also be enhanced. Having the ability to work well with others will affect the business in a positive way and help people get through challenges and obstacles. I also think it is one of the best ways to maximize work potential. As a result, one could accomplish more and expect great business results by having the ability to work well with others.	다른 사람들과 함께 일하는 능력은 사업의 중요한 요소라고 생각합니다. 사업을 설립할 때 그것은 여러 가지 이점을 가지고 있습니다. 일의 능률과 생산성은 다른 사람들과 함께 일하는 능력을 가지므로 증진될 수 있다고 생각합니다. 그래서, 일의 질과 성과 또한 향상될 수 있습니다. 다른 사람들과 함께 일하는 능력을 가지는 것은 사업에 긍정적인 영향을 주고, 도전과 장애물을 극복할 수 있도록 도와줄 것입니다. 저는 또한 일의 잠재력을 최대화시킬 수 있는 가장 좋은 방법 중 하나라고 생각합니다. 결과적으로, 다른 사람들과 함께 일하는 능력을 가지므로 성취도를 높이고 훌륭한 사업 결과를 기대할 수 있습니다.
결론	Therefore, I think the ability to work well with others is the most important quality.	따라서, 다른 사람들과 함께 일하는 능력이 가장 중요하다고 생각합니다.

▶ 질문이 business 키워드를 다루고 있으므로 난이도상 어렵지 않은 문제이며, W 패턴을 그대로 적용하면 됩니다.

▶ 선택형 질문이며, the ability to work well with others(다른 사람들과 함께 일하는 능력)를 선택해서 W 패턴에 적용했습니다. 사실, 이 질문에서 어떤 선택지를 택하느냐는 중요하지 않습니다. 3개의 선택지 모두 개인 사업을 시작하려는 사람에게 도움이 될 수 있는 자질이기 때문이죠. 어떤 선택지를 W 패턴에 적용해도 어색하지 않습니다.

▶ 밑줄에 어떤 내용이 추가되고 응용되는지 집중하면서 학습하세요. 밑줄 내용 중 business라는 키워드를 추가함으로써 질문에 대한 답변의 일관성과 정확도를 높였습니다.

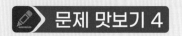

문제 맛보기 4

[W 패턴 적용 문제]

질문이 children, students, schoolwork(아이들, 학생, 학업) 관련 키워드를 다루고 있어도 W 패턴!

🎧 P5_07

> Should children be encouraged to play sports in their free time? Why or why not?
> Give reasons and examples to support your answer.
>
> 아이들이 여가 시간에 운동을 하도록 격려해야 할까요? 왜 또는 왜 그렇지 않은가요?
> 이유와 예시를 들어 의견을 뒷받침해보세요.

🎧 P5_08

서론	Yes, I think children should be encouraged to play sports in their free time. Let me support my opinion with a few reasons.	네, 저는 아이들이 여가 시간에 운동을 하도록 격려해야 한다고 생각합니다. 제 의견을 몇 가지 이유로 뒷받침해보겠습니다.
본론 (W 패턴 적용)	I think playing sports is an important part for children because it's good for their physical and mental health. So, it could bring a lot of benefits. I believe that schoolwork efficiency and productivity can be increased by playing sports. So, work quality and performance can also be enhanced. Playing sports will affect the schoolwork in a positive way and help children get through challenges and obstacles. I also think it is one of the best ways to maximize schoolwork potential. As a result, children could accomplish more and expect great results at school by playing sports.	운동하는 것은 그들의 육체적 그리고 정신 건강에 좋기 때문에 아이들에게 매우 중요하다고 생각합니다. 그래서, 그것은 여러 가지 이점을 가집니다. 저는 운동함으로써 학업 능률과 생산성이 오를 수 있다고 생각합니다. 그래서, 학업의 질과 성과 또한 향상될 수 있습니다. 운동하는 것은 학업에 좋은 영향을 주고 도전과 장애물을 극복하는 것을 도와줄 것입니다. 저는 또한 학업 잠재력을 최대화시킬 수 있는 가장 좋은 방법 중 하나라고 생각합니다. 결과적으로, 아이들은 운동함으로써 학교에서 성취도를 높이고 훌륭한 결과를 기대할 수 있습니다.
결론	Therefore, I think children should be encouraged to play sports in their free time.	그러므로, 저는 아이들이 여가 시간에 운동을 하도록 격려해야 한다고 생각합니다.

▶ 질문이 children 키워드를 다루고 있어서 난이도상 어렵지 않은 문제이며, W 패턴을 그대로 적용하면 됩니다.

▶ W 패턴에서는 빈칸 안에 들어갈 내용이 중요합니다. 빈칸에는 질문이 다루고 있는 핵심 키워드(명사, 동명사, 동명사구)로 채워줍니다. 이 문제에서는 playing sports(운동하는 것)로 채웠습니다. 만약 빈칸에 들어갈 내용을 빨리 질문에서 추출하기가 어렵다면 대명사 It으로 채워서 답하세요.

▶ 본론 시작 부분에서 because it's good for their physical and mental health(육체적 그리고 정신 건강에 좋기 때문에)라는 이유를 추가함으로써 더 자연스럽게 답변이 연결되었습니다. 이 내용은 PART 3의 이유 패턴에서 불러왔습니다. 이렇게 W 패턴을 큰 틀로 잡고 추가 설명을 할 수 있다면 W 패턴에 더 힘을 실어줄 수 있겠죠?

▶ 밑줄 내용 중 school이라는 키워드를 붙여 줌으로써 답변의 일관성과 정확도를 높였습니다. 학업이나 교육 관련 문제에는 한두 번 붙여주세요.

▶ 결론 문장 전에 경험 아이디어를 추가해도 좋습니다.

> **Ex** In my case, I played a lot of sports growing up. And I was very fit and healthy, so it gave me the energy to stay focused on my schoolwork.
> 저의 경우에는 커오면서 스포츠를 많이 즐겼습니다. 그래서 몸도 좋았고 건강했기 때문에 학업에 열중할 수 있는 에너지를 줬습니다.

[W 마이너스 패턴 적용 문제]

질문이 업무, 학생, 교육 관련 키워드를 다루고 있고, 토픽의 단점이나 나의 의견을 부정적인 방향으로 답변할 땐 W 마이너스 패턴!

🎧 P5_09

Do you agree or disagree with the following statement?
"Watching TV is bad for high school students."
Support your answer with reasons or examples.

다음 주장에 동의하시나요, 동의하지 않으시나요?
"텔레비전을 시청하는 것은 고등학생들에게 좋지 않다."
이유 또는 예시를 들어 의견을 뒷받침해보세요.

🎧 P5_10

서론	I agree with the statement that watching TV is bad for high school students. Let me support my opinion with a few reasons.	저는 텔레비전을 시청하는 것은 고등학생들에게 좋지 않다는 주장에 동의합니다. 제 의견을 몇 가지 이유로 뒷받침해보겠습니다.
본론 (W 마이너스 패턴 적용)	I think watching TV is not important for high school students. It could not bring any benefits. I believe that schoolwork efficiency and productivity could be decreased by watching TV. So, schoolwork quality and performance can also be reduced. Watching TV will affect the schoolwork in a negative way and might lose focus on their goals. I also think it is one of the worst ways to maximize schoolwork potential. As a result, high school students could accomplish less and expect bad results at school by watching too much TV.	텔레비전을 시청하는 것은 고등학생들에게 중요하지 않은 것이라고 생각합니다. 그것은 아무런 도움이 될 수 없습니다. 텔레비전을 시청함으로써 학업 능률과 생산성이 떨어질 수 있다고 생각합니다. 그래서, 학업의 질과 성과 또한 떨어질 수 있습니다. 텔레비전 시청은 학업에 부정적인 영향을 주고, 그들의 목표에 집중하기 어려울 수도 있을 것입니다. 저는 또한 학업 잠재력을 최대화시키지 못하는 최악의 선택 중 하나라고 생각합니다. 결과적으로, 고등학생들은 과도하게 텔레비전을 시청함으로써 학교에서 성취도가 떨어질 수도 있고 좋지 않은 결과를 기대할 수도 있습니다.
결론	Therefore, I agree that watching TV is bad for high school students.	그러므로, 텔레비전을 시청하는 것은 고등학생들에게 좋지 않다는 주장에 동의합니다.

▶ 질문이 high school students 키워드를 다루고 있어서 W 패턴을 적용하면 됩니다. 그런데 "텔레비전을 시청하는 것은 고등학생들에게 좋지 않다"는 의견에 동의했고 학생들의 학업에 부정적인 영향을 줄 것이라는 의견으로 답하기 위해서 W 마이너스 패턴을 택했습니다.

▶ 답변의 밑줄 부분과 하이라이트 된 부분을 신경 쓰면서 읽어보세요. not, decreased, reduced, negative, might lose focus on their goals, less, bad를 적절한 타이밍에 덧붙여서 부정적인 내용으로 바꿀 수 있었습니다.

▶ W 패턴에서는 빈칸 안에 들어갈 내용이 중요합니다. 빈칸에는 질문이 다루고 있는 핵심 키워드(명사, 동명사, 동명사구)로 채워줍니다. 이 문제에서는 watching TV(텔레비전을 시청하는 것)로 채웠습니다. 만약 빈칸에 들어갈 내용을 질문에서 추출하기가 어렵다면 대명사 It으로 채워서 답하세요.

▶ 결론 문장 전에 경험 아이디어를 추가해도 좋습니다.
> **Ex** In my case, I watched a lot of TV growing up. I became very lazy in high school, and I couldn't do well academically.
> 저의 경우에는 커오면서 텔레비전을 많이 봤습니다. 고등학생 때는 아주 게을러졌고, 공부를 잘할 수 없었습니다.

PRACTICE

시험 직전 TIP

① 효율적으로 공부하려면 처음에 질문을 잘 파악한 후 i, W, MTCQ, 이유 패턴 중 어떤 패턴이 답변의 큰 틀로써 어울릴지 충분한 시간을 두고 생각해보고 메모하며 정리해보세요. 정리됐다면 서론부터 결론까지 순서대로 대략 60초에 맞춰서 말해보세요. 같은 문제를 여러 차례 반복해서 연습해도 좋습니다.

② 어느 정도 익숙해졌다면 실제로 시험에 응시하는 것처럼 연습해보세요. 준비 시간 45초 동안 메모와 스피킹도 가능합니다. 답변 시간 동안에는 스마트폰으로 녹음하며 답변해 보세요. 여기서 중요한 것은 답변 시간 동안 말을 버벅거려도, 암기한 패턴이 잘 기억이 안 나도 또는 말이 막혀도 녹음기를 멈추거나 포기하지 마세요. 실전처럼 60초를 채워서 답변하는 연습이 매우 중요합니다.

③ 마지막은 녹음한 파일을 들어보세요. 이해하기 힘들거나, 발음이 어색한 부분은 없는지, 패턴이 매끄럽게 연결되는지, 시간은 어느 정도 채워졌는지를 확인하고 개선하세요.

고득점 TIP

① i, W 패턴으로 60초를 막힘없이!

60초 동안 자기 생각과 의견을 영어로 실수 없이 구사하기란 누구에게나 쉽지 않습니다. i, W 패턴을 무조건 외우세요. 답변할 내용은 이미 설계되어 있어요! i, W 패턴을 잘 외웠다면 이제 얼마나 막힘없이 자연스럽게 말할 수 있는지가 고득점을 받을 수 있는지 없는지를 결정합니다. 너무 감정 없이 로봇처럼 답변한다면 고득점은 어려울 수 있어요. i, W 패턴 녹음 파일을 들어보면서 최대한 성우의 발음, 억양, 강세, 끊어 읽는 곳을 따라 하세요.

② 응용력

책에 수록된 문제는 무조건 다 숙지하세요. 아무리 i, W 패턴을 잘 암기했다 하더라도 응용 능력이 떨어진다면 막히기 쉽습니다. PART 3에서 학습했던 이유 패턴과 MTCQ도 답변에 자주 활용됩니다. 그만큼 PART 5와 PART 3은 큰 연관성이 있으며, PART 3 학습 후 PART 5로 연결해서 공부하면 좋습니다.

③ 꾸준한 녹음 연습

암기가 잘 됐다면 스마트폰 녹음기를 활용해서 60초 동안 답변 연습을 많이 해 보세요. 녹음기가 작동하고 있는 상황에서 연습한다면 더 긴장감이 있어서 실전 상황 느낌으로 연습할 수 있어요.

④ 시간 관리

암기가 잘 되어있는 상황이지만 너무 빨리 답변해서 시간이 너무 많이 남게 되는 경우 또는 반대로 너무 느리게 답변해서 할 말을 다 하지 못하게 되는 경우는 좋지 않아요. 답변 시간 60초에 맞춰서 적절한 속도로 의미 전달을 잘할 수 있도록 꾸준히 녹음 연습을 하세요. (서론 + 본론 + 결론 = 60초)

최악의 경우

토익스피킹 시험에서 가장 최악의 경우는 무응답입니다. 무응답은 감점이 아니라 0점입니다! 질문 해석이 잘 안 돼서 당황스러운 경우라면 질문 전체를 보기보다는 어떤 키워드가 포함되어 있는지를 먼저 보세요. 그 키워드가 어떤 패턴과 잘 매칭이 되는지를 판단하고 외운 패턴을 말하세요. 내 답변이 질문과 크게 일관성이 없다고 느껴져도 외운 내용이 있으니 자신 있게 말하고 나오세요. 우리에게 무응답이란 없습니다! 특히나 PART 5처럼 여러분들의 등급을 크게 좌우하는 파트에서는 말이죠.

1

Do you agree or disagree with the following statement?

"People's relationships have improved significantly due to social networking websites."

Support your answer with reasons or examples.

PREPARATION TIME	RESPONSE TIME
00:00:45	00:01:00

MEMO

 꿀팁

- 질문이 social networking websites라는 키워드를 다루고 있어서 난이도상 어렵지 않은 문제이며, i 패턴을 그대로 적용하면 됩니다.

- 결론은 therefore 다음 서론과 동일하게 답변해도 되지만 반복적인 느낌을 피하고자 약간 바꿔서 말해도 좋습니다. (I would have to agree = 동의할 수밖에 없다)

- 결론 문장 전에 짧게라도 자신의 경험이나 생활 습관 등을 예시로 들어준다면 답변이 더 업그레이드 됩니다. 이 부분은 꼭 사실이 아니어도 괜찮습니다.

  Ex In my case, I always keep in touch and share information with my friends by using Instagram. 저의 경우에는 친구들과 인스타그램을 사용함으로써 항상 소통하고 정보도 공유합니다.

- 답변의 밑줄 부분은 질문에 따라 i 패턴에 내용이 추가되거나 응용된 부분입니다.

Do you agree or disagree with the following statement?
"People's relationships have improved significantly due to social networking websites."
Support your answer with reasons or examples.

다음 주장에 동의하나요, 동의하지 않나요?
"사람들의 관계는 소셜 네트워킹 웹사이트 (SNS) 덕분에 상당히 발전되어왔다."
이유 또는 예시를 들어 의견을 뒷받침해보세요.

 모범 답안

🎧 P5_13

I agree with the statement that people's relationships have improved significantly due to social networking websites. I have a few reasons why I think this way.
Social networking websites are very convenient for people. And it saves money and time. Nowadays, I think the internet can be a good resource in any given situation. There is literally nothing that we cannot do by using the internet. Besides, we can easily access social networking websites by using computers or smartphones. That means, it is possible to [communicate and improve relationships with other people] anywhere anytime conveniently. In a lot of cases, I think our society operates based on computer and internet technology.
Therefore, I would have to agree that people's relationships have improved significantly due to social networking websites.

저는 사람들의 관계가 소셜 네트워킹 웹사이트 덕분에 상당히 발전되어왔다는 의견에 동의합니다. 제가 이렇게 생각하는 이유가 몇 가지 있습니다.
소셜 네트워킹 웹사이트는 사람들에게 매우 편리합니다. 그리고 돈과 시간을 절약합니다. 요즘 인터넷은 어떠한 상황에서든 좋은 도구가 될 수 있다고 생각합니다. 말 그대로 인터넷으로 못 하는 일은 없습니다. 게다가, 우리는 컴퓨터나 스마트폰으로 소셜 네트워킹 사이트에 쉽게 접속할 수 있습니다. 그것은 언제 어디에서나 편리하게 다른 사람들과 소통하고 관계를 발전시키는 것이 가능하다는 것을 의미합니다. 다방면에서 우리 사회는 컴퓨터와 인터넷 기술에 기반을 두어 운영된다고 생각합니다.
그러므로, 저는 사람들의 관계가 소셜 네트워킹 사이트 덕분에 상당히 발전되어왔다는 것에 동의할 수밖에 없습니다.

2

What invention do you think has had the biggest influence on our lives? Why?

Choose one of the options below and give reasons or examples to support your opinion.

- Automobile

- Computer

- TV

PREPARATION TIME	RESPONSE TIME
00:00:45	00:01:00

MEMO

 꿀팁

- 질문이 computer라는 키워드를 다루고 있어서 난이도상 어렵지 않은 문제이며, i 패턴을 그대로 적용하면 됩니다.

- 결론 문장 전에 짧게라도 자신의 경험이나 생활습관 등을 예시로 들어준다면 답변이 더 업그레이드됩니다. 이 부분은 꼭 사실이 아니어도 괜찮습니다.

  Ex In my case, I'm a college student, and I always do a lot of research by using my computer. Because it saves time and I can get useful information.

  저의 경우에는 저는 대학생이고 항상 컴퓨터를 사용해 많은 검색을 합니다. 왜냐하면, 시간을 절약하고 유용한 정보를 많이 얻을 수 있기 때문입니다.

- 답변의 밑줄 부분은 질문에 따라 i 패턴에 내용이 추가되거나 응용된 부분입니다.

What invention do you think has had the biggest influence on our lives? Why?

Choose one of the options below and give reasons or examples to support your opinion.

- Automobile
- Computer
- TV

어떤 발명품이 우리 삶에 가장 큰 영향을 주었다고 생각하나요? 왜 그런가요?

아래의 선택지 중 하나를 고르고 이유와 예시를 들어 의견을 뒷받침해보세요.

– 자동차
– 컴퓨터
– 텔레비전

모범 답안

P5_16

I think the computer has had the biggest influence on our lives. I have a few reasons why I think this way.

Computers are very convenient for people. And it saves money and time. Nowadays, I think computers can be a good resource in any given situation. There is literally nothing that we cannot do by using a computer. Besides, we can easily access the internet by using computers. That means, it is possible to [communicate with other people, study and learn something, and get an abundance of information] anywhere anytime conveniently. In a lot of cases, I think our society operates based on computer and internet technology.

Therefore, I believe that the computer has had the biggest influence on our lives.

저는 컴퓨터가 우리 삶에 가장 큰 영향을 주었다고 생각합니다. 제가 이렇게 생각하는 이유가 몇 가지 있습니다.

컴퓨터는 사람들에게 매우 편리합니다. 그리고 돈과 시간을 절약합니다. 요즘 컴퓨터는 어떠한 상황에서든 좋은 도구가 될 수 있다고 생각합니다. 말 그대로 컴퓨터로 못 하는 일은 없습니다. 게다가, 우리는 컴퓨터로 인터넷에 쉽게 접속할 수 있습니다. 그것은 언제 어디에서나 편리하게 다른 사람들과 소통하고, 무언가를 공부하고 배우고, 풍부한 정보를 얻는 것이 가능하다는 것을 의미합니다. 다방면에서 우리 사회는 컴퓨터와 인터넷 기술에 기반을 두어 운영된다고 생각합니다.

따라서, 저는 컴퓨터가 우리 삶에 가장 큰 영향을 주었다고 생각합니다.

3

What are the advantages of learning new job skills by taking an online course?
Use specific reasons or examples to support your opinion.

PREPARATION TIME	RESPONSE TIME
00:00:45	00:01:00

MEMO

꿀팁

- 질문이 online course라는 키워드를 다루고 있어서 난이도상 어렵지 않은 문제이며, i 패턴을 그대로 적용하면 됩니다.

- advantage(장점), disadvantage(단점)를 묻는 장단점 문제는 서론을 I think there are many advantages/disadvantages of로 시작하면 쉬워집니다.

- 결론 문장 전에 짧게라도 자신의 경험이나 생활습관 등을 예시로 들어준다면 답변이 더 업그레이드됩니다. 이 부분은 꼭 사실이 아니어도 괜찮습니다.

  Ex In my case, I took an online course last week to learn about communication skills. And I was able to get a lot of helpful information.
  저의 경우에는 소통 능력에 대해 배우기 위해 지난주에 온라인 강의를 들었습니다. 그리고 좋은 정보를 많이 얻을 수 있었습니다.

- 답변의 밑줄 부분은 질문에 따라 i 패턴에 내용이 추가되거나 응용된 부분입니다.

What are the advantages of learning new job skills by taking an online course?
Use specific reasons or examples to support your opinion.

온라인 강의를 수강함으로써 새로운 직무 능력을 배우는 것에는 어떤 장점이 있나요?
구체적인 이유 또는 예시를 들어 의견을 뒷받침해보세요.

▶ 모범 답안

I think there are many advantages of learning new job skills by taking an online course. I have a few reasons why I think this way.
Online courses are very convenient. And it saves money and time. Nowadays, I think online courses can be a good resource in any given situation. There is literally nothing that we cannot do by using the internet. Besides, we can easily access online courses by using computers or smartphones. That means, it is possible to [take online courses and learn new job skills] anywhere anytime conveniently. In a lot of cases, I think our society operates based on computer and internet technology.
Therefore, I think these are some advantages of taking an online course.

저는 온라인 강의를 수강함으로써 새로운 직무 능력을 배우는 것에는 많은 장점이 있다고 생각합니다. 제가 이렇게 생각하는 이유가 몇 가지 있습니다.
온라인 강의는 매우 편리합니다. 그리고 돈과 시간을 절약합니다. 요즘 온라인 강의는 어떠한 상황에서든 좋은 도구가 될 수 있다고 생각합니다. 말 그대로 인터넷으로 못 하는 일은 없습니다. 게다가, 우리는 컴퓨터나 스마트폰으로 온라인 강의에 쉽게 접속할 수 있습니다. 그것은 언제 어디에서나 편리하게 온라인 강의를 수강하고 새로운 직무 능력을 배우는 것이 가능하다는 것을 의미합니다. 다방면에서 우리 사회는 컴퓨터와 인터넷 기술에 기반을 두어 운영된다고 생각합니다.
따라서, 이것들이 온라인 강의를 수강하는 것의 여러 장점이라고 생각합니다.

4

Do you agree or disagree with the following statement?

"Parents should not allow their children to use smartphones."

Support your answer with reasons or examples.

PREPARATION TIME	RESPONSE TIME
00:00:45	00:01:00

MEMO

 꿀팁

- 질문이 smartphone이라는 키워드를 다루고 있어서 난이도상 어렵지 않은 문제이며, i 패턴을 그대로 적용하면 됩니다.

- 이 질문에서 children이 어린 자녀들을 의미하는지 청소년을 의미하는지에 대한 고민은 하지 마세요. 질문은 본인이 해석하기 나름입니다.

- 결론 문장 전에 짧게라도 자신의 경험이나 생활습관 등을 예시로 들어준다면 답변이 더 업그레이드됩니다. 이 부분은 꼭 사실이 아니어도 괜찮습니다.

  Ex In my case, my parents bought me a smartphone when I was 13 years old. And I was able to get the information I need for schoolwork and also communicate with my friends and family anytime.
  저의 경우에는 13살 때 부모님이 스마트폰을 사 주셨습니다. 그리고 제가 필요한 학업 관련 정보를 얻을 수 있었고 부모님과 친구들하고도 언제든지 소통할 수 있었습니다.

- 답변의 밑줄 부분은 질문에 따라 i 패턴에 내용이 추가되거나 응용된 부분입니다.

Do you agree or disagree with the following statement?

"Parents should not allow their children to use smartphones."

Support your answer with reasons or examples.

다음 주장에 동의하나요, 동의하지 않나요?

"부모님은 자녀들의 스마트폰 사용을 허락해서는 안 된다."

이유 또는 예시를 들어 의견을 뒷받침해보세요.

▶ 모범 답안

I disagree with the statement that parents should not allow their children to use smartphones. Let me support my opinion with a few reasons.
I think smartphones are very convenient for children. And it saves money and time. Nowadays, I think smartphones can be a good resource for children in any given situation. There is literally nothing that children cannot do by using a smartphone. Besides, children can easily access the internet by using smartphones. That means, it is possible to [learn, study, and get educational information] anywhere anytime conveniently. In a lot of cases, I think our society operates based on computer and internet technology. W 패턴 연결 가능
Therefore, I disagree that parents should not allow their children to use smartphones.

저는 부모님이 자녀들의 스마트폰 사용을 허락해서는 안 된다는 주장에 동의하지 않습니다. 제 의견을 몇 가지 이유로 뒷받침해보겠습니다.
스마트폰은 아이들에게 매우 유용하다고 생각합니다. 그리고 돈과 시간을 절약합니다. 요즘 스마트폰은 어떠한 상황에서든 아이들에게 좋은 도구가 될 수 있다고 생각합니다. 말 그대로 스마트폰으로 아이들이 못 하는 일은 없습니다. 게다가, 아이들은 스마트폰으로 인터넷에 쉽게 접속할 수 있습니다. 그것은 언제 어디에서나 편리하게 배우고, 공부하고, 교육적인 정보를 얻는 것이 가능하다는 것을 의미합니다. 다방면에서 우리 사회는 컴퓨터와 인터넷 기술에 기반을 두어 운영된다고 생각합니다.
따라서, 저는 부모님이 자녀들의 스마트폰 사용을 허락해서는 안 된다는 것에 동의하지 않습니다.

5

Do you agree or disagree with the following statement?

"People today are living a better life than in the past."

Support your answer with reasons or examples.

PREPARATION TIME	RESPONSE TIME
00:00:45	00:01:00

MEMO

💡 꿀팁

- 질문에 인터넷이나 업무에 관련된 키워드를 찾아볼 수 없습니다. 하지만 뒤집기 문장을 통해서 i 패턴으로 자연스럽게 연결할 수 있습니다.

- 오늘날의 사람들이 과거보다 나은 삶을 살고 있다는 것에 동의하면서 인터넷을 큰 예시로 들어주면 60초를 무난하게 답변할 수 있습니다. 물론 사람들의 삶이 과거보다 나아진 이유는 인터넷 말고도 너무나 많이 있겠지만 그런 내용을 영어로 순발력 있게 60초 동안 실수 없이 말하기란 누구에게나 어려우므로 이런 전략을 써야 훨씬 유리합니다. 암기한 내용을 시험장에서 꼭 활용할 수 있도록 하고 중요한 것은 채점자에게 60초 동안 멈춤 없이 유창하게 영어 구사가 가능하다는 인식을 주는 것입니다.

Do you agree or disagree with the following statement?

"People today are living a better life than in the past."

Support your answer with reasons or examples.

다음 주장에 동의하나요, 동의하지 않나요?

"오늘날의 사람들이 과거보다 나은 삶을 살고 있다."

이유 또는 예시를 들어 의견을 뒷받침해보세요.

모범 답안

P5_25

I agree with the statement that people today are living a better life than in the past. Let me support my opinion with a few reasons. I think people today are living a better life than in the past because of the internet. The Internet is very convenient for people. And it saves money and time. Nowadays, I think the Internet can be a good resource in any given situation. There is literally nothing that we cannot do by using the Internet. Besides, we can easily access the Internet by using computers or smartphones. That means, it is possible to [communicate with others, study and learn something, get variety of information, do banking, watch TV, and play games] anywhere anytime conveniently. In a lot of cases, I think our society operates based on computer and internet technology.

Therefore, I agree that people today are living a better life than in the past because of the Internet.

저는 오늘날의 사람들이 과거보다 나은 삶을 살고 있다는 주장에 동의합니다. 제 의견을 몇 가지 이유로 뒷받침해보겠습니다.

저는 오늘날의 사람들이 인터넷 덕분에 과거보다 더 나은 삶을 살고 있다고 생각합니다. 인터넷은 사람들에게 매우 편리합니다. 그리고 돈과 시간을 절약합니다. 요즘 인터넷은 어떠한 상황에서든 좋은 도구가 될 수 있다고 생각합니다. 말 그대로 인터넷으로 못 하는 일은 없습니다. 게다가, 우리는 컴퓨터나 스마트폰으로 인터넷에 쉽게 접속할 수 있습니다. 그것은 언제 어디에서나 편리하게 사람들과 소통하고, 무언가를 배우고 공부하고, 다양한 정보를 얻고, 은행 업무를 보고, 텔레비전을 시청하고, 게임을 즐기는 것이 가능하다는 것을 의미합니다. 다방면에서 우리 사회는 컴퓨터와 인터넷 기술에 기반을 두어 운영된다고 생각합니다.

따라서, 인터넷 덕분에 오늘날의 사람들이 과거보다 나은 삶을 살고 있다는 것에 동의합니다.

6

These days, many people choose to study and get information online.

Do you think e-learning will replace traditional education?

Support your opinion with specific reasons or examples.

PREPARATION TIME	RESPONSE TIME
00:00:45	00:01:00

MEMO

💡 꿀팁

- 앞서 공부한 내용과 달리 답변할 이유가 없겠죠? 키워드만 e-learning(인터넷 강의)으로 바꿔서 i 패턴을 적용하면 됩니다.

- 경험이나 예시 추가가 가능하다면 결론 문장 전에 추가하세요.

  Ex In my case, I'm currently taking an English e-learning class. I think it's just as effective as taking a traditional class in a classroom. Moreover, I love e-learning classes because I can watch them repeatedly.

  저의 경우에는 현재 영어 인터넷 강의를 듣고 있습니다. 교실에서 강의를 듣는 것만큼 효과적인 것 같습니다. 게다가, 반복적으로 시청할 수 있어서 매우 좋습니다.

- W 패턴도 부분적으로 연결할 수 있습니다. e-learning class를 듣고 '학업의 능률과 생산성이 증진될 수 있고 학업의 질과 성과 또한 향상될 수 있다'라는 말을 추가해도 어색하지 않을 것입니다.

  W 패턴 3번째 줄 응용 - I believe that schoolwork efficiency and productivity can be increased by taking e-learning classes.

  인터넷 강의를 들음으로써 학업의 능률과 생산성이 증진될 수 있다고 생각합니다.

  W 패턴 4번째 줄 응용 - So, schoolwork quality and performance can also be enhanced.

  그래서, 학업의 질과 성과 또한 향상될 수 있습니다.

* 이렇게 i, W 패턴을 얼마나 잘 이해하고 있는지에 따라서 답변 아이디어가 더 풍부해질 수 있습니다.

These days, many people choose to study and get information online.

Do you think e-learning will replace traditional education?

Support your opinion with specific reasons or examples.

요즘 많은 사람이 온라인에서 공부하고 정보를 얻고 있습니다.

인터넷 강의가 전통적인 교육방식을 대체할 것이라고 생각하나요?

구체적인 이유 또는 예시를 들어 의견을 뒷받침해보세요.

모범 답안

P5_28

Yes, I think e-learning will replace traditional education. Let me support my opinion with a few reasons.

E-learning is very convenient. And it saves money and time. Nowadays, I think the Internet can be a good resource in any given situation. There is literally nothing that we cannot do by using the Internet. Besides, we can easily access e-learning courses by using computers or smartphones. That means, it is possible to [learn, study, and get necessary information] anywhere anytime conveniently. In a lot of cases, I think our society operates based on computer and Internet technology.

Therefore, I think e-learning will replace traditional education.

네, 저는 인터넷 강의가 전통적인 교육방식을 대체할 것이라고 생각합니다. 제 의견을 몇 가지 이유로 뒷받침해보겠습니다.

인터넷 강의는 사람들에게 매우 편리합니다. 그리고 돈과 시간을 절약합니다. 요즘 인터넷은 어떠한 상황에서든 좋은 도구가 될 수 있다고 생각합니다. 말 그대로 인터넷으로 못 하는 일은 없습니다. 게다가, 우리는 컴퓨터나 스마트폰으로 온라인 강의에 쉽게 접속할 수 있습니다. 그것은 언제 어디에서나 편리하게 배우고, 공부하고, 필요한 정보를 얻는 것이 가능하다는 것을 의미합니다. 다방면에서 우리 사회는 컴퓨터와 인터넷 기술에 기반을 두어 운영된다고 생각합니다.

따라서, 저는 인터넷 강의가 전통적인 교육방식을 대체할 것이라고 생각합니다.

7

Some people say that schools should educate children to conserve energy. Others say that it's their parents' responsibility to educate them. What is your opinion and why?

Give reasons or examples to support your opinion.

PREPARATION TIME	RESPONSE TIME
00:00:45	00:01:00

MEMO

💡 **꿀팁**

- 소재가 무겁게 느껴질 수 있는 질문입니다. 이런 질문은 한국말로 60초 답변하기도 어려울 수 있겠죠? 그래서 뒤집기 문장을 활용하여 i 패턴으로 방향을 전환할 수 있습니다. 물론 이 질문에서 학교 vs. 부모 중 한쪽을 선택하여 답변할 수도 있겠지만 좋은 답변 아이디어가 떠오른다고 하더라도 짧은 시간 안에 영어로 옮겨 말하기가 어려울 수 있겠죠.

  말 버벅거림 + 문법 실수 + 아이디어 부족 vs. 익숙한 패턴으로 뒤집기

  여러분은 어떤 쪽을 택하겠습니까? 당연히 익숙한 패턴으로 답변하는 쪽이 높은 점수를 받는데 훨씬 더 유리할 것입니다.

Some people say that schools should educate children to conserve energy. Others say that it's their parents' responsibility to educate them. What is your opinion and why?

Give reasons or examples to support your opinion.

어떤 사람들은 학교가 아이들에게 에너지 절약에 대해 가르쳐야 한다고 주장합니다. 또 다른 사람들은 그들을 교육하는 것은 그들의 부모님 책임이라고 합니다. 당신의 의견은 무엇이며, 왜 그런가요?

이유 또는 예시를 들어 의견을 뒷받침해보세요.

모범 답안

I think children can learn to conserve energy by studying on the Internet. Let me support my opinion with a few reasons.

The Internet is very convenient for children. And it saves money and time. Nowadays, I think the Internet can be a good resource for children in any given situation. There is literally nothing that we cannot do by using the Internet. Besides, we can easily access the Internet by using computers or smartphones. That means, it is possible for children to [learn, study, and get necessary information] anywhere anytime conveniently. In a lot of cases, I think our society operates based on computer and Internet technology.

Therefore, I think children can learn to conserve energy by getting information from the Internet.

저는 아이들이 인터넷에서 공부함으로써 에너지를 절약하는 것을 배울 수 있다고 생각합니다. 제 의견을 몇 가지 이유로 뒷받침해보겠습니다.

인터넷은 아이들에게 매우 편리합니다. 그리고 돈과 시간을 절약합니다. 요즘 인터넷은 어떠한 상황에서든 좋은 도구가 될 수 있다고 생각합니다. 말 그대로 인터넷으로 못 하는 일은 없습니다. 게다가, 우리는 컴퓨터나 스마트폰으로 인터넷에 쉽게 접속할 수 있습니다. 그것은 언제 어디에서나 편리하게 배우고, 공부하고, 필요한 정보를 얻는 것이 가능하다는 것을 의미합니다. 다방면에서 우리 사회는 컴퓨터와 인터넷 기술에 기반을 두어 운영된다고 생각합니다.

따라서, 저는 아이들이 인터넷에서 정보를 얻음으로써 에너지를 절약하는 것을 배울 수 있다고 생각합니다.

8

When traveling, many people prefer to visit famous tourist attractions by themselves instead of taking a guided tour. Why do you think people prefer to do so?
Give reasons or examples to support your opinion.

PREPARATION TIME	RESPONSE TIME
00:00:45	00:01:00

MEMO

꿀팁

- 7번 문제와 마찬가지로 뒤집기 문장을 통해 i 패턴으로 답변할 수 있습니다.

- 항상 대괄호 안에 들어갈 내용을 신경 쓰세요. 대괄호 안에 추가되는 내용을 통해서 답변에 훨씬 더 힘을 실어줄 수 있습니다.

When traveling, many people prefer to visit famous tourist attractions by themselves instead of taking a guided tour. Why do you think people prefer to do so?

Give reasons or examples to support your opinion.

여행할 때, 많은 사람은 스스로 유명한 관광지를 찾아 방문하는 것을 가이드가 있는 투어보다 선호합니다. 사람들이 왜 그것을 선호한다고 생각하시나요?

이유 또는 예시를 들어 의견을 뒷받침해보세요.

 모범 답안

I think many people prefer to visit famous tourist attractions by themselves instead of taking a guided tour because they can get information about tourist attractions from the Internet.
The Internet is very convenient. And it saves money and time. Nowadays, I think the Internet can be a good resource in any given situation. There is literally nothing that we cannot do by using the Internet. Besides, we can easily access the Internet by using computers or smartphones. That means, it is possible to [get information about famous tourist attractions] anywhere anytime conveniently. In a lot of cases, I think our society operates based on computer and Internet technology.
Therefore, I think many people prefer to visit famous tourist attractions by themselves instead of taking a guided tour.

많은 사람이 스스로 유명한 관광지를 찾아 방문하는 것을 가이드가 있는 투어보다 선호하는 이유는 관광 명소에 대한 정보를 인터넷에서 얻을 수 있기 때문이라고 생각합니다.
인터넷은 매우 편리합니다. 그리고 돈과 시간을 절약합니다. 요즘 인터넷은 어떠한 상황에서든 좋은 도구가 될 수 있다고 생각합니다. 말 그대로 인터넷으로 못 하는 일은 없습니다. 게다가, 우리는 컴퓨터나 스마트폰으로 인터넷에 쉽게 접속할 수 있습니다. 그것은 언제 어디에서나 편리하게 유명한 관광 명소에 대한 정보를 얻는 것이 가능하다는 것을 의미합니다. 다방면에서 우리 사회는 컴퓨터와 인터넷 기술에 기반을 두어 운영된다고 생각합니다.
따라서, 여행할 때 많은 사람은 스스로 유명한 관광지를 찾아 방문하는 것을 가이드가 있는 투어보다 선호한다고 생각합니다.

9

What are the disadvantages of having a part-time job for school teenagers?
Use reasons or examples to support your opinion.

PREPARATION TIME	RESPONSE TIME
00:00:45	00:01:00

MEMO

 꿀팁

- 단점을 묻는 질문이며 school teenagers라는 토픽을 다루고 있어서 W 마이너스 패턴을 적용할 수 있습니다.

- 장단점 문제는 시작 문장을 아래처럼 하면 문법 실수를 줄일 수 있습니다.

  Ex There are some/many advantages of ~. ~의 몇 가지/많은 장점이 있습니다.
  Ex There are some/many disadvantages of ~. ~의 몇 가지/많은 단점이 있습니다.

- 결론 전에 경험 및 예시 아이디어를 추가해도 좋습니다.

  Ex In my case, when I was in high school, I had a part-time job at a supermarket. Even though I was able to make some spending money, I couldn't focus on my schoolwork and my grades went down.
  저의 경우에는 고등학생 시절에 슈퍼마켓에서 아르바이트했습니다. 용돈을 벌 수 있긴 했지만, 학업에 집중할 수 없었고 성적이 떨어졌습니다.

What are the disadvantages of having a part-time job for school teenagers?

Use reasons or examples to support your opinion.

10대 학생들이 아르바이트하는 것에는 어떤 단점들이 있습니까?

이유 또는 예시를 들어 의견을 뒷받침해보세요.

모범 답안

There are some disadvantages of having a part-time job for school teenagers. Let me support my opinion with a few reasons.

I think having a part-time job is not important for school teenagers. So, it could not bring any benefits. I believe that schoolwork efficiency and productivity can be decreased by having a part-time job. So, schoolwork quality and performance can also be reduced. Having a part-time job will affect schoolwork in a negative way and they might lose focus on their goals. I also think it is one of the worst ways to maximize schoolwork potential. As a result, school teenagers could accomplish less and expect a bad outcome at school by having a part-time job.

Therefore, I think these are some disadvantages of having a part-time job for school teenagers.

10대 학생들이 아르바이트하는 것에는 몇 가지 단점이 있습니다. 제 의견을 몇 가지 이유로 뒷받침해보겠습니다.

10대 학생들에게 아르바이트하는 것은 중요하지 않은 것이라고 생각합니다. 그래서, 그것은 아무런 장점이 없습니다. 저는 아르바이트를 함으로써 학업 능률과 생산성이 떨어질 수 있다고 생각합니다. 그래서, 학업의 질과 성과 또한 떨어질 수도 있습니다. 아르바이트하는 것은 학업에 부정적인 영향을 줄 것이고, 그들의 목표에 집중하기 어려울 수도 있을 것입니다. 저는 또한 그것은 학업 잠재력을 최대화시키지 못하는 최악의 선택 중 하나라고 생각합니다. 결과적으로, 10대 학생들은 아르바이트하는 것 때문에 학교에서 낮은 성취도를 가질 수도 있으며 좋지 않은 결과가 나올 수도 있습니다.

따라서, 이것들이 10대 학생들이 아르바이트하는 것의 여러 단점이라고 생각합니다.

10

Which factor do you think is more important in a person's success? Hard work or luck? Why?

Give reasons or examples to support your opinion.

PREPARATION TIME	RESPONSE TIME
00:00:45	00:01:00

MEMO

 꿀팁

- 한 사람의 성공 요인에 관해 물었고 hard work(노력)를 택해서 W 플러스 패턴으로 답변할 수 있습니다.

- 결론 전에 경험 및 예시 아이디어를 추가해도 좋습니다.

  Ex In my case, I believe in the saying, 'success comes from 99% hard work and 1% luck'. And I live by this motto.
  저의 경우에는 '성공은 99% 노력이고 1% 운이다'라는 속담을 믿습니다. 그리고 저는 이것을 모토로 삼고 살아요.

Which factor do you think is more important in a person's success? Hard work or luck? Why?
Give reasons or examples to support your opinion.

어떤 것이 성공에 더 중요한 요소라고 생각합니까? 노력인가요, 운인가요? 왜 그런가요?
이유 또는 예시를 들어 의견을 뒷받침해보세요.

모범 답안

P5_40

I think hard work is more important in a person's success. Let me support my opinion with a few reasons.

I think hard work is an important part in a person's success. So, it could bring a lot of benefits. I believe that work efficiency and productivity can be increased by hard work. So, work quality and performance can also be enhanced. Hard work will affect the work in a positive way and help people get through challenges and obstacles. I also think it is one of the best ways to maximize work potential. As a result, a person could accomplish more and expect great results by hard work.

Therefore, I think hard work is more important in a person's success.

인간의 성공에는 노력이 더 중요하다고 생각합니다. 제 의견을 몇 가지 이유로 뒷받침해보겠습니다.

노력은 인간의 성공에 매우 중요한 요소라고 생각합니다. 그래서, 그것은 여러 가지 이점을 가지고 있습니다. 일의 능률과 생산성은 노력으로 증진될 수 있다고 생각합니다. 그래서, 일의 질과 성과 또한 향상될 수 있습니다. 노력은 일에 긍정적인 영향을 주고, 도전과 장애물을 극복할 수 있도록 도와줄 것입니다. 저는 또한 일의 잠재력을 최대화시킬 수 있는 가장 좋은 방법 중 하나라고 생각합니다. 결과적으로, 노력으로 성취도를 높이고 훌륭한 결과를 기대할 수 있습니다.

따라서, 노력이 인간의 성공에 더 중요하다고 생각합니다.

Do you agree or disagree with the following statement?

"Managers should always make important decisions after discussing them with employees."

Support your answers with reasons or examples.

PREPARATION TIME	RESPONSE TIME
00:00:45	00:01:00

MEMO

🔅 꿀팁

- manager, employee와 같은 업무 관련 키워드가 포함된 질문이며 W 플러스 패턴으로 쉽게 답변할 수 있습니다.

- 결론 전에 경험 및 예시 아이디어를 추가해도 좋습니다.

  Ex In my case, the manager at my work has great communication skills with employees. So, our team is always able to save time and get more work done.
  저의 경우에는 회사에 제 매니저가 직원들과 놀라운 소통 능력을 지니고 있습니다. 그래서, 우리 팀은 항상 시간을 절약할 수 있고 더 많은 일을 성취할 수 있습니다.

  경험이나 예시는 너무 길거나 복잡하게 말하지 마세요. 아무래도 즉흥적으로 말을 만들다 보면 실수가 많이 나올 수 있습니다. 자신이 있는 부분이라면 물론 강추입니다. 점수에 도움 됩니다. 하지만 만약 자신이 없는 부분이라면 과감히 포기하고 암기한 패턴을 막힘없이 유창하게 말하는 데 더 집중하세요.

Do you agree or disagree with the following statement?

"Managers should always make important decisions after discussing them with employees."

Support your answers with reasons or examples.

다음 주장에 동의하나요, 동의하지 않나요?

"관리자는 항상 직원들과 상의한 후 중요한 결정을 내려야 한다."

이유 또는 예시를 들어 의견을 뒷받침해보세요.

모범 답안

P5_43

I agree with the statement that managers should always make important decisions after discussing them with employees. Let me support my opinion with a few reasons.

I think discussing things with employees is an important part of a job. So, it could bring a lot of benefits. I believe that work efficiency and productivity can be increased by discussing things with employees. So, work quality and performance can also be enhanced. It will affect the work in a positive way and help people get through challenges and obstacles. I also think it is one of the best ways to maximize work potential. As a result, the manager could accomplish more and expect great results by discussing things with employees.

Therefore, I agree that managers should always make important decisions after discussing them with employees.

저는 관리자는 항상 직원들과 상의한 후 중요한 결정을 내려야 한다는 주장에 동의합니다. 제 의견을 몇 가지 이유로 뒷받침해보겠습니다.

직원들과 상의를 하는 것은 일에서 중요한 요소라고 생각합니다. 그래서, 그것은 여러 가지 이점을 가지고 있습니다. 일의 능률과 생산성은 직원들과 상의하는 것으로 증진될 수 있다고 생각합니다. 그래서, 일의 질과 성과 또한 향상될 수 있습니다. 그것은 일에 긍정적인 영향을 주고, 도전과 장애물을 극복할 수 있도록 도와줄 것입니다. 저는 또한 일의 잠재력을 최대화시킬 수 있는 가장 좋은 방법 중 하나라고 생각합니다. 결과적으로, 관리자는 직원들과 상의하는 것으로 성취도를 높이고 훌륭한 결과를 기대할 수 있습니다.

그러므로, 관리자는 항상 직원들과 상의한 후 중요한 결정을 내려야 한다는 것에 동의합니다.

12

P5_44

Some people prefer doing quiet indoor activities while others prefer doing more active outdoor activities. Which do you prefer doing in your free time?

Give reasons and examples to support your answer.

PREPARATION TIME	RESPONSE TIME
00:00:45	00:01:00

MEMO

꿀팁

• 일상생활에 관련된 질문이지만 W 플러스 패턴으로 매끄럽게 연결해서 답변할 수 있습니다. 이 답변 패턴은 저의 강의실에서도 학생들에게 매우 강조하는 패턴 중 하나입니다. 나의 취미나 여가 활동에 관해서 묻는 질문이 출제된다면 정적인 활동보다는 동적인 활동을 택해서 PART 3에서 학습했던 이유 패턴을 추가해주고 W 플러스 패턴으로 연결하면 길게 답변을 이어 나갈 수 있습니다.

• 아래 아이디어도 꼭 보세요. 답변을 여러 가지 형태로 만들 수 있습니다.
  Ex 1 ▶ 동적인 활동 ⋯ 이유 패턴+ ⋯ W 플러스
  Ex 2 ▶ 동적인 활동 ⋯ 이유 패턴- ⋯ W 마이너스
  Ex 3 ▶ 정적인 인터넷 활동 ⋯ 이유 패턴+ ⋯ i 패턴
  Ex 4 ▶ 정적인 인터넷 활동 ⋯ 이유 패턴- ⋯ W 마이너스

  Ex 1 을 답변 패턴으로 많이 추천하는 편이지만 개개인의 생각과 경험이 다 다르므로 빠르게 연결되고 자신 있게 말할 수 있는 쪽으로 답변을 만들어보세요. 같은 문제라도 여러 가지 답변을 만들 수 있다는 의미입니다.

• 이유 패턴은 PART 3 학습 과정에 있습니다. PART 5는 PART 3을 학습한 후에 보시면 더 좋습니다.

Some people prefer doing quiet indoor activities while others prefer doing more active outdoor activities. Which do you prefer doing in your free time?

Give reasons and examples to support your answer.

어떤 사람들은 조용한 실내 활동을 선호하는 반면 또 다른 사람들은 더 역동적인 실외 활동을 선호합니다. 여가 시간에 어떤 활동하는 것을 선호하나요?

이유와 예시를 들어 의견을 뒷받침해보세요.

 모범 답안

I prefer doing more active outdoor activities. Let me support my opinion with a few reasons. Personally, I like to ride a bicycle, and I think it's an important part of my health. So, it could bring a lot of benefits when I work. Doing more outdoor activities relieves my stress and gives me a lot of energy. I believe that work efficiency and productivity can be increased by doing more active outdoor activities. So, work quality and performance can also be enhanced. Doing more active outdoor activities will affect the work in a positive way and help people get through challenges and obstacles. I also think it is one of the best ways to maximize work potential. As a result, I could accomplish more and expect great results at work by doing more active outdoor activities.

Therefore, I prefer doing more active outdoor activities.

저는 더 역동적인 실외 활동을 선호합니다. 제 의견을 몇 가지 이유로 뒷받침해보겠습니다. 개인적으로, 저는 자전거 타기를 좋아하고 그것은 제 건강에 중요한 요소라고 생각합니다. 그래서, 그것은 제가 일을 할 때 여러 가지 이점을 가지고 있습니다. 실외 활동들을 더 많이 하는 것은 스트레스를 해소해주고 저에게 많은 에너지가 되어줍니다. 일의 능률과 생산성은 더 역동적인 실외 활동을 자주 함으로써 증진될 수 있다고 생각합니다. 그래서, 일의 질과 성과 또한 향상될 수 있습니다. 더 역동적인 실외 활동들을 하는 것은 일에 긍정적인 영향을 주고, 도전과 장애물을 극복할 수 있도록 도와줄 것입니다. 저는 또한 일의 잠재력을 최대화시킬 수 있는 가장 좋은 방법 중 하나라고 생각합니다. 결과적으로, 더 역동적인 실외 활동을 함으로써 일에서의 성취도를 높이고 훌륭한 결과를 기대할 수 있습니다.

따라서, 저는 더 역동적인 실외 활동을 하는 것을 선호합니다.

13

If a company offered you a well-paid job, but you had to relocate to the countryside, would you take the job?

Give specific reasons or examples to support your opinion.

PREPARATION TIME	RESPONSE TIME
00:00:45	00:01:00

MEMO

💡 **꿀팁**

- Job(일)에 관련된 질문이며 W 패턴을 적용할 수 있습니다.

  모범 답변 패턴 I would take the job(수락) ⋯▸ living in the countryside is less stressful and life is fun and interesting(이유 패턴 +) ⋯▸ W 플러스

  반대 답변 I would not take the job(거절) ⋯▸ living in the countryside gives me stress and life is not fun and interesting(이유 패턴 –) ⋯▸ W 마이너스

- 이유 패턴은 PART 3의 학습 과정에 있습니다. PART 5는 PART 3을 학습한 후에 보시면 더 좋습니다.

If a company offered you a well-paid job, but you had to relocate to the countryside, would you take the job?

Give specific reasons or examples to support your opinion.

만약 회사가 급여가 높아지는 대신 지방에서 근무해야 하는 업무를 제안했습니다. 그 업무를 수락하겠습니까?
구체적인 이유 또는 예시를 들어 의견을 뒷받침해보세요.

모범 답안

Yes. If a company offered me a well-paid job, but I had to relocate to the countryside, I would take the job. Let me support my opinion with a few reasons.

I think having a well-paid job is an important part of my life. Also, living in the countryside is less stressful and the life is fun and interesting. So, it could bring a lot of benefits. I believe that work efficiency and productivity can be increased by relocating to the countryside. So, work quality and performance can also be enhanced. Relocating to the countryside will affect the work in a positive way and help people get through challenges and obstacles. I also think it is one of the best ways to maximize work potential. As a result, I could accomplish more and expect great results by relocating to the countryside.

Therefore, if a company offered me a well-paid job, but I had to relocate to the countryside, I would take the job.

네. 만약 회사가 급여가 높아지는 대신 지방으로 이전해야 하는 업무를 제안했다면 그 업무를 수락할 것입니다. 제 의견을 몇 가지 이유로 뒷받침해보겠습니다.

저는 급여가 좋은 직업을 갖는 것이 제 인생에서 중요한 요소라고 생각합니다. 또한, 지방에서의 삶은 스트레스가 덜하고 삶이 더 재미있고 흥미롭습니다. 그래서, 그것은 여러 가지 이점을 가지고 있습니다. 일의 능률과 생산성은 지방으로 이전함으로써 증진될 수 있다고 생각합니다. 그래서, 일의 질과 성과 또한 향상될 수 있습니다. 지방으로 이전하는 것은 일에 긍정적인 영향을 주고, 도전과 장애물을 극복할 수 있도록 도와줄 것입니다. 저는 또한 일의 잠재력을 최대화시킬 수 있는 가장 좋은 방법 중 하나라고 생각합니다. 결과적으로, 지방으로 이전함으로써 일에서의 성취도를 높이고 훌륭한 결과를 기대할 수 있습니다. 따라서, 만약 회사가 급여가 높아지는 대신 지방으로 이전해야 하는 업무를 제안했다면 그 업무를 수락할 것입니다.

14

Do you think learning how to cook is important for people?

Give specific reasons or examples to support your opinion.

PREPARATION TIME	RESPONSE TIME
00:00:45	00:01:00

MEMO

💡 꿀팁

- 업무와 전혀 연관성이 없는 문제처럼 보이지만 W 플러스 패턴으로 연결할 수 있고, 지금까지 이 책의 내용을 순서대로 잘 따라오셨다면 몇 가지 답변 아이디어가 더 떠오를 수 있을 것입니다.

  Ex 1 답: Yes ⋯⋯ cooking is good for health(이유 패턴 +) ⋯⋯ W 패턴

  Ex 2 답: No ⋯⋯ cooking costs a lot of money, time consuming, inconvenient(MTCQ −)
  ⋯⋯ cooking is stressful, not fun and interesting(이유 패턴 −)

  Ex 3 답: Yes ⋯⋯ cooking saves money, quality of food is better(MTCQ +)
  ⋯⋯ cooking is a good way to relieve stress, fun and interesting(이유 패턴 +)
  ⋯⋯ We can learn how to cook from the Internet(i 패턴)

- 일상생활 질문에서는 PART 3에서 학습했던 내용이 많이 도움이 됩니다. PART 5는 PART 3을 학습한 후에 보시면 더 좋습니다.

Do you think learning how to cook is important for people?

Give specific reasons or examples to support your opinion.

요리하는 방법을 배우는 것이 사람들에게 중요하다고 생각하나요?

구체적인 이유 또는 예시를 들어 의견을 뒷받침해보세요.

모범 답안

P5_52

Yes, I think learning how to cook is important for people. Let me support my opinion with a few reasons.

Personally, I like to cook fresh food, and I think it's an important part of my health. So, it could bring a lot of benefits when I work. I believe that work efficiency and productivity could be increased by cooking and eating fresh food. So, work quality and performance can also be enhanced. Cooking and eating fresh food will affect the work in a positive way and give me the energy I need. I also think it is one of the best ways to maximize work potential. As a result, I could accomplish more and expect great results at work by cooking.

Therefore, I think learning how to cook is important for people.

네, 저는 요리하는 방법을 배우는 것이 사람들에게 중요하다고 생각합니다. 제 의견을 몇 가지 이유로 뒷받침해보겠습니다.

개인적으로, 저는 신선한 음식을 요리하는 것을 좋아하고, 그것은 제 건강에 중요한 요소라고 생각합니다. 그래서, 제가 업무를 할 때 여러 가지 이점을 가지고 있습니다. 일의 능률과 생산성은 신선한 음식을 요리하고 먹음으로써 증진될 수 있다고 생각합니다. 그래서, 일의 질과 성과 또한 향상될 수 있습니다. 신선한 음식을 요리하고 먹는 것은 일에 긍정적인 영향을 주고, 제가 필요로 하는 에너지를 공급해줍니다. 저는 또한 일의 잠재력을 최대화시킬 수 있는 가장 좋은 방법 중 하나라고 생각합니다. 결과적으로, 요리를 함으로써 일에서의 성취도를 높이고 훌륭한 결과를 기대할 수 있습니다.

따라서, 요리하는 방법을 배우는 것이 사람들에게 중요하다고 생각합니다.

15

What are the advantages of having an internship program for university students?
Use reasons or examples to support your opinion.

PREPARATION TIME	RESPONSE TIME
00:00:45	00:01:00

MEMO

💡 꿀팁

- 질문에 internship, student와 같은 키워드가 포함되어 있으며 W 패턴으로 연결하기에 무난한 문제입니다.

- 이런 문제는 경험이나 예시를 붙여주면 좋겠죠?

   Ex In my case, I went through a 6-month internship program before getting my current job. And I was able to gain valuable experience and adapt quickly to the work environment.

   저의 경우에는 현 직업을 갖기 전에 6개월 인턴 프로그램을 거쳤습니다. 그래서 소중한 경험을 얻을 수 있었고 업무환경에 빨리 적응할 수 있었습니다.

   경험이나 예시는 너무 길게 또는 복잡하게 말하지 마세요. 아무래도 즉흥적으로 말을 만들다 보면 실수가 많이 나올 수 있습니다. 자신이 있는 부분이라면 물론 강추입니다. 점수에 도움 됩니다. 만약 자신이 없는 부분이라면 과감히 포기하고 암기한 패턴을 막힘없이 유창하게 말하는 데 더 집중하세요.

What are the advantages of having an internship program for university students?
Use reasons or examples to support your opinion.

대학생들에게 인턴 프로그램을 하는 것은 어떤 이점이 있나요?
이유 또는 예시를 들어 의견을 뒷받침해보세요.

모범 답안

P5_55

There are many advantages of having an internship program for university students. I think having an internship program is important for university students.

So, it could bring a lot of benefits when students get a job. I believe that work efficiency and productivity can be increased by having an internship program. So, work quality and performance can also be enhanced. Having an internship program will affect the work in a positive way and help people get through challenges and obstacles. I also think it is one of the best ways to maximize work potential. As a result, university students could accomplish more and expect great work results by having an internship program.

Therefore, these are some advantages of having an internship program for university students.

대학생들에게 인턴 프로그램을 하는 것은 여러 가지 장점이 있습니다. 대학생들에게 인턴 프로그램을 하는 것은 중요하다고 생각합니다.

그래서, 그것은 학생들이 취직할 때 여러 가지 이점을 가집니다. 일의 능률과 생산성은 인턴 프로그램을 함으로써 증진될 수 있다고 생각합니다. 그래서, 일의 질과 성과 또한 향상될 수 있습니다. 인턴 프로그램을 하는 것은 일에 긍정적인 영향을 주고, 도전과 장애물을 극복할 수 있도록 도와줄 것입니다. 저는 또한 일의 잠재력을 최대화시킬 수 있는 가장 좋은 방법 중 하나라고 생각합니다. 결과적으로, 인턴 프로그램을 함으로써 대학생들은 일에서의 성취도를 높이고 훌륭한 결과를 기대할 수 있습니다.

따라서, 이러한 점들이 대학생들에게 인턴 프로그램을 하는 것의 여러 가지 장점입니다.

16

🎧 P5_56

Do you agree or disagree with the following statement?

"Enjoying work is the key to becoming a successful employee."

Give reasons or examples to support your opinion.

PREPARATION TIME	RESPONSE TIME
00:00:45	00:01:00

MEMO

💡 꿀팁

- 질문에 work, successful employee와 같은 키워드가 포함되어 있으며 W 플러스 패턴으로 연결하기에 무난한 문제입니다.

- 본론 내용 중 이유 패턴+도 추가하여 내용을 강화할 수 있습니다.

- 경험이나 예시를 붙어주면 좋겠죠?

  Ex In my case, I work at a pharmaceutical company, and I enjoy my job very much. So, I was able to get promoted quickly because I put more time and effort into my work.

  저의 경우에는 제약회사에서 일하고, 일을 아주 즐깁니다. 그래서, 일에 시간과 노력을 더 투자했기 때문에 빠르게 승진할 수 있었습니다.

Do you agree or disagree with the following statement?

"Enjoying work is the key to becoming a successful employee."

Give reasons or examples to support your opinion.

다음 주장에 동의하시나요, 동의하지 않으시나요?

"일을 즐기는 것이 성공적인 직원이 되기 위한 열쇠이다."

이유 또는 예시를 들어 의견을 뒷받침해보세요.

▶ **모범 답안**

I agree with the statement that enjoying work is the key to becoming a successful employee. Let me support my opinion with a few reasons. I think enjoying work is an important part of becoming a successful employee. So, it could bring a lot of benefits at work. Enjoying work means the work is fun and interesting, so it is less stressful. I believe that work efficiency and productivity can be increased by enjoying work. So, work quality and performance can also be enhanced. Enjoying work will affect the job in a positive way and help people get through challenges and obstacles. I also think it is one of the best ways to maximize work potential. As a result, an employee could accomplish more and expect great results by enjoying work. Therefore, I agree that enjoying work is the key to becoming a successful employee.

저는 일을 즐기는 것이 성공적인 직원이 되기 위한 열쇠이다라는 주장에 동의합니다. 제 의견을 몇 가지 이유로 뒷받침해보겠습니다.

일을 즐기는 것은 성공적인 직원이 되기 위해 중요한 요소라고 생각합니다. 그래서, 그것은 업무에서 여러 가지 이점을 가지고 있습니다. 일을 즐긴다는 것은 일이 재미있고 흥미롭다는 의미여서, 스트레스도 덜 받습니다. 일의 능률과 생산성은 즐기면서 일함으로써 증진될 수 있다고 생각합니다. 그래서, 일의 질과 성과 또한 향상될 수 있습니다. 일을 즐기는 것은 일에 긍정적인 영향을 주고, 도전과 장애물을 극복할 수 있도록 도와줄 것입니다. 저는 또한 일의 잠재력을 최대화시킬 수 있는 가장 좋은 방법 중 하나라고 생각합니다. 결과적으로, 일을 즐김으로써 직원은 일에서의 성취도를 높이고 훌륭한 결과를 기대할 수 있습니다.

따라서, 일을 즐기는 것이 성공적인 직원이 되기 위한 열쇠이다라는 주장에 동의합니다.

17

For university students, what are the disadvantages of taking a job that is unrelated to the school major?

Use reasons or examples to support your opinion.

PREPARATION TIME	RESPONSE TIME
00:00:45	00:01:00

MEMO

🔆 **꿀팁**

- 질문에 job, student와 같은 키워드가 포함되어 있으며 disadvantages(단점)를 물었기 때문에 W 마이너스 패턴으로 연결하기에 무난한 문제입니다.

- 본론 내용 중 이유 패턴-도 추가하여 내용을 강화할 수 있습니다.

- 이 문제도 경험이나 예시를 붙여주면 좋겠죠?

    Ex In my case, I work at a pharmaceutical company, and the job is not related to my school major. So, the work is not interesting at all to me. I'm constantly stressed out, and I only think about when to quit this job.

    저의 경우에는 제약회사에서 일하고, 제 전공과 관련이 없는 직업입니다. 그래서, 일이 저에게 전혀 흥미롭지 않습니다. 끊임없이 스트레스만 받고 언제 이 일을 그만둘지만 생각합니다.

For university students, what are the disadvantages of taking a job that is unrelated to their major?

Use reasons or examples to support your opinion.

대학생들에게 전공과 관련 없는 직업을 갖는 것은 어떤 단점이 있나요?

이유 또는 예시를 들어 의견을 뒷받침해보세요.

 모범 답안

🎧 P5_61

There are some disadvantages of taking a job that is unrelated to a school major. Let me support my opinion with a few reasons.
I think taking a job that is unrelated to a school major is not important for university students. So, it could not bring any benefits. The work wouldn't be interesting, so it could be very stressful. I believe that work efficiency and productivity can be decreased by taking a job that is unrelated to a school major. So, work quality and performance can also be reduced. It will affect the work in a negative way, and they might lose focus on their goals. I also think it is one of the worst ways to maximize work potential. As a result, one could accomplish less and expect bad work results.
Therefore, I think these are some disadvantages of taking a job that is unrelated to a school major.

전공과 관련 없는 직업을 갖는 것에는 여러 가지 단점이 있습니다. 제 의견을 몇 가지 이유로 뒷받침해보겠습니다.
저는 전공과 관련 없는 직업을 갖는 것은 대학생들에게 중요하지 않은 것이라고 생각합니다. 그래서, 그것은 아무런 장점이 없습니다. 일이 흥미롭지 않을 것이고 스트레스도 많이 받을 것입니다. 전공과 관련 없는 직업을 가짐으로써 일의 능률과 생산성이 떨어질 수 있다고 생각합니다. 그래서, 일의 질과 성과 또한 떨어질 수도 있습니다. 그것은 일에 부정적인 영향을 줄 것이고, 그들의 목표에 집중하기 어려울 수도 있을 것입니다. 저는 또한 그것은 일의 잠재력을 최대화시키지 못하는 최악의 선택 중 하나라고 생각합니다. 결과적으로, 성취도가 떨어질 수도, 좋지 않은 결과가 나올 수도 있습니다.
따라서, 이것들이 전공과 관련 없는 직업을 갖는 것의 여러 단점이라고 생각합니다.

18

Which of the following do you think influences the success of a coffee shop the most? Choose one of the options below and give specific reasons and examples to support your opinion.

- Customer service
- Quality of coffee
- Location

PREPARATION TIME	RESPONSE TIME
00:00:45	00:01:00

MEMO

 꿀팁

- 선택형의 질문입니다. Coffee shop도 사업체이며 일과 관련지어 W 플러스 패턴으로 연결할 수 있습니다.

  Ex having good quality coffee ⋯▸ makes me feel good, enhanced my mood, gives me energy(이유 패턴 +) ⋯▸ W 플러스 패턴

- 결론 전에 경험 아이디어를 추가해도 좋습니다.

  Ex In my case, whether it's a coffee shop or a restaurant, I like to be served by friendly and outgoing people. That makes me happy. I think happy customers become loyal customers, and they make word-of-mouth recommendations that attract new customers.

  저의 경우에는 카페이든 식당이든 친절하고 밝은 직원들에게 대우를 받고 싶습니다. 그것이 저에게 행복을 줍니다. 행복한 손님이 단골손님이 되는 것이고, 그 사람들은 입소문 추천을 통해서 새로운 고객들을 끌어올 것이라고 생각합니다.

Which of the following do you think influences the success of a coffee shop the most?

Choose one of the options below and give specific reasons and examples to support your opinion.

- Customer service

- Quality of coffee

- Location

다음 중 어떤 것이 카페의 성공에 가장 많은 영향을 준다고 생각하나요?

아래의 선택지 중 하나를 고르고 구체적인 이유와 예시를 들어 의견을 뒷받침해보세요.

– 고객 서비스

– 커피의 질

– 위치

모범 답안

I think customer service influences the success of a coffee shop the most. Let me support my opinion with a few reasons.

I think good customer service is an important part when running a coffee shop. So, it could bring a lot of benefits. I believe that business efficiency and productivity can be increased by having good customer service. So, business quality and performance can also be enhanced. Having good customer service will affect the coffee shop in a positive way and help them get through challenges and obstacles. I also think it is one of the best ways to maximize business potential. As a result, the coffee shop could accomplish more and expect great business results by having good customer service.

Therefore, I think customer service influences the success of a coffee shop the most.

저는 고객 서비스가 카페의 성공에 가장 많은 영향을 준다고 생각합니다. 제 의견을 몇 가지 이유로 뒷받침해보겠습니다.

카페를 운영할 때 좋은 고객 서비스는 중요한 요소라고 생각합니다. 그래서, 그것은 여러 가지 이점을 가지고 있습니다. 사업의 능률과 생산성은 좋은 고객 서비스를 가짐으로써 증진될 수 있다고 생각합니다. 그래서, 사업의 질과 성과 또한 향상될 수 있습니다. 좋은 고객 서비스를 가지는 것은 카페에 긍정적인 영향을 주고, 도전과 장애물을 극복할 수 있도록 도와줄 것입니다. 저는 또한 사업의 잠재력을 최대화시킬 수 있는 가장 좋은 방법 중 하나라고 생각합니다. 결과적으로, 좋은 고객 서비스를 가짐으로써 카페는 성취도를 높이고 훌륭한 사업 결과를 기대할 수 있습니다. 따라서, 고객 서비스가 카페의 성공에 가장 많은 영향을 준다고 생각합니다.

19

Which of the following means the most in your life?

Choose one of the options below and give specific reasons and examples to support your opinion.

- Family and friends
- Money
- Health

PREPARATION TIME	RESPONSE TIME
00:00:45	00:01:00

MEMO

 꿀팁

- 선택형의 질문입니다. 앞서 공부했던 것처럼 health(건강)와 관련된 토픽은 W 플러스 패턴으로 자연스럽게 연결하기에 매우 좋습니다.

Which of the following means the most in your life?

Choose one of the options below and give specific reasons and examples to support your opinion.

- Family and friends

- Money

- Health

다음 중 어떤 것이 당신의 인생에 가장 의미가 있나요?

아래의 선택지 중 하나를 고르고 구체적인 이유와 예시를 들어 의견을 뒷받침해보세요.

— 가족과 친구

— 돈

— 건강

모범 답안

 P5_67

I think <u>health</u> means the most in my life. Let me support my opinion with a few reasons.

I think <u>having good health</u> is an important part of my work. So, it could bring a lot of benefits. I believe that work efficiency and productivity could be increased by <u>having good health</u>. So, work quality and performance can also be enhanced. <u>Having good health</u> will affect <u>my work</u> in a positive way and help <u>me</u> get through challenges and obstacles. I also think it is one of the best ways to maximize my work potential. As a result, I could accomplish more and expect great work results by <u>having good health</u>. <u>By having good health, I can make more money and sustain good relationships with family and friends.</u>

Therefore, I think health means the most in my life.

저는 건강이 저의 삶에서 가장 의미가 있다고 생각합니다. 제 의견을 몇 가지 이유로 뒷받침해 보겠습니다.

건강을 유지하는 것은 제 업무에 중요한 요소라고 생각합니다. 그래서, 그것은 여러 가지 이점을 가지고 있습니다. 일의 능률과 생산성은 건강을 유지함으로써 증진될 수 있다고 생각합니다. 그래서, 일의 질과 성과 또한 향상될 수 있습니다. 건강을 유지하는 것은 저의 업무에 긍정적인 영향을 주고, 도전과 장애물을 극복할 수 있도록 도와줄 것입니다. 저는 또한 일의 잠재력을 최대화시킬 수 있는 가장 좋은 방법 중 하나라고 생각합니다. 결과적으로, 건강을 유지함으로써 성취도를 높이고 훌륭한 사업 결과를 기대할 수 있습니다. 건강을 유지함으로써 더 많은 수입을 얻을 수 있고, 가족 그리고 친구들과 좋은 관계도 유지할 수 있습니다.

따라서, 건강이 제 삶에 가장 의미가 있다고 생각합니다.

실전
모의고사

실전 모의고사

1

본 책에 수록된 Actual Test 2회분을 온라인에서 실제 시험 형식으로
테스트해 보세요.

1. 온라인 테스트 이용 시, 헤드셋 세팅이 되어야 합니다.
2. www.testclinic.com에 회원 가입 및 로그인 → 교재인증 TEST
   (토익스피킹) → 『토익 스피킹 벼락치기 7일 완성 IM2~AL 개
   정판』 선택 → 인증번호 입력란에 표지 앞 날개의 인증번호 입
   력 → 온라인 시험 응시하기 → 온라인 시험 결과보기 (무료 모
   범답안 제공)
3. 첨삭 서비스는 제공되지 않습니다.

메모지와 필기구를 사용하여 실제 시험에 응시하는 것처럼 풀어보세요!

Speaking Test Directions

This is the TOEIC Speaking Test. This test includes 11 questions that measure different aspects of your speaking ability.

The test lasts approximately 20 minutes.

Question	Task	Evaluation Criteria
1-2	Read a text aloud	Pronunciation Intonation and stress
3-4	Describe a picture	All of the above, plus • Grammar • Vocabulary • Cohesion
5-7	Respond to questions	All of the above, plus • Relevance of content • Completeness of content
8-10	Respond to questions using information provided	All of the above
11	Express an opinion	All of the above

For each type of question, you will be given specific directions, including the time allowed for preparation and speaking.

It is to your advantage to say as much as you can in the time allowed. It is also important that you speak clearly and that you answer each question according to the directions.

Click on **Continue** to go on.

PART 1

Questions 1-2: Read a text aloud

Directions: In this part of the test, you will read aloud the text on the screen. You will have 45 seconds to prepare. Then you will have 45 seconds to read the text aloud.

Question 1 of 11

In weather news, it's time to pull out your winter jackets, head warmers, and gloves. Starting Wednesday, temperatures are expected to plummet to minus five degrees Celsius. And this weather will last throughout the coming week. So, if you are planning for any outdoor activities, gear up and make sure you're ready for the chilly weather.

PREPARATION TIME	RESPONSE TIME
00:00:45	00:00:45

Question 2 of 11

If you would like to plan a vacation, this is a great opportunity. SUN Tours Travel Agency is celebrating its tenth anniversary with low prices on airfare, hotels, and sightseeing packages. Allow our knowledgeable staff to help you choose the perfect vacation spot. For this week only, all customers will receive an extra ten percent discount.

PREPARATION TIME	RESPONSE TIME
00:00:45	00:00:45

TOEIC **Speaking**

PART 2

Questions 3-4: Describe a picture

Directions: In this part of the test, you will describe the picture on your screen in as much detail as you can. You will have 45 seconds to prepare your response. Then you will have 30 seconds to speak about the picture.

PREPARATION TIME	RESPONSE TIME
00:00:45	00:00:30

PREPARATION TIME	RESPONSE TIME
00:00:45	00:00:30

TOEIC **Speaking**

PART 3

Questions 5-7: Respond to questions

Directions : In this part of the test, you will answer three questions. You will have three seconds to prepare after you hear each question. You will have 15 seconds to respond to Questions 5 and 6, and 30 seconds to respond to Question 7.

TOEIC **Speaking**

Question 5 of 11

Imagine that a friend is attending a colleague's birthday party. You are having a telephone conversation about birthdays and birthday gifts.

When was the last time you attended a birthday party, and where did you buy the gift?

PREPARATION TIME	RESPONSE TIME
00:00:03	00:00:15

Question 6 of 11

Imagine that a friend is attending a colleague's birthday party. You are having a telephone conversation about birthdays and birthday gifts.

Do you usually wrap the birthday gift by yourself or have the store employee wrap it for you?

PREPARATION TIME	RESPONSE TIME
00:00:03	00:00:15

Question 7 of 11

Imagine that a friend is attending a colleague's birthday party. You are having a telephone conversation about birthdays and birthday gifts.

Which of the following do you think is the best birthday gift for a colleague? Why?
- A gift card
- A book
- Clothes

PREPARATION TIME	RESPONSE TIME
00:00:03	00:00:30

TOEIC Speaking

PART 4

Questions 8-10: Respond to questions using information provided

Directions: In this part of the test, you will answer three questions based on the information provided. You will have 45 seconds to read the information before the questions begin. You will have 3 seconds to prepare and 15 seconds to respond to questions 8 and 9. You will hear question 10 two times. You will have 3 seconds to prepare and 30 seconds to respond to question 10.

TOEIC Speaking

Educational Leadership Conference
Concord Conference Center
Saturday, Apr. 25th

Time	Events	Presenter
9:30 A.M. – 10 A.M.	Welcome Speech & Conference Outline	Sarah Wang
10 A.M. – Noon	Workshop: Connecting with Students	Gina Lee
Noon – 1 P.M.	Lunch (with Keynote Speech of Brad Newman)	
1 P.M. – 2:30 P.M.	Lecture: Power of Mind	Stanley Walker
2:30 P.M. – 4 P.M.	Workshop: Optimistic Leadership	Lewis Hill
4 P.M. – 5 P.M.	Interacting Event (watch video)	Claire Mathews

PREPARATION TIME
00:00:45

PREPARATION TIME	RESPONSE TIME
00:00:03	00:00:15

PREPARATION TIME	RESPONSE TIME
00:00:03	00:00:15

PREPARATION TIME	RESPONSE TIME
00:00:03	00:00:30

TOEIC Speaking

PART 5

Question 11: Express an opinion

Directions: In this part of the test, you will give your opinion about a specific topic. Be sure to say as much as you can in the time allowed. You will have 45 seconds to prepare. Then you will have 60 seconds to speak.

TOEIC Speaking

Question 11 of 11

Do you agree or disagree with the following statement?

"Working alone is more effective than working with others."

Give specific reasons or examples to support your opinion.

PREPARATION TIME	RESPONSE TIME
00:00:45	00:01:00

PART 1

QUESTION 1 OF 11 - 〈뉴스〉

🎧 AT1_AN01

In **weather news**,↗ / it's **time** to **pull** out your **winter jackets**,↗ / **head warmers**,↗ / and **gloves**. ↘ // Starting **Wednesday**,↗ / **temperatures** are **expected** to **plummet** / to **minus five degrees Celsius**.↘ // And this **weather** / will **last** throughout the **coming week**.↘ // **So**,↗ / if you are **planning** for **any outdoor activities**,↗ / **gear up** / and **make sure** you're **ready** for the **chilly weather**.↘

날씨 소식 전해드립니다. 겨울용 재킷, 헤드 워머, 그리고 장갑을 꺼낼 시간입니다. 수요일을 시작으로, 기온이 섭씨 영하 5도로 뚝 떨어질 것으로 예상됩니다. 그리고 다음 주까지는 이러한 날씨가 이어질 것입니다. 그래서, 만약 야외 활동을 계획 중이시라면 추위에 대한 만반의 준비를 하셔야겠습니다.

꿀팁

굵게 표시 : 강하게 읽기 │ 하이라이트 : 단어 강세 유의 │ / : 끊어 읽기 │ ↗ : 올려 읽기 │ ↘ : 내려 읽기

- weather news 강하게 읽으세요.
- pull out 연음 현상 ⋯ [풀라웃]
- 나열되는 억양 ⋯ **winter jackets**,↗ / **head warmers**,↗ / and **gloves**.↘
- jackets, warmers, gloves의 s를 꼭 발음하세요. ⋯ [재낏츠], [워머ㄹㅅ], [글러브(v)ㅅ]
- starting, expected 경음 현상 ⋯ [스따r링], [익스빽띠ㄷ]
- temperatures 발음 ⋯ [템뻐r쳐ㄹㅅ] '레이쳐'처럼 발음하지 마세요. [템퍼레이쳐] ⊗
- minus five degrees Celsius는 천천히 강하게 읽으세요.
- gear up 연음 현상 ⋯ [기어r뤕]
- make sure 연음 현상 ⋯ [메익슈어r]

QUESTION 2 OF 11 - 〈광고〉

🎧 AT1_AN02

If **you** would like to **plan** a **vacation**,↗ / this is a **great opportunity**.↘ // **SUN Tours Travel Agency** / is **celebrating** its **tenth anniversary** / with **low prices** on **airfare**,↗ / **hotels**,↗ / and **sightseeing packages**.↘ // **Allow** our **knowledgeable staff** / to **help** you **choose** the **perfect vacation spot**.↘ // For **this week only**,↗ / all **customers** will **receive** an **extra ten percent discount**.↘

혹시 휴가를 계획하려 하신다면, 이것은 좋은 기회입니다. 올해 창립 10주년을 맞은 저희 SUN 여행사는 저렴한 항공료, 숙박비, 그리고 관광 패키지를 통해 이를 축하하고자 합니다. 여러분이 최적화된 휴가지를 선정할 수 있도록 박식한 저희 직원이 도움을 드리도록 맡겨 주시기 바랍니다. 이번 주만 모든 고객은 10% 추가 할인을 받을 것입니다.

굵게 표시 : 강하게 읽기 | 하이라이트 : 단어 강세 유의 | / : 끊어 읽기 | ↗ : 올려 읽기 | ↘ : 내려 읽기

- if you 연음 현상 ⋯▸ [이퓨(f)] ◉ [이프유] ✕
- plan a 연음 현상 ⋯▸ [플래너] ◉ [플랜어] ✕
- prices의 s 발음하기 ⋯▸ [프롸이씨ㅅ]
- 나열되는 억양 ⋯▸ **airfare,**↗ / **hotels,**↗ / and **sightseeing packages.**↘
- packages의 「경음 현상 + s」 발음하기 ⋯▸ [페끼지ㅅ]
- perfect의 t 묵음 ⋯▸ [퍼r펙(f)]
- spot 경음 현상 ⋯▸ [스빳]
- 마지막 문장은 추가 할인에 관한 내용이기 때문에 문장 전체의 목소리 톤을 더 올려주면 좋습니다.

PART 2

🎧 AT1_AN03

장소, 사람 수	This picture was taken in a meeting room. There are five people in this picture.	이 사진은 회의실에서 찍혔습니다. 사진에는 5명의 사람이 있습니다.
중심 대상 (사람 패턴 적용)	The first thing I notice is a blond woman standing and giving a presentation. She is concentrating on her work, and it seems like she is quite busy explaining something.	가장 먼저 눈에 띄는 것은 서서 발표를 하는 금발의 여성입니다. 그녀는 일에 집중하고 있고, 무언가를 설명하느라 바빠 보입니다.
주변 묘사 (진열 패턴 적용)	In front of the presenter, I see four other people sitting around a rectangular table. They are looking at the presenter and also focusing on their job. There are some cups and a laptop computer placed on the table. Also, I can see a couple of unoccupied chairs.	발표자 앞에는 네 명의 다른 사람들이 직사각형 탁자에 둘러앉아 있는 것이 보입니다. 그들은 발표자를 바라보고 있고 그들의 업무에도 집중하고 있습니다. 탁자 위에는 컵과 노트북 컴퓨터가 놓여 있습니다. 또한, 비어 있는 의자 두 개가 보입니다.
느낌, 의견	Well, I like this picture because it reminds me of my coworkers at the workplace.	음, 저는 사진이 제 직장 동료들을 떠올리게 하기 때문에 마음에 듭니다.

- 이 사진을 확실히 학습해 놓으면 업무 환경 느낌의 사진은 쉽게 응용됩니다.
- 메모 팁 ⋯ 메모는 본인만 알아볼 수 있으면 됩니다. m. room = meeting room, 5p = 5 people

  1) 장소, 사람 수 – m. room, 5p
  2) 중심 대상 – standing, giving a presentation, 사람 패턴
  3) 주변 묘사 – 4p sitting, looking, placed on
  4) 느낌, 의견 – coworkers

- 기억하세요. 『장소, 사람 수+사람 패턴』으로 시작하면 15초 정도 시간이 지나갑니다. 그러므로 주변 묘사는 중요한 부분만 간단하게 하면서 시간 관리 연습을 하세요.
- 만약 정신없이 묘사하다가 마무리 문장을 추가할 시간이 안 된다면 과감히 포기하고 말하고 있는 문장을 끝까지 정확하게 답변하세요.

🎧 AT1_AN04

장소, 사람 수	I think this picture was taken at a supermarket. I see four people in this picture.	이 사진은 마트에서 찍힌 것 같습니다. 사진 속에는 4명의 사람이 보입니다.
중심 대상 (사람 패턴 적용)	The first thing I notice is a cashier standing and helping a customer. He is concentrating on his work, and it seems like he is quite busy doing his job.	가장 먼저 눈에 들어오는 것은 서서 손님을 도와주고 있는 계산원입니다. 그는 자기 업무에 집중하고 있고 일을 하느라 꽤 바빠 보입니다.
주변 묘사 (진열 패턴 적용)	On the left side, a woman wearing an orange sweater is purchasing some items. Right next to the woman, there is a little girl. Behind the girl, I can see another woman waiting in line. In the background, many items are displayed on the shelves, and the items are very well-organized.	왼쪽에는 오렌지색 스웨터를 입은 여자가 물건들을 구매하고 있습니다. 그 여자 바로 옆에는 어린 여자아이가 있습니다. 그 여자아이 뒤에는 다른 여자가 줄을 서서 기다리는 것이 보입니다. 뒤쪽에는 여러 가지 물건들이 선반에 진열되어 있고 물건들은 매우 잘 정리되어 있습니다.
느낌, 의견	Well, I like this picture because it reminds me of my favorite hometown supermarket.	음, 저는 이 사진이 제 고향의 마트를 떠올리게 하므로 좋습니다.

- 이 사진 또한 중심 대상은 사람 패턴, 주변 묘사는 진열 패턴을 활용하면 좋습니다.

- 전략적으로 모든 인물을 구체적으로 묘사하기엔 시간이 부족할 수도 있습니다. 이 사진에서는 계산원, 계산원 앞의 여자, 그리고 진열 패턴 정도면 좋습니다. 빨리 말하기보다는 의미 전달을 정확히 할 수 있도록 연습하세요.

- 30초 답변 시간 내에 모든 내용을 포함하기에 시간이 빠듯하다면 패턴의 일부를 제외하고 말해도 좋습니다. 이 사진에서는 진열 패턴의 마지막 문장(it looks like the shop is nicely decorated)을 제외하여 시간을 단축시켰습니다.

PART 3

🎧 AT1_AN05

Imagine that a friend is attending a colleague's birthday party. You are having a telephone conversation about birthdays and birthday gifts.

친구가 동료의 생일 파티에 참석한다고 가정해 보세요. 전화 통화로 생일과 생일 선물에 관해 대화하는 중입니다.

▶ QUESTION 5 OF 11

🎧 AT1_AN06

Q5	When was the last time you attended a birthday party, and where did you buy the gift?	가장 최근에 참석한 생일 파티는 언제였고, 선물은 어디서 구매하셨나요?
A5	The last time I attended a birthday party was two months ago, and I bought the gift online because it saves money. I think online shopping is very convenient.	가장 최근에 참석한 생일 파티는 두 달 전이였고, 온라인에서 선물을 구매했어요. 왜냐하면 돈을 절약할 수 있거든요. 온라인 쇼핑은 매우 편리한 것 같습니다.

▶ QUESTION 6 OF 11

🎧 AT1_AN07

Q6	Do you usually wrap the birthday gift by yourself or have the store employee wrap it for you?	생일 선물 포장을 보통 직접 하나요, 아니면 가게 직원에게 부탁하나요?
A6	I usually have the store employee wrap it for me. That's because it saves time, and it's more convenient. When I do it, it usually takes a long time to wrap a gift.	저는 보통 가게 직원에게 부탁하는 편이에요. 시간을 절약하고 더 편리하기 때문입니다. 제가 하면 주로 포장하는 데 시간이 오래 걸려요.

Q7	Which of the following do you think is the best birthday gift for a colleague? Why? - A gift card - A book - Clothes	다음 보기 중 무엇이 동료(친구)에게 가장 좋은 생일 선물이라고 생각하나요? 왜 그 런가요? – 기프티콘 – 책 – 옷
A7	I think a book is the best birthday gift for a colleague. That's because reading is fun, and it's a great way to kill time. It's also a good way to relax and has a positive effect on the mind. Moreover, a book is a cost-efficient gift, so it saves money too. That's why I think a book is the best gift for a colleague.	친구에게 책이 가장 좋은 생일 선물이라고 생각합니다. 독서는 즐겁고, 시간을 보내는 데 좋은 방법이기 때문입니다. 또한, 심신을 안정시키는 좋은 방법이고 마음에 긍정적인 영향을 끼칩니다. 더구나, 책은 가성비가 좋아서 돈도 절약합니다. 이러한 이유로 저는 친구에게 책 선물이 가장 좋다고 생각합니다.

꿀팁

- 5번 질문의 When was the last time(언제 마지막 무엇을 한 시점)은 시험 문제로 흔히 등장하는 형태의 질문입니다. 핵심 답변인 two months ago는 답변 시 잘 들릴 수 있도록 말하세요. 마찬가지로 두 번째 질문의 핵심 답변인 online도 확실하게 들릴 수 있도록 강조해서 답변하세요.

- 앞서 학습한 MTCQ와 이유 패턴은 PART 3을 풀어나가는 데 중추적인 역할을 할 것입니다. 교재에 수록된 문제들을 반복적으로 학습하면서 응용력을 높이세요.

- PART 3은 준비 시간(3초)이 짧기 때문에 답변 시 당황해서 말문이 막힐 수도 있습니다. 이런 경우, 너무 긴 시간 동안 침묵이 흐르지 않도록 um, well, let me think 등으로 자연스럽게 연결해 주면 좋습니다.

PART 4

🎧 AT1_AN09

Narration: Hi, I'm joining the conference this week, but I don't know where I put my schedule. So, I was hoping you could give me some information.

나레이션: 안녕하세요, 이번 주 콘퍼런스에 참여하는데 일정표를 어디에 뒀는지 모르겠네요. 그래서, 관련 정보를 좀 알려주셨으면 합니다.

리더십 교육 콘퍼런스
Concord 콘퍼런스 센터
4월 25일 토요일

시간	행사	진행자
오전 9시 30분 – 오전 10시	환영사 & 콘퍼런스 개요	Sarah Wang
오전 10시 – 정오	워크숍: 학생들과 소통하기	Gina Lee
정오 – 오후 1시	점심 (Brad Newman의 기조연설과 함께)	
오후 1시 – 오후 2시 30분	강의: 정신력의 힘	Stanley Walker
오후 2시 30분 – 오후 4시	워크숍: 낙관적인 리더십	Lewis Hill
오후 4시 – 오후 5시	소통하는 행사 (영상 시청)	Claire Mathews

🎧 AT1_AN10

Q8	What time does the first event start, and what is it about?	첫 번째로 시작하는 행사는 몇 시이며 무엇에 관한 것인가요?
A8	The first event will start at 9:30 A.M. And the welcome speech and conference outline will be given by Sarah Wang.	첫 번째 행사는 오전 9시 30분에 시작합니다. 그리고 Sarah Wang에 의해 환영사와 콘퍼런스 개요가 진행될 것입니다.

🎧 AT1_AN11

Q9	I know there is an interacting event. That's scheduled in the morning, right?	소통하는 행사가 있다고 알고 있습니다. 아침에 예정된 것이 맞죠?
A9	Actually, you have the wrong information. The interacting event will be held from 4 P.M. to 5 P.M. in the afternoon.	사실, 잘못된 정보를 가지고 계세요. 소통하는 행사는 오후 4시부터 오후 5시까지 오후에 진행됩니다.

🎧 AT1_AN12

Q10	I'm very interested in the workshops at the conference. Can you tell me all the details about the workshops?	저는 콘퍼런스에서 진행되는 워크숍에 관심이 많은데요. 워크숍에 관한 자세한 사항을 모두 알려주시겠어요?

| A10 | Yes, of course. There are two scheduled workshops. First, a workshop on connecting with students will be held from 10 A.M. to noon, and it will be led by Gina Lee. Also, another workshop on optimistic leadership will be held from 2:30 P.M. to 4 P.M., and it will be led by Lewis Hill. | 네, 물론입니다. 워크숍 일정은 두 가지가 있습니다. 첫 번째로, 학생들과 소통하기 워크숍이 오전 10시부터 정오까지 Gina Lee에 의해 진행됩니다. 또한, 낙관적인 리더십에 관한 다른 워크숍이 오후 2시 30분부터 오후 4시까지 Lewis Hill에 의해 진행됩니다. |

🔆 꿀팁

- 워크숍에 대한 일정을 나열할 때는 진행자 이름 앞에 will be led by로 연결합니다.
  - ⋯→ lecture, speech, presentation(강의, 연설, 발표)은 will be given by와 함께!
  - ⋯→ workshop, seminar, discussion, class, training(워크숍, 세미나, 논의, 수업, 훈련)은 will be led by와 함께!

PART 5

▶ **QUESTION 11 OF 11** 🎧 AT1_AN13

Do you agree or disagree with the following statement?
"Working alone is more effective than working with others."
Give specific reasons or examples to support your opinion.

다음 주장에 동의하나요, 동의하지 않나요?
"혼자 일하는 것이 함께 일하는 것보다 더 효율적이다."
구체적인 이유 또는 예시를 들어 의견을 뒷받침해보세요.

🎧 AT1_AN14

I agree with the statement that working alone is more effective than working with others. Let me support my opinion with a few reasons.
I think working alone is an important part when I do my job. It is less stressful, and I can save my time. So, it could bring a lot of benefits. I believe that work efficiency and productivity can be increased by working alone. So, work quality and performance can also be enhanced. Working alone will affect my job in a positive way and help me get through challenges and obstacles. I also think it is one of the best ways to maximize work potential. As a result, I could accomplish more and expect great results by working alone.

저는 혼자 일하는 것이 함께 일하는 것보다 더 효율적이라는 주장에 동의합니다. 제 의견을 몇 가지 이유로 뒷받침해보겠습니다.
혼자 일하는 것은 제가 업무를 할 때 중요한 부분이라고 생각합니다. 그것은 스트레스를 덜 주고 제 시간을 아낄 수 있습니다. 따라서 그것은 여러 가지 이점을 가집니다. 혼자 일함으로써 일의 능률과 생산성은 증진될 수 있다고 생각합니다. 그래서, 일의 질과 성과 또한 향상될 수 있습니다. 혼자 일하는 것은 일에 긍정적인 영향을 주고, 도전과 장애물을 극복하도록 도와줄 것입니다. 저는 또한 이것은 일의 잠재력을 최대화시킬 수 있는 가장 좋은 방법 중 하나라고 생각합니다. 결과적으로, 혼자 일하므로써 일의 성취도를 높이고 훌륭한 결과를 기대할 수 있습니다.

| Therefore, I agree that working alone is more effective than working with others. | 그러므로, 저는 혼자 일하는 것이 함께 일하는 것보다 더 효율적이라는 것에 동의합니다. |

 꿀팁

- 질문에 working 키워드가 포함되어 있으며 질문에 동의하므로 W 플러스 패턴으로 연결했습니다. '다른 사람들과 함께 일하는 것이 더 효율적이다'라는 의견도 W 플러스 패턴으로 동일하게 풀어갈 수 있습니다.

- 본론 내용 중 이유 플러스 패턴도 추가하여 내용을 강화했습니다.

- 경험 아이디어를 활용해도 좋습니다.

  Ex In my case, I usually have a hard time concentrating when working with others. I get distracted very easily, and I can't get a lot of work done.
  저의 경우에는 보통 다른 사람들과 일을 할 때 집중하기가 어렵습니다. 주의가 매우 산만해지고, 일을 많이 끝내지 못합니다.

실전 모의고사

2

본 책에 수록된 Actual Test 2회분을 온라인에서 실제 시험 형식으로 테스트해 보세요.

1. 온라인 테스트 이용 시, 헤드셋 세팅이 되어야 합니다.
2. www.testclinic.com에 회원 가입 및 로그인 → 교재인증 TEST (토익스피킹) → 『토익 스피킹 벼락치기 7일 완성 IM2~AL 개정판』 선택 → 인증번호 입력란에 표지 앞 날개의 인증번호 입력 → 온라인 시험 응시하기 → 온라인 시험 결과보기 (무료 모범답안 제공)
3. 첨삭 서비스는 제공되지 않습니다.

메모지와 필기구를 사용하여 실제 시험에 응시하는 것처럼 풀어보세요!

Speaking Test Directions

This is the TOEIC Speaking Test. This test includes 11 questions that measure different aspects of your speaking ability.

The test lasts approximately 20 minutes.

Question	Task	Evaluation Criteria
1-2	Read a text aloud	Pronunciation Intonation and stress
3-4	Describe a picture	All of the above, plus • Grammar • Vocabulary • Cohesion
5-7	Respond to questions	All of the above, plus • Relevance of content • Completeness of content
8-10	Respond to questions using information provided	All of the above
11	Express an opinion	All of the above

For each type of question, you will be given specific directions, including the time allowed for preparation and speaking.

It is to your advantage to say as much as you can in the time allowed. It is also important that you speak clearly and that you answer each question according to the directions.

Click on **Continue** to go on.

TOEIC Speaking

PART 1

Questions 1-2: Read a text aloud

Directions: In this part of the test, you will read aloud the text on the screen. You will have 45 seconds to prepare. Then you will have 45 seconds to read the text aloud.

TOEIC Speaking

Question 1 of 11

I'd like to introduce Dr. Morris, Stanton hospital's new chief of the emergency department. Dr. Morris came to us from Del Mar children's hospital where he served over fifteen years on the surgical team. Needless to say, we are looking forward to the knowledge, experience, and expertise that Dr. Morris will bring to our group.

PREPARATION TIME	RESPONSE TIME
00:00:45	00:00:45

TOEIC Speaking

Question 2 of 11

Welcome to the Richmond Grand Theater. To make sure everyone enjoys their time tonight at the theater, please pay attention to these instructions. First, no beverages, snacks, and any other food items are allowed during the show. Also, usage of mobile phones and cameras is prohibited. Please enjoy the show and have a good time!

PREPARATION TIME	RESPONSE TIME
00:00:45	00:00:45

TOEIC **Speaking**

PART 2

Questions 3-4: Describe a picture

Directions: In this part of the test, you will describe the picture on your screen in as much detail as you can. You will have 45 seconds to prepare your response. Then you will have 30 seconds to speak about the picture.

TOEIC **Speaking**

Question 3 of 11

PREPARATION TIME	RESPONSE TIME
00:00:45	00:00:30

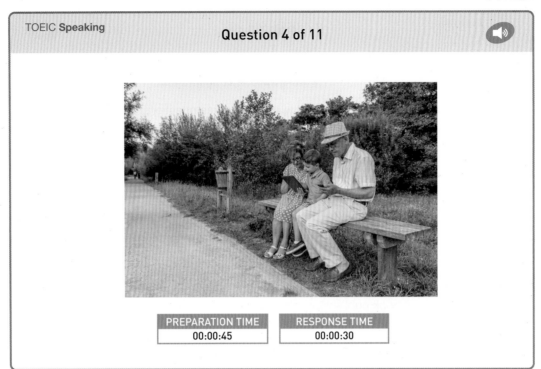

PREPARATION TIME	RESPONSE TIME
00:00:45	00:00:30

TOEIC Speaking | **PART 3** |

Questions 5-7: Respond to questions

Directions: In this part of the test, you will answer three questions. You will have three seconds to prepare after you hear each question. You will have 15 seconds to respond to Questions 5 and 6, and 30 seconds to respond to Question 7.

TOEIC Speaking | **Question 5 of 11** |

Imagine that a cookbook publisher is doing research in your country. You have agreed to participate in a telephone survey about cooking.

How often do you cook? And do you enjoy cooking?

PREPARATION TIME	RESPONSE TIME
00:00:03	00:00:15

Imagine that a cookbook publisher is doing research in your country. You have agreed to participate in a telephone survey about cooking.

What kind of food do you cook most often? Why?

PREPARATION TIME	RESPONSE TIME
00:00:03	00:00:15

Imagine that a cookbook publisher is doing research in your country. You have agreed to participate in a telephone survey about cooking.

Would you prefer to cook by yourself or with others?

PREPARATION TIME	RESPONSE TIME
00:00:03	00:00:30

TOEIC **Speaking**

PART 4

Questions 8-10: Respond to questions using information provided

Directions: In this part of the test, you will answer three questions based on the information provided. You will have 45 seconds to read the information before the questions begin. You will have 3 seconds to prepare and 15 seconds to respond to questions 8 and 9. You will hear question 10 two times. You will have 3 seconds to prepare and 30 seconds to respond to question 10.

TOEIC **Speaking**

Questions 8-10 of 11

El Sobrante Mountain Park Tours		
"Experience the park with excitement!"		
Tour	**Length**	**Price**
Park hiking tour	2 hours	Adults: $10, Children: free
Park bike tour(beginner course) * bike and gear provided	1 hour	Adults: $20, Children: $5
Park lake boat tour	2 hours	Adults: $40, Children: $10
Amazing photo zone tour * includes Giant Falls	3 hours	Adults: $25, Children: $5
Rocky road bike tour(advanced course) * head gear required	2 hours	Adults: $30, Children: $7
Discount information: 10% discount for groups of 5 or more		

PREPARATION TIME
00:00:45

PREPARATION TIME	RESPONSE TIME
00:00:03	00:00:15

PREPARATION TIME	RESPONSE TIME
00:00:03	00:00:15

PREPARATION TIME	RESPONSE TIME
00:00:03	00:00:30

TOEIC Speaking

PART 5

Question 11: Express an opinion

Directions: In this part of the test, you will give your opinion about a specific topic. Be sure to say as much as you can in the time allowed. You will have 45 seconds to prepare. Then you will have 60 seconds to speak.

TOEIC Speaking

Question 11 of 11

Do you think it is better to learn a new hobby by taking a class or by learning it from a friend?

Give specific reasons or examples to support your opinion.

PREPARATION TIME	RESPONSE TIME
00:00:45	00:01:00

PART 1

🎧 AT2_AN01

I'd like to **introduce** / **Dr. Morris**,↗ / **Stanton hospital's new chief** of the **emergency department**.↘ // **Dr. Morris came** to us / from **Del Mar children's hospital** / where he **served** / over **fifteen years** / on the **surgical team**.↘ // Needless to say,↗ / we are **looking forward** to the **knowledge**,↗ / **experience**,↗ / and **expertise** / that **Dr. Morris** will **bring** to our **group**.↘

저는 Stanton 병원의 새로운 응급 실장인 Dr. Morris를 소개하고 싶습니다. Dr. Morris는 외과 팀에서 15년 넘게 근무한 Del Mar 어린이 전문병원에서 우리에게 왔습니다. 말할 필요도 없이 우리는 Dr. Morris가 우리 그룹에 가져다 줄 지식, 경험, 그리고 전문 지식을 기대하고 있습니다.

꿀팁

굵게 표시 : 강하게 읽기 | 하이라이트 : 단어 강세 유의 | / : 끊어 읽기 | ↗ : 올려 읽기 | ↘ : 내려 읽기

- I'd like to에서 would의 축약 'd는 너무 크게 발음하지 마세요. 거의 I like to처럼 발음해도 좋습니다.
- Dr. ⋯ doctor
- 사람 이름 앞뒤는 끊어 읽어주면 좋습니다.
- chief는 길게 읽으세요. ⋯ [치이프(f)]
- fifteen years는 강하게 읽으세요.
- surgical 발음 ⋯ [써r지껄]
- 나열되는 억양 ⋯ **knowledge**,↗ / **experience**,↗ / and **expertise** / that **Dr. Morris** will **bring** to our **group**.↘
  나열되는 억양에서 문장이 끝나지 않는 경우에는 첫 두 항목은 억양을 올려주고 마지막 항목은 내리지 않고 자연스럽게 연결하여 문장이 끝날 때 내려주세요.

🎧 AT2_AN02

Welcome to the **Richmond Grand Theater**.↘ // To **make** sure **everyone enjoys** their **time tonight** at the **theater**,↗ / please **pay attention** to these **instructions**.↘ // **First**,↗ / **no beverages**,↗ / **snacks**,↗ / and **any** other **food items** / are **allowed** during the **show**.↘ // **Also**,↗ / **usage** of

Richmond 대극장에 오신 것을 환영합니다. 오늘 밤 모두가 극장에서 즐거운 시간을 보낼 수 있도록, 다음 사항을 준수해 주십시오. 첫째, 공연 중에는 음료수, 간식, 그리고 다른 어떠한 음식물도 허용되지 않습니다. 또한, 휴대전화와 카메라의 사용이 금지돼 있습니다. 공연을 즐기시고 좋은 시간 되시기 바랍니다!

mobile **phones** and **cameras** is **prohibited.**↘ /
Please enjoy the **show** / and **have** a **good** time!↘

PART 2

QUESTION 3 OF 11

🎧 AT2_AN03

장소, 사람 수	I think this picture was taken at a park. There are two people in this picture.	이 사진은 공원에서 찍힌 것 같습니다. 사진 속에는 2명의 사람이 있습니다.
중심 대상 (사람 패턴 적용)	In the middle, I see two young girls sitting on a bench. One girl is using a laptop computer. And the other girl is looking at the laptop monitor. They are both concentrating on something, and it looks like they are having a good time.	가운데에는, 두 명의 젊은 여성들이 벤치에 앉아 있는 것이 보입니다. 한 여자는 노트북을 사용하고 있습니다. 그리고 다른 여자는 노트북 모니터를 보고 있습니다. 그들 둘 다 무언가에 집중하고 있고, 좋은 시간을 보내고 있는 것 같아 보입니다.

주변 묘사 (계절, 날씨 패턴 적용)	In the background, I see many green trees and grass. And by looking at the trees, I can predict that it's spring season. Also, I see an empty walking trail.	뒤쪽에는 푸른 나무와 잔디가 많이 보입니다. 나무를 보니 봄이라는 것을 추측할 수 있습니다. 또한, 한산한 산책로가 보입니다.
느낌, 의견	Well, I like this picture because it reminds me of my school friends.	음, 저는 이 사진이 학교 친구들을 떠올리게 해주기 때문에 좋습니다.

꿀팁

- 인물이 크게 잘 보일 때는 행동을 먼저 묘사하고 옷차림도 구체적으로 묘사해주면 좋습니다. 물론 30초 안에 묘사가 가능한 정도의 내용을 간단하게 포함하는 것이 중요하겠죠? 생각보다 답변 시간 30초는 빠르게 지나갑니다. 그래서 각 패턴을 암기하고 연습할 때 패턴마다 대략 몇 초 정도 소요되는지 알고 연습하시면 도움이 됩니다.

- 공원 사진에서는 계절 패턴이나 날씨 패턴을 잊지 마세요.

AT2_AN04

장소, 사람 수	I'm not sure, but I think this picture was taken at a park. There are three people in this picture.	확실하진 않지만, 이 사진은 공원에서 찍힌 것 같습니다. 사진 속에는 3명의 사람들이 있습니다.
중심 대상 (사람 패턴 적용)	The first thing I notice is two elderly people and a child sitting on a bench. An elderly man is using his mobile phone. He is concentrating on something, and it seems like he is quite busy texting.	가장 먼저 눈에 들어오는 것은 벤치에 앉아있는 2명의 노인과 한 명의 어린아이입니다. 할아버지는 그의 휴대폰을 사용하고 있습니다. 그는 무언가에 집중하고 있고 문자를 보내느라 꽤 바빠 보입니다.
주변 묘사 (계절 패턴 적용)	In front of them, I see a long empty walking trail. In the background, there are many green trees and bushes. And by looking at the trees, I can predict that it's summer season.	그들 앞에는 비어 있는 긴 산책로가 보입니다. 뒤쪽에는 많은 푸른 나무들과 덤불들이 보입니다. 그리고 나무들을 보니 계절이 여름임을 추측할 수 있습니다.
느낌, 의견	Well, I like this picture because it reminds me of my childhood.	음, 저는 이 사진이 제 어린 시절을 떠올리게 해주므로 좋습니다.

꿀팁

- 노인이 등장했을 경우
  grandfather 나의 할아버지 ❌, old man 늙은 남자 ❌
  → elderly man 연세가 있는 남자 ⭕
  grandmother 나의 할머니 ❌, old woman 늙은 여자 ❌
  → elderly woman 연세가 있는 여자 ⭕
  elderly는 old보다 더 격식 있는 정중한 표현입니다.

PART 3

🎧 AT2_AN05

Imagine that a cookbook publisher is doing research in your country. You have agreed to participate in a telephone interview about cooking.

요리책 출판사가 귀하의 나라에서 설문조사를 진행한다고 가정해 보세요. 귀하는 요리에 관한 전화 인터뷰를 승인한 상태입니다.

▶ **QUESTION 5 OF 11**

🎧 AT2_AN06

Q5	How often do you cook? And do you enjoy cooking?	얼마나 자주 요리를 하나요? 그리고 요리 하는 것을 좋아하나요?
A5	I cook twice a week. I enjoy cooking very much because it's fun and I can forget about my work when I'm cooking.	저는 일주일에 두 번 요리를 합니다. 요리 는 즐겁고 요리를 할 때 일에 대해 잊을 수 있기 때문에 요리하는 것을 좋아합니다.

▶ **QUESTION 6 OF 11**

🎧 AT2_AN07

Q6	What kind of food do you cook most often? Why?	어떤 종류의 음식을 가장 자주 요리하나 요? 왜 그런가요?
A6	I cook Korean food the most often. That's because it doesn't take a long time, and it's good for health.	저는 한국 음식을 가장 자주 요리합니다. 시간이 오래 걸리지 않고, 건강에 좋기 때 문입니다.

AT2_AN08

Q7	Would you prefer to cook by yourself or with others?	혼자 요리하는 것을 선호하나요, 아니면 다른 사람들과 요리하는 것을 선호하나요?
A7	I prefer to cook with other people. Especially, I like to cook with my mom because I have a very close relationship with her. And, when I was young my mom was a professional chef, so I learn a lot from her. I think cooking with others is more fun and interesting. And it makes me feel happier. So, I prefer to cook with others.	저는 다른 사람들과 함께 요리하는 것을 선호합니다. 특히, 엄마와 매우 가까운 사이이기 때문에 엄마와 함께 요리하는 것을 좋아합니다. 그리고 제가 어렸을 때 엄마가 전문 요리사이셨어서 많이 배웁니다. 다른 사람들과 함께 요리하는 것이 더 즐겁고 재미있다고 생각합니다. 그리고 더 행복하게 만들어줍니다. 그래서, 저는 다른 사람들과 함께 요리하는 것을 선호합니다.

꿀팁

- 7번 문제에서 경험 패턴을 활용할 수 있습니다. 이유, 근거, 경험은 전부 사실이 아니어도 괜찮습니다. PART 3에서 제공된 패턴을 잘 암기하고 빠르게 적용하는 연습이 중요합니다.

PART 4

AT2_AN09

Narration: Hello, my family and I are planning to visit the park sometime next week, and I was wondering if you could give me some more information about the tours.

나레이션: 안녕하세요, 우리 가족이 다음 주 중에 공원을 방문하려고 계획하고 있는데 투어에 관한 정보를 더 알려주실 수 있는지 궁금합니다.

El Sobrante Mountain 공원 투어 "신나는 공원을 경험하세요!"		
투어	**소요 시간**	**가격**
공원 등산 투어	2시간	성인: 10달러, 어린이: 무료
공원 자전거 투어(초보자 코스) * 자전거와 장비 제공	1시간	성인: 20달러, 어린이: 5달러
공원 호수 보트 투어	2시간	성인: 40달러, 어린이: 10달러
놀라운 포토존 투어 * 자이언트 폭포 포함	3시간	성인: 25달러, 어린이: 5달러
돌길 자전거 투어(상급 코스) * 헤드기어 착용 필수	2시간	성인: 30달러, 어린이: 7달러
할인 정보: 5명 이상 단체 10% 할인		

Q8	I know there is a hiking tour of the park. Can you tell me how long the tour takes and the price per person?	공원의 등산 투어가 있다고 알고 있습니다. 투어가 얼마나 오래 걸리고 한 사람당 가격을 알려주실 수 있나요?
A8	Yes. The hiking tour takes 2 hours and the price is $10 for adults and free for children.	네. 등산 투어는 2시간이 소요되고 가격은 어른이 10달러, 어린이는 무료입니다.

Q9	I heard there is a group discount. There are three people in my family, and we can get a discount, right?	단체 그룹 할인이 있다고 들었습니다. 우리 가족이 3명인데 할인을 받을 수 있는 것이 맞죠?
A9	I'm sorry, but we offer 10% discount for groups of 5 or more.	죄송합니다만, 5명 이상의 단체에 10% 할인을 제공합니다.

Q10	Our family enjoys bike tours. Could you give me all the information about the bike tours you offer?	우리 가족은 자전거 투어를 즐깁니다. 제공하는 자전거 투어에 대한 정보를 모두 주시겠어요?
A10	Yes, of course. There are two bike tours available. First, there is a beginner course bike tour which takes one hour. Bike and gear are provided, and the price is $20 for adults and $5 for children. Also, there is an advanced course rocky road bike tour which takes two hours. Head gear is required, and the price is $30 for adults and $7 for children.	네, 물론이죠. 두 가지 자전거 투어가 가능합니다. 첫 번째로, 한 시간이 소요되는 초보자 코스 자전거 투어가 있습니다. 자전거와 장비가 제공되고 가격은 성인이 10달러이고 어린이는 5달러입니다. 또한, 두 시간이 소요되는 상급 코스 돌길 자전거 투어가 있습니다. 헤드기어 착용이 필수이며, 가격은 성인이 30달러이고 어린이는 7달러입니다.

🔅 **꿀팁**

- 표에 따로 별표나 이탤릭체의 글씨로 표기된 부분은 시험 문제로 출제될 확률이 높습니다.

- 가끔 가격 정보에서 '/'가 등장하는 때도 있는데 '/'는 per라고 읽습니다.

  $30/person ⋯▸ thirty dollars **per** person
  $15/course ⋯▸ fifteen dollars **per** course
  $20/class ⋯▸ twenty dollars **per** class

PART 5

AT2_AN13

Do you think it is better to learn a new hobby by taking a class or by learning it from a friend?
Give specific reasons or examples to support your opinion.

새로운 취미를 배우기 위해서 수업을 듣는 것이 낫다고 생각하나요, 아니면 친구에게 배우는 것이 낫다고 생각하나요?
구체적인 이유 또는 예시를 들어 의견을 뒷받침해보세요.

AT2_AN14

I think it is better to learn a new hobby by taking a class. Let me support my opinion with a few reasons. These days, a variety of online classes are available. The online classes are very convenient. And it saves money and time. Nowadays, I think online classes can be a good resource in any given situation. There is literally nothing that we cannot do by using the Internet. Besides, we can easily access online classes by using computers or smartphones. So, it is possible to [learn and study new hobbies] anywhere anytime conveniently. In a lot of cases, I think our society operates based on computer and Internet technology. Therefore, I think it is better to learn a new hobby by taking a class online.

저는 수업을 듣는 것을 통해 새로운 취미를 배우는 것이 낫다고 생각합니다. 몇 가지 이유를 통해 제 의견을 뒷받침해보겠습니다.
요즘에는 다양한 온라인 강의들을 듣는 것이 가능합니다. 온라인 강의들은 매우 편리합니다. 그리고 돈과 시간을 절약합니다. 요즘 온라인 강의는 어떠한 상황에서든 좋은 도구가 될 수 있다고 생각합니다. 말 그대로 인터넷으로 못 하는 일은 없습니다. 게다가, 우리는 컴퓨터나 스마트폰으로 온라인 강의에 쉽게 접속할 수 있습니다. 그래서, 언제 어디에서나 편리하게 새로운 취미를 배우고 공부하는 것이 가능합니다. 다방면에서, 우리 사회는 컴퓨터와 인터넷 기술에 기반을 두어 운영된다고 생각합니다.
따라서, 저는 온라인 강의를 수강함으로써 새로운 취미를 배우는 것이 더 낫다고 생각합니다.

꿀팁

- class는 무조건 온라인 class!

- 뒤집기 문장은 본론 부분을 시작할 때 추가해주면 가장 자연스럽습니다.

- 경험이나 예시는 결론 문장 직전에 추가해주면 가장 자연스럽습니다. 답변 시간이 남는다면 도전해보세요. 점수에 도움이 됩니다.

  Ex In my case, I'm currently taking a guitar class online. I think it's better than learning it from my friend. Moreover, I love online classes because I can watch them repeatedly.

  저의 경우에는 현재 온라인 기타 강의를 듣고 있습니다. 친구에게 배우는 것보다 더 좋은 것 같습니다. 게다가, 온라인 강의는 반복적으로 시청할 수 있어서 매우 좋습니다.